U0935927

C 罗童年留影。

少年 C 罗（后排左五）随队获得马德拉岛冠军。

2003年8月6日，C罗（右）代表葡萄牙体育在热身赛中迎战曼联，给红魔主帅弗格森留下深刻印象。

顶着明日之星的光环，C罗（左）于2003年8月正式加盟曼联，图为C罗与恩师弗格森（中）以及来自巴西的另一位新援若泽·克莱伯森（右）合影留念。

闪耀亮相，C罗备受期待。

2004 年 5 月 22 日是 C 罗（中）终生难忘的一天，曼联在足总杯决赛中 3 比 0 击败米尔沃尔成功夺冠，这也是 C 罗自加盟曼联以后获得的第一座冠军奖杯。图为 C 罗第 44 分钟帮助球队首开纪录后与曼联队友庆祝。

C 罗（左）与范尼斯特鲁伊（右）高举足总杯奖杯庆祝夺冠。

C 罗（中）与母亲多洛蕾斯（右）、姐姐卡蒂亚（左）合影。

C 罗（左）与弗格森爵士（右）在一次新闻发布会开始前交谈。

2006 年 6 月 17 日，葡萄牙 2 比 0 击败伊朗，取得世界杯小组赛两连胜，第 80 分钟，C 罗主罚点球命中，随后跪地仰天怒吼，庆祝世界杯进球。

2006 德国世界杯经典一幕：四分之一决赛中，鲁尼（白色 9 号）争议染红被罚下场，C 罗（红色 17 号）因为“怂恿”阿根廷主裁向曼联队友处以极刑，在赛后陷入舆论风波。

风波之中的 C 罗（左）回到曼联面临巨大压力，不过这并未让红魔的前场双子星心生嫌隙。图为回归联赛后 C 罗在比赛中向鲁尼（右）握手致意。

C 罗（右二）与队友们围向鲁尼（左一），庆祝进球。

2007 年 8 月 5 日，社区盾杯面对切尔西，曼联通过点球大战惊险取胜。图为 C 罗（右三）与队友们冲向场内庆祝胜利。

2007 年 8 月 12 日，C 罗当选 2006/2007 赛季马特・巴斯比爵士年度最佳球员，图为 C 罗手捧奖杯拍照留念瞬间。

曼联时期 C 罗庆祝进球时留下的潇洒背影。

2008 年 5 月 11 日，曼联锁定 2007/2008 赛季英超冠军，捧杯时刻，C 罗（前排右二）站在队长吉格斯（前排左二）身边忘情庆祝。

2008 年 5 月 21 日，在莫斯科举行的欧冠决赛，C 罗（前排左一）最终与队友们笑到了最后。

C 罗深情亲吻大耳朵杯。

C 罗（中）在与英格兰的欧洲杯比赛中遭遇阿什利·科尔（左）和菲尔·内维尔（右）的双人夹击。

没能在与意大利的一场热身赛中取得胜利，C 罗失望地趴在地上。

颁奖礼上，年轻的 C 罗已经可以和球王贝利谈笑风生。

2009 年 7 月 6 日，以创纪录的 8000 万英镑身价转会皇马的 C 罗正式在伯纳乌球场亮相，8 万余球迷到场目睹这一历史时刻。

西班牙国家德比中庆祝进球，一众巴萨球星沦为背景板。

与同为葡萄牙人的佩佩（中）和巴西巨星卡卡（右）庆祝进球。C罗与两人并肩作战，最终也结下了深厚友谊。

C罗（左）与卡卡（右）。

穆里尼奥（右二）时期，虽然皇马比赛成绩不佳，但名帅对 C 罗（左二）的塑造已然在潜移默化中逐渐成型。

C 罗（左）与主帅安切洛蒂（右）场边庆祝皇马时隔 12 年之后再度杀入欧冠决赛。

2013/2014 赛季欧冠决赛进球后，C 罗霸气脱衣怒吼，完美身材一览无余。

辉煌时期，C 罗（中）背后还站着贝尔（左）和本泽马（右）。

BBC 组合将银河战舰推向足坛顶峰。

三人同框与奖杯的合影已是不胜枚举。

又一个 C 罗个人标志性的庆祝时刻。

C 罗深情亲吻欧洲金靴奖杯。

葡萄牙国家队夺得 2016 年欧洲杯冠军，将 C 罗的职业生涯提到了新的高度。

本次决赛，C 罗遭遇凶狠犯规，受伤被换下场。这次意外让 C 罗情绪备受打击，但争胜的决心帮助他很快走出阴霾，在场边不断为队友送上鼓励，并最终与球队共同见证历史。

夺冠之后，C 罗的喜悦溢于言表。

亲吻奖杯。

与老搭档共举奖杯留念。

2017年5月2日，2016/2017赛季欧冠半决赛首回合，C罗帽子戏法击溃同城死敌，帮助皇马3比0血洗马竞。

齐达内（左）与C罗（右）庆祝皇马获得2016/2017赛季西甲联赛冠军。

2017 年 6 月 3 日，欧冠决赛，皇马 4 比 1 大胜尤文图斯，梅开二度的 C 罗抱起了队长拉莫斯。

2017 年西班牙超级杯首回合，皇马 3 比 1 击败死敌巴萨。图为 C 罗高举自己球衣庆祝进球。

2017 国际足联颁奖典礼，C 罗生涯第五次斩获金球奖，图为葡萄牙人安坐宝座拍摄写真。

C 罗现场展示五座金球奖奖杯。

西班牙国家德比中，C 罗（白）拉起倒地的梅西（左）。

联赛赛场，C 罗争顶时与对手相撞，头部流血。

C罗（中）与队友庆祝进球的不同姿态都已被球迷奉为经典。

狂奔庆祝。

潇洒背影。

2018 年 4 月 3 日，C 罗在欧冠淘汰赛阶段面对尤文图斯打入一记倒钩破门，令人叹为观止。

皇马三连霸创造历史，决赛战罢，C 罗与母亲、儿子兴奋庆祝。

C 罗怀抱大耳朵杯留念。

咬奖牌的幸福时刻。

2018 年 6 月 15 日，2018 俄罗斯世界杯小组赛，同处 B 组的葡萄牙和西班牙战成 3 比 3 平，C 罗此役三度破门上演帽子戏法，最终为球队保住 1 个积分。

世界杯结束后不久，C 罗以 9400 万欧元身价转会尤文图斯，轰动一时。

两人作为尤文图斯锋线的绝对倚仗，很快觅得化学反应。C 罗（左）与锋线搭档迪巴拉（右）庆祝进球。

2019 年 5 月 19 日，C 罗夺得个人生涯首个意甲联赛冠军。

C 罗与母亲多洛蕾斯、女友乔治娜在奖杯面前分享夺冠喜悦。

2022 年 3 月 12 日，重新加盟曼联的 C 罗（右二）在联赛中面对热刺独中三元，帮助球队 3 比 2 取胜。

时隔一月有余，又是 C 罗（左）的帽子戏法，比分又是熟悉的 3 比 2，曼联再次凭借 C 罗的个人发挥拿下联赛对手。

2022 卡塔尔世界杯首战面对加纳，C 罗造点并亲自主罚命中，成为首位连续 5 届世界杯上都有进球的球员。

庆祝个人世界杯第 8 球时，许多摄影师捕捉到了 C 罗与“背景板”梅西隔空联动的有趣镜头。

2022 年 12 月 11 日，葡萄牙 0 比 1 负于摩洛哥，止步世界杯八强。赛后，C 罗潸然泪下，走过球员通道的身影落寞而又伤心。

卡塔尔世界杯结束，C 罗决定暂别欧洲，加盟沙特球队利雅得胜利。图为 C 罗携家人现身新东家为自己举办的亮相仪式。

2023 年 1 月 22 日，C 罗迎来了利雅得胜利的首秀。

2023 年阿拉伯俱乐部冠军杯决赛， C 罗梅开二度带队夺冠。

C 罗（右二）与皇马队友本泽马（左二）在沙特联赛中相遇。

2024 年 5 月 4 日，利雅得胜利 6 比 0 大胜对手，上演帽子戏法的 C 罗秀出标志性的庆祝动作。

【增订版】

苗霖 著

西苑出版社
XIYUAN PUBLISHING HOUSE
金城出版社
GOLD WALL PRESS
中国 · 北京

图书在版编目（CIP）数据
C罗列传 / 苗霖著. -- 北京 ：西苑出版社有限公司，
2025. 1. -- ISBN 978-7-5151-1037-0
Ⅰ. K835.525.47
中国国家版本馆CIP数据核字第20240J1N08号

C罗列传
C Luo Liezhuan

著　　者　苗　霖
责任编辑　王思硕
责任校对　王振强
责任印制　李仕杰
开　　本　710毫米×1000毫米　1/16
印　　张　27
字　　数　348千字
版　　次　2025年1月第1版
印　　次　2025年1月第1次印刷
印　　刷　鑫艺佳利（天津）印刷有限公司
书　　号　ISBN 978-7-5151-1037-0
定　　价　69.80元

出版发行　西苑出版社有限公司
金城出版社有限公司　北京市朝阳区利泽东二路 3 号 邮编：100102
发 行 部　（010）84254364
编 辑 部　（010）64391966
总 编 室　（010）88636419
电子邮箱　xiyuanpub@163.com
法律顾问　北京植德律师事务所 18911105819

谨以此书献给卜扬老师，感谢您对我的帮助和关照，正是因为您的支持，我才有机会解说C罗的比赛，才会有C罗评书，也才会有这本书。

承评书大家之古韵，开新派解说之先河。将中国传统语言艺术与足球这项现代运动相结合，创新而有生命力。

王多多（著名电竞解说员、“电竞诗人”）

苗霖之于评书的执着不亚于C罗之于足球的执着。“在争议中前进”，既是对《C罗列传》的核心概括，也是对苗霖足球评书的阶段总结。二者融于本书，在对C罗职业生涯精彩演绎的同时，也完美诠释了评书精神。

王涛（著名足球解说员）

苗霖用他独有的表述方式，让我们从另一种角度感受到江湖中的C罗，C罗所在的江湖。作为体育媒体人，看过不少关于C罗的文字，但同样作为一个评书爱好者，在这本书中能够感受到足球江湖的侠义风范，以及一种独特的汉语文学的魅力。

朱晓雨（中央广播电视总台央视体育频道主持人、著名足球解说员）

C罗虽然还没退役，但他已经是足球世界的传奇。他的影响力甚至超越项目本身，在体育界乃至全社会都成为一个现象，一个故事。他可以激励青年人奋进，也可以鞭策中年人坚持，更提醒老年人追求永无止境。推荐这本苗霖撰写的《C罗列传》，给每个人的生活增加一点助推剂。

刘建宏（著名足球解说员）

苗霖把之前讲过的C罗长篇评书汇集成了文字，用最接地气的方式娓娓道来，诉尽了“总裁”波澜壮阔的职业生涯，很好读。

刘语熙（著名体育节目主持人）

C罗公认的恩师是弗格森，苗霖拜师单田芳，某种意义上来说，他们俩都是师从名家，本书以评书的方式来叙述C罗实在是再合适不过了。C罗是个现象级的球员，他的个性饱受争议，但是假如你不了解他的成长过程，很难给出客观的评价。足球是集体项目，但是美妙的回忆都是由球星创造的，而C罗所创造的令人难忘的经典画面为数众多，特别是在信息发达的现在被广为流传。但是，信息碎片化的当代生活，有些记忆很快就会被冲淡，而苗霖的这本书恰好弥补了这些缺憾，它可以让读者更安静地去回忆那些经典进球。

刘越（中国男足前国脚、著名足球评论员）

他是惊才绝艳，熠熠生辉；

他是银鞍照白马，飒沓如流星；

他是少年心事，壮志凌云，也是桑榆不晚，廉颇未老。

通过这本书，你会更加爱上C罗。你会看到，他如何从一个距离葡萄牙首都1000多公里的偏远海岛出发，走到世界绿茵场的中心。你会看到，他如何用第一场比赛30分钟时间征服整个老特拉福德球场的球迷，成为这身红色七号的传承。你会看到，他如何在世界上最挑剔的俱乐部傲视群雄四夺金球，代表一个时代的青春记忆。你会看到，他如何以一己之力扛起葡萄牙的荣誉，诠释一个时代的足球精神。你会看到，斑马条纹的官宣是如何让世界杯的新闻黯然失色，点燃整个夏天的烽火。你会看到，从来自由不羁的他，只会为了足球坚定诚恳，几十年如一日，从不忘记自己的初心。

他是足球最本质的激情与热血，是我们平凡人生中永不放弃的英雄梦想，他是这个伟大时代最美好的缩影，更是我们一去不复返的青春。他就是，世界上唯一的，克里斯蒂亚诺·罗纳尔多。

都说文如其人，请相信这位皎如玉树临风前、英俊潇洒、风流倜傥的美男子“苗霖”，他的书就是这句话的最好写照。

孙晓婧（中国诗词大会第四季亚军、中科院博士）

评书，说的是英雄豪杰，评的是人情世故，自古讲究三分书，七分评。传统评书，其间情绪的挥洒自如，快意恩仇，尤其评书语言中的人物开脸，刀枪赞，人物赞，关键处对诗词歌赋的运用，对语言华丽和流畅的要求，常与体育评论员在描绘赛场英雄时有共通之处。苗霖自幼学艺，融会贯通，常有把评书语言运用于足球解说的情怀和志向，且一直在这条路上实战求索。用评书讲述足球明星的故事，这是苗霖独有的技法，也将让你在倾听和阅读时平添趣味。由衷推荐苗霖的《C罗列传》。书里的C罗，掌中戟神鬼怕见，坐下马走海登山。

杨毅（著名篮球评论员）

Many around the world have have spoken and written about Cristiano Ronaldo during the last two decades, since the Portuguese emerged to become one of the best players in the history of football. But sure that no-one has done it with the distinctive feature of Miao Lin thanks to his unique multidisciplinar talent. Chinese viewers have had the chance to celebrate Cristiano Ronaldo's goals with the joy a poem that himself bring to light at that exact moment. Another field like music was also touched by him with the help of Zhou Mi, yielding as a result a rap song in to commemorate his career achievements blending the football of Cristiano Ronaldo and this punching style of music. And adventure that allowed Miao Lin to cross borders in media attention, gaining him international reputation. Now Miao Lin, in a ultimate plot twist, and after a meticulous research in the figure that he himself regards as an idol, has come up with the traditional pingshu literary style to make everyone dive along with him in his extraordinary career. Extraordinary feats from a footballer that rise from his humble origins in the island of Madeira to become without hesitation in the most important sport icon of this XXI century, and that is now been presented by Miao Lin in this book.

过去20年间，C罗逐渐成长为足球历史上的最佳球员之一，世界上的许多人都在讨论他，撰写他，歌颂他。苗霖的评书技能，让他在茫茫文字海洋中成为独特的存在。中国读者将有机会透过他笔下的评书语言所传递的情感，重新享受克里斯蒂亚诺·罗纳尔多的进球。在CJ周密的帮助下，苗霖跻身音乐领域，用一首RAP将C罗的足球生涯成就与这种极具冲击力的音乐风格巧妙融合。这次大胆尝试，为苗霖赢得了国际声誉。现在，苗霖又做了一次尝试，以中国传统的评书形式为载体，将他常年对个人偶像C罗的点滴观察与深入了解跃然于纸面，带领大家走进C罗非凡的足球人生。从在马德拉岛的卑微出身开始书写，直至C罗成为竞技领域21世纪的伟大偶像，苗霖用一本书，将一位足球运动员的非凡成就悉数呈现。

麦克维（西班牙《马卡报》记者）

英俊帅气，风趣幽默，技术一流，Superstar……可惜不是我，是苗霖老师笔下的C罗。写C罗的书很多，能把C罗讲得像是身边“老铁666”的，国内只有苗霖老师。我得像C罗一样努力，这样未来苗霖老师或许也能写写我。他用评书式的解说，让他所有笔下的人物都充满高光时刻。

何欢（著名喜剧演员、小品演员）

第一次听了苗霖用评书的方式解说足球比赛，我当时就想应该请他来给曲艺系的学生们做个讲座，传统艺术的传承发展永远都处在守正创新中，我在苗霖的身上看到了一位喜爱传统艺术的青年人对融合的探索。

后来才知道苗霖是我的老乡、校友、同行，再后来成为同事。我们都是山东济南人，都曾经就读于同一所高中，我长他几岁。

我们平时见面聊的基本都是评书。

我很佩服他的勇气，把评书这门古老的传统艺术用自己的理解消化整合后又完美融合进自己的本职专业——体育解说，融会贯通，潇洒自如，把古老的艺术形式结合进时代前沿的文艺载体，让自己的作品能散发出“苗霖特色”的独有魅力。

曲艺是一门用口语说唱叙事的表演艺术，在中华民族文化的千年长河中绵延流传至今。而评书乃是曲艺艺术曲种中最古老的艺术形式之一。书中的民族英雄、忠臣孝子、侠客义士、才子佳人无不向观众传达着中华民族的优良传统精神，平易近人的艺术表现形式里展现出中华民族独特的世界观、人生观和价值观。苗霖用这种古老的艺术形式讲述异域西方的体育运动故事，让观众没有违和感，并且能拥有一批忠实粉丝，应该说他在形式与内容的结合上做了很多探索，也取得了很好的效果。

苗霖对传统艺术执着的热爱及不倦的追求，勇敢挑战这一领域"零的突破"，才让这本独有一番味道的《C罗列传》与读者见面。

张怡（北京戏曲艺术职业学院曲艺系主任、
著名评书演员、中国曲艺最高奖牡丹奖获得者）

苗霖一向身怀绝技，早已扬名江湖，此番新作灵气与韧性兼具，C罗拥趸该是如获至宝。预祝大卖同时，愿苗霖在C罗退役前有缘为其痛痛快快解说一场，让声音与现场一道存留，一定会是动人的。

张斌（中央广播电视总台央视体育频道主持人、
著名体育节目主持人）

我很赞同苗霖对评书的执着追求。评书对老一辈中国人知识的积累和世界观的形成有着非常重要的作用。用评书的形式表现现代足球的内容是一个大胆的尝试，祝苗霖成功！

张路（意大利"仁惠之星"骑士勋章得主、著名足球评论员）

正像20世纪70年代的克鲁伊夫、80年代的马拉多纳和普拉蒂尼，进入21世纪之后，C罗和梅西不仅是足球明星，更是偶像符号，是一个时代的象征。我曾和小苗一起解说中超还有尤文C罗的比赛。这本书，将让球迷朋友更加了解C罗的人生，它几乎覆盖了C罗职业生涯的方方面面，喜欢C罗的朋友值得拥有。

孟洪涛（著名足球评论员）

很久之前就知道苗霖喜欢C罗，后来在社交媒体上断断续续刷到他的《C罗列传》，觉得形式非常新颖。在本人印象中，评书最好配英雄，而苗霖以评书形式来刻画他心目中的英雄，可谓珠联璧合了。《C罗列传》能结集出版，可谓C罗球迷一大幸事。

骆明（《体坛周报》总编辑、著名体育评论员）

1985年，C罗出生在葡萄牙管辖的一座岛上。6年后，苗霖出生在山东济南。其后的数十年，C罗和苗霖分别走上了不同的道路：前者成为绿茵场上的英雄，用他的精湛技艺征服了球场上的对手和观众；后者则走上体育解说席，用与众不同的表达为英雄谱写史诗。

如今，在C罗职业生涯的第20年，苗霖写下了这样一本书，既是向他心中的偶像致敬，也是他对这些年创作的评书作品的总结。其中，我们既能看到苗霖是如何看待C罗，如何看待风云变幻的足球世界，又能看到他作为单田芳先生的弟子，如何运用中国传统的评书技艺，将国际球星的故事讲述得生动形象、扣人心弦。翻开这本书，看说书人如何演绎星光璀璨的绿荫传奇，为你带来兴奋、感动、难以言说的体验和享受。

徐力（中国传媒大学播音主持艺术学院体育解说课程负责人）

苗霖，不仅是一个专业能力极强、见解独特的足球解说员，更是一个“非典型90后”，他对中国古典文化的热爱，尤其是对“评书”这一传统文化表现形式的追求，达到了痴迷程度。

评书+体育解说是苗霖的最大标签。他一直在不断努力，将二者巧妙结合，并灵活加以运用。

我们知道评书是以口头说话、用表演的方式去讲述中国传统故事的，而用评书的风格写字，用文字来讲评书，从“听”到“看”，再到“读”，还要让人看得过瘾，读得开心，真的不容易，对于创作者提出了很高要求。而这本书，用鲜活的文字，把C罗和欧洲足坛许多重要事件串联起来，时间线准确，把C罗的人物性格刻画得栩栩如生。字里行间不光看到苗霖深厚的文学功底，更能看到他对足球相关知识丰富的积累和对足坛巨星C罗的崇拜。

苗霖有一句“不是看到希望才去努力，而是努力才有希望”的格言，给很多人，甚至像我这个年龄段的人以鼓励，让人们勇敢地去面对困难。也正是凭着这股子劲头，苗霖写出了这本佳作。这种另辟蹊径、独树一帜的大胆尝试，也为足球文化增加了新的传播方式，令人敬佩！强力推荐！

韩乔生（中央广播电视总台央视体育频道主持人、著名足球解说员）

我很喜欢C罗，看了苗霖这本书将会更加了解C罗，你值得拥有！

韩端（中国女足前国脚）

小苗的评书足球解说是他的特色。解说赛后不休息，用评书讲足球人物是他解说的固定环节，这其中的代表作就是《C罗列传》。相信这本书能让你更加了解C罗，知晓C罗的足球故事。一个人怎么看待足球，就会怎么看待生活。把足球看懂，把生活参透。

董路（著名足球评论员）

按照推荐人姓氏笔画排序

序一

我第一次见小苗大概是二十多年前，那时他也就七八岁，虎头虎脑的很可爱。当时，他妈妈托朋友联系到我，带着他来我南山家里，说想学评书。听他说了两段，还真像那么回事，于是，我决定每周教小苗一两个小时评书。

那时，我对小苗还挺严格的，常常把他训哭，一直跟他强调：眼中有物，言必由衷。眼到手到口到，最重要的是心到。小时候的苗霖，对这些把握得还不甚准确，现如今，他已经进步不少，当然还需努力。

小苗跟我学评书，从小学一直学到初中毕业，后来因为高中学业繁忙就中断了，但有时间，他都会过来看看我。高中毕业后，他以艺考专业第一名的成绩考入了中国传媒大学播音主持艺术学院，我很高兴。上大学前，我跟他说："评书一定不能丢。"这孩子记住了，从他后来主持的节目来看，大学时期，他对评书没少下功夫。

大学放寒暑假，小苗有时间都会过来看看我，我也在那时知道了小苗在做足球解说，并且将评书融入其中，开创了评书足球解说的先河。我很鼓励他这么做，评书现如今也需要一个全新的出口，足球解说与评书的结合是一个很好的尝试。记得在2016年，小苗带着北京电视台的导演组专程来济南拜访我，拍摄纪录片《苗霖的评书足球解说之路》，我说：“评书与足球解说结合这是一个很好的路子，肯定会有质疑，重要的是坚持和找到合适的结合点，把握好度，你要打起评书足球解说的大旗。”

从这几年小苗的评书足球解说发展来看，这孩子做得还真不错。他的节目我一直都关注，我知道他在2018年夺得了全国《足球解说大会》的冠军，还在2019年参加了央视《主持人大赛》并取得了不错的成绩，而现在小苗的评书足球解说也得到了越来越多球迷和观众的认可，我为他感到骄傲。

小苗之前就跟我说过，要用评书的方式讲球星的故事，我跟他说，评书的技巧一定要有，比如评书的写法：明笔、暗笔、伏笔、掩笔、补笔、倒插笔、惊人笔等。再比如评书的赞儿、开脸儿、摆砌末、垛句等等，都应在你的球星评书中有所体现。有这些评书元素，不仅能让你讲的球星故事更加生动，同时，也是对传统评书的一种创新，一种传承。如果只是循规蹈矩地说，那就不是评书，那是小说联播。从小苗后来演说的球星评书来看，他把评书的元素都用上了，这很棒。

而《C罗列传》这本书是小苗讲的球星评书里最具代表性的作品了，书里不仅将C罗这位球星的故事展现得淋漓尽致，同时，有很多评书语言的影子，也算是一本曲艺读本。

小苗现在才33岁，还很年轻，希望他不要丢了评书。无论多忙，都要一直坚持写评书，说评书，将评书与主持结合，评书与足球解说融合，让评书这门中国古老的传统艺术焕发新的生机。苗霖，加油。

中国评书八大家之一、著名评书表演艺术家 刘延广

序二

苗霖是解说行里的一个“奇葩”，奇在他有独特的表达方式，奇在他可以用很多艺术形式说体育、说足球。他对足球有自己的热爱，亦有自己的理解。也许这些理解还不够深刻，但已经足够个性化。苗霖的足球解说犹如西岳华山，以奇险取胜。如果学着段子里的说法，苗霖是能用评书说球的，能在说球当中唱RAP的，能用RAP说体育的。

我曾经和老梁（梁宏达）在央广合作过一段《体育评书》，当然不是我说，是我来主持节目，老梁说。但老梁不过是借用评书的皮毛，比如定场诗，后面的内容基本还是正常的大白话评述。而苗霖一直致力于将评书融入足球解说，那是真在评书学艺上下了功夫的。他对评书有着对足球一样的热爱，每天都会练习评书基本功，比如贯口、赞儿之类的，一套一套的，倒也和足球解说的要求共通，嘴皮子都得利落。其实苗霖也不会整场比赛都使用评书语言，而只是在某个时间点揉进一些评书的作料，比如有诗赞之曰与进球完美结合。苗霖的解说引起不小的争议，可说是毁誉参半。无论如何，这是一种具有中国特色的解说方式，是中国传统艺术与足球解说的融合，这样的探索值得鼓励，应该让年轻人做符合他们时代特色的尝试。

每次解说赛后，苗霖都会单独用评书讲一段足球人物的故事，并且坚持了10年，这难能可贵。这次出版的《C罗列传》正脱胎于此，这本书把苗霖讲过的有关C罗的评书整理成文字并加以修改编辑。从苗霖对C罗的足球生涯如数家珍般的介绍，以及使用评书语言的精彩描绘，让人们意识到苗霖对C罗也是真爱。

苗霖在体育主持和足球解说当中的创新还在继续，也许在不远的将来，您可以听到看到苗霖的大鼓主持、古琴解说。试想，您在《沧海一声笑》的古琴声中听到足球解说，是不是也有古代侠客快意恩仇的心境呢。

中央广播电视总台中国之声夜间部副主任、体育评论员 梁悦

自序

我无疑是幸运的，能陪伴球迷们解说C罗比赛两个赛季。那是2019/2020赛季和2020/2021赛季的意甲联赛，我在PP体育，有时单口，有时和董路老师或者孟洪涛老师一起搭档。

我见证了C罗面对桑普多利亚时的逆天头球破门，当即脱口而出："有诗赞之曰，天神下凡飞烈焰，一剑封喉喷龙泉。谁说C罗火三年，鹰击长空气冲天！"这段解说第二天霸屏了各大网站平台。我见证了C罗意甲十一连杀，见证了C罗拿到了意甲冠军，见证了C罗在亚平宁半岛书写的一个又一个奇迹。

在此期间，我还在2020年2月5日，和著名说唱歌手，也是我的好朋友CJ周密一起制作了原创说唱《C罗，永远的CR7》，全网播放量短短几天就已经破亿。此外，西班牙媒体《马卡报》也对我的评书足球解说、C罗说唱和有诗赞之曰进行了专访。可以说，那两个赛季，是我足球解说生涯非常快乐和开心的时光。

每次解说C罗所在的尤文图斯比赛，我都精心准备，赛后，我都会为球迷们加播半个多小时，在演播室说上一回评书《C罗传》的故事，截至目前，评书《C罗传》音视频一共说了60回，这本书正是将当时我说的评书音视频集结成了文字，并且把我还没有说的C罗故事增补上，形成了108回的《C罗列传》，一直写到了2023/2024赛季结束。

这本书我查阅了大量国内外关于C罗的报道，参考了非常多关于C罗的文章，回看了C罗在葡萄牙体育、曼联、皇马、尤文几乎所有的进球集锦。从C罗父母讲起一直写到C罗重回曼联。用评书和武侠小说的语言文字为大家描绘一个真实又玄幻的绿茵江湖，讲述C罗那些跌宕起伏、刀光剑影的足球故事。

这本书，也是我足球解说生涯的一个重要总结。从2012年到2022年，我解说足球已经10年了，一共解说足球比赛1000多场。这10年间，我得到了太多前辈老师和平台的支持与帮助。

首先，我要感谢中央广播电视总台，无论是在总台央广中国之声还是在总台央视，抑或是央视频、CGTN，中央广播电视总台培养了我，锻炼了我，让我在播音主持方面有了非常大的提高和进步。感谢总台各位领导和同事对我的支持与关照，未来我会继续努力，为中央广播电视总台献上自己的微薄之力。

我要感谢我的母校——中国传媒大学，从本科到研究生，我在这里生活学习了7年，打下了坚实的播音主持基本功。我要感谢我的导师鲁景超老师，从本科开始，她就鼓励我在主持方面多创新，支持我将评书与足球解说还有主持相结合。

我要感谢我的两位评书恩师——刘延广老师和单田芳老师。两位评书恩师将评书技艺毫无保留地传授于我，《C罗列传》中的很多评书语言都来自两位老师当年对我的指导。

此外，我还要感谢乐视体育，那时我还在上大二（2012年），乐视体育就给了我足球解说的机会，我成为乐视体育第一位足球解说员，感谢当时乐视体育领导的支持和培养。

我还要感谢暴风体育，在那里我解说了一段时间中超比赛。

我还要感谢优酷体育给了我解说2018年世界杯的机会。

我还要感谢PP体育，正是在PP体育，我解说了两个赛季C罗的比赛。而且我在2018年获得了江苏卫视和PP体育联合主办的《足球解说大会》全国总冠军。感谢PP体育各位领导的支持、提携，在我遇到困难和质疑时，你们总能给我帮助。谢谢，我一直铭记在心。

我还要感谢咪咕文化对我足球解说主持的支持与认可。

我还要感谢抖音平台给了我这么广阔表达自己足球观点的空间。

我还要感谢快手平台，感谢快手一直以来的支持。

于我来说，C罗代表着我的青春，看到他年龄逐渐增大，似乎感觉自己的青春也在悄悄流逝，但每当C罗出现在绿茵场继续迸发能量时，我又感觉自己依旧青春。正是C罗那种不服输、永不言败的精神，让我充满着力量，也让我知晓，年龄不算什么，只要你我还有梦，那就永远青春！是的，再见少年拉满弓，不惧岁月不惧风！正如C罗所说：“你最好全神贯注，我一定会全力以赴！”

本书作者 苗霖

目录

第一回

多洛蕾斯命途舛，几经风波诞C罗

咱们说C罗的故事，从哪说起呢？

还要把时钟拨回到70年前，也就是1954年。在葡萄牙卡尼卡尔这个地方有一个小姑娘呱呱坠地，当天是狂风大作，电闪雷鸣，龙神传急令，雷元帅忙行动，云童布黑云，风伯在发疯，沉雷响，云雾生，山摇地动刮大风，先是雨点淅沥沥，接着瓢泼大雨哗哗往下冲。而在大雨过后，卡尼卡尔地区生出了美丽的彩虹，而小姑娘的人生就好像这天气一样，风雨之后见彩虹。

您可能好奇，咱们不是说C罗的故事吗，怎么开始讲小女孩了，书中暗表，小姑娘正是C罗的母亲多洛蕾斯。

C罗之母前半生非常坎坷，5岁时，妈妈（C罗祖母）去世了。当时家里有5个孩子，全靠她爸爸何塞一个人带，后来，实在带不过来，何塞索性把其中4个孩子送到孤儿院寄养，其中就包括多洛蕾斯。

在孤儿院，多洛蕾斯想家啊，特别不想待在这里，于是开始用不同方式向这里的老师表达对自己命运的不满，然而她每次得到的都是严酷的惩罚。后来，多洛蕾斯实在受不了了，她太想家了，一刻也不想待在这里，于是试图从孤儿院逃跑。到最后，多洛蕾斯的抗争终于成功了，孤儿院的工作人员觉得孺子不可教也，决定不再接收多洛蕾斯，父亲何塞没有办法，只能把她接了回来。

听说可以回家，多洛蕾斯别提多高兴了！她内心憧憬着和父亲一起生活的景象。然而接下来等待多洛蕾斯的却是一道晴天霹雳！

多洛蕾斯回到家，发现现在的家已经不是原来的家了。父亲何塞再婚了，而且两人还生了孩子。多洛蕾斯和继母的关系非常差，小时候，她可没少挨继母的打，但小姑娘要强，很早就学会了自力更生。13岁，多洛蕾斯就辍学了，她来到一家手工小作坊编柳条筐，赚来的钱帮助父亲养一大家子人。那时的她非常迷茫，人生完全没有方向，不知道自己未来在哪，又会做些什么。

直到1972年，多洛蕾斯18岁，一个男人走进了她的世界，这个男人名字叫阿韦罗，他身材健硕，虎背熊腰，两人很快坠入爱河，并在一年之后的1973年5月5日这一天步入了婚姻殿堂。阿韦罗的家庭经济状况并不是很好，这一对新婚夫妇别说新的婚房了，连单独的卧室都没有，两人只能跟阿韦罗父母挤在一间卧室，没有一点私密性，为了能有独立空间，两人在两张床中间拉了一个帘子，以这样的方式将自己和父母相隔开。

时间来到1974年3月10日，19岁的多洛蕾斯有了第一个孩子——大女儿艾尔玛。一家人高兴坏了！可惜好景不长，艾尔玛还没到一岁，阿韦罗就应征入伍，去参加在安哥拉的战争。道别当天，多洛蕾斯望着自己丈夫离去的身影，流下了伤心的泪水，她不知道等待丈夫的是什么命运，更不知道他能不能活着回来。

多洛蕾斯并没有意识到，自己又怀孕了，阿韦罗走后两个月，多洛蕾斯的身体逐渐有了反应，丈夫不在身边，让她格外孤独，幸亏有婆婆和妹妹们帮助，才让她顺利生产，这次是一个儿子，起名乌戈。那时，多洛蕾斯每天都在盼望和祈祷，希望阿韦罗能活着回来，这一等，就是整整13个月。

在非洲安哥拉，阿韦罗目睹了战争的残酷，还要担心疟疾等疾病，甚至面对食品短缺的情况，这给阿韦罗带来了极大的战争创伤。在安哥拉战场，唯一能抚慰阿韦罗的就是安哥拉的啤酒，每天他都借酒消愁，以逃避现实的窘境，而这也让阿韦罗越来越依赖酒精，唯有酒精可以麻痹自己，唯有酒精可以让他忘却恐惧与思念。

1975年10月8日，阿韦罗终于回到葡萄牙马德拉群岛，因为受到战争影响，阿韦罗像变了个人似的，沉默寡言，不愿说话，而且不愿工作，成日只知道酗酒。但一家人必须有生活来源，没办法，为了自己的孩子，多洛蕾斯又站了出来，她和哥哥若泽一起来到法国打工，给法国一个家庭做女佣。起初，来到新的地方，多洛蕾斯还感到新鲜，但渐渐地，她开始想念自己的孩子，而且每天都是以泪洗面。那时她不敢给家里打电话，因为国际长途实在太贵了，但两个多月后，多洛蕾斯实在放心不下，给家里拨了一次电话。当听到两个孩子的声音时，多洛蕾斯瞬间泣不成声，而丈夫阿韦罗一句话让她做了一个决定。阿韦罗说：既然生下来是穷人，就让我们当穷人吧，可至少你得守在孩子们身边。就是这句话，让多洛蕾斯选择辞职不干了，回葡萄牙，回马德拉，回家！在法国，她只待了三个月。

回到葡萄牙之后，因为一些原因，多洛蕾斯和阿韦罗有了新的住所，虽然住所非常破旧，但至少比跟公公婆婆一起住强得多。很快，两人又有了第三个孩子，女儿卡蒂亚。不过新的住所实在太破了，卡蒂亚还出现过一次危险。这是怎么回事呢？

有一天，有一只老鼠鬼鬼祟祟地窜到多洛蕾斯的家，爬到了刚出生不久卡蒂亚的床上，发现周围没人也没什么危险，它的胆子更大了。对于老鼠来说，卡蒂亚就是一顿丰盛的美餐，老鼠早已按捺不住，冲着卡蒂亚的细皮嫩肉就是一口，疼得卡蒂亚哇哇大哭起来。幸亏多洛蕾斯及时出现赶走了老鼠，要不然后果不堪设想。

看到小女儿被咬，多洛蕾斯很心疼，第二天她抱着卡蒂亚去了丰沙尔市政府，希望市政府给他们安排一个新家。人都是有同情心的，看到多洛蕾斯伤心欲绝的样子和卡蒂亚身上两排清晰的老鼠牙印，市政府的工作人员非常同情，很快就为他们安排了一个“新家”。说是“新家”，其实也非常破，但至少比原来的房子要好一些。

虽然搬进了新家，一家人的生活条件却依旧没有改善，而且阿韦罗酗酒越来越厉害了，晚上经常不回家，有时喝完酒后甚至会殴打多洛蕾斯。当时，多洛蕾斯在马德拉群岛的一家餐馆做厨娘，而阿韦罗则是园丁，此外，他有时也会到当地的安东尼奥足球俱乐部打杂。两人的收入非常少，再加上家中的3个孩子，不仅有生活费的支出，还有学费等压力，所以别说存钱了，能满足日常花销已实属不易。对于多洛蕾斯来说，生活太累了，太艰辛了！有道是：生容易，活容易，生活不容易。恰恰就在这个时候，她又怀孕了。

得知这个消息，多洛蕾斯很崩溃，她不想再要孩子了，因为生活压力太大了。于是，她来到医院想把孩子打掉，可是医生坚决不同意，医生说：你想都别想，没有任何身体上的原因，不允许你不要这个孩子，相信我，他会给你全家人带来快乐！

多洛蕾斯当然知道孩子对自己的重要性，但是她也能想到如果再有第4个孩子经济压力太大了。所以那时她很纠结。不生这个孩子，会有负罪感，生下来吧，要吃没吃，要穿没穿，甚至可能养不活，这也是一种折磨。

正在犹豫之际，一位邻居给了她一个打胎的偏方——把黑啤酒煮沸，趁热喝完后就赶紧跑步，一直跑到精疲力竭，两三个小时就会见效。有道是：病急乱投医。得知这个偏方后，多洛蕾斯仿佛抓到了救命稻草，她按照邻居所说的，喝了一肚子煮沸的黑啤酒，然后开始玩命地跑，跑得上气不接下气，累得几乎抽筋才停下来，可是两小时过去了，什么都没有发生，三小时过去了，还是什么都没发生，半天过去了，胎儿还是好好的。多洛蕾斯明白了，这是老天让她把孩子生下来，那就生吧。

1985年2月5日10点20分，葡萄牙马德拉群岛丰沙尔市，在橡木十字架医院，这个受天意庇护的小孩降生了，体重4千克，他就是克里斯蒂亚诺·罗纳尔多！

第二回

家贫不坠青云志，喜与足球结新缘

克里斯蒂亚诺·罗纳尔多这个名字是父母和姨妈起的。当时，多洛蕾斯的姐姐在孤儿院工作，她曾跟多洛蕾斯说：“嘿，妹妹，如果你生下的是男孩，我有个想法，就叫他‘克里斯蒂亚诺’怎么样？”

而“罗纳尔多”则是父亲阿韦罗和母亲多洛蕾斯一起给他起的。这个灵感并不来自巴西球星“罗纳尔多”，而是源于两个人的共同偶像——美国总统“罗纳德·里根”。罗纳德的英文是Ronald，而罗纳尔多的英文则是Ronaldo，两者只差了一个英文字母o。

C罗出生之后，按照当地习俗，要进行洗礼仪式。而正是这次仪式，让C罗第一次和足球产生了联系。

当时父亲阿韦罗不仅做着园丁工作，同时利用闲暇时间给当地的安东尼奥足球俱乐部兼职做装备管理员，因此，他和队中球员关系处得相当不错。C罗出生后，他便邀请队长索萨做C罗的教父。然而就在洗礼仪式当天，差点出了差错，这是怎么回事呢？

当时，洗礼仪式安排在晚上6点钟，不凑巧的是，下午4点，安东尼奥俱乐部正好有一场足球比赛，父亲阿韦罗和教父索萨都在比赛场地那边。所以等洗礼仪式开始的时候，阿韦罗和索萨都没在现场，这可把神父急坏了，其他几个孩子都已经受洗了，就差C罗了，左等右等，就是等不来人，神父后来都有些不耐烦了。直到晚上6点30分，阿韦罗和教父索萨才姗姗来迟，按照原定计划完成了洗礼。

有了C罗之后，一家人又搬家了，从原来偏僻简陋的小屋搬到了法尔考村的新家。新家比之前要好一些，但屋顶是用石棉做的，所以只要一下雨，屋里准漏雨。新家有三间屋子，阿韦罗和多洛蕾斯一屋，艾尔玛、卡蒂亚一屋，C罗和哥哥乌戈一屋。

法尔考村属于贫困村庄，在这里，街道就是每个孩子的游乐场，也正是这里的街道孕育了C罗的足球天赋。

两三岁时，C罗就爱上了足球，他经常在大街和空地上踢球。因为父亲阿韦罗在安东尼奥俱乐部兼职做装备管理员，所以C罗小时候会跟着父亲去俱乐部看训练，每次训练结束后他都会帮父亲回收足球，那时，C罗就有一个小愿望，希望能得到一个真正属于自己的足球。

盼星星，盼月亮，终于到了圣诞节。圣诞节晚上，教父索萨敲开了家门，C罗一看教父来了，再看他手里还提着礼物袋子，开心坏了，心想终于有足球了。可是当C罗把礼物拆开一看，哇，当即就哭了，这一下子可把父母和教父索萨吓坏了，这孩子怎么了，见到礼物怎么还哭了，不应该高兴吗？难道是喜极而泣？

索萨就问：“我送你的遥控汽车你不喜欢吗？”

“不喜欢！我就想要足球！”

噢！这时，大家才恍然大悟，原来C罗已经爱上了足球。

虽然这一年，C罗没有得到属于自己的足球，但他依然与小伙伴驰骋在街头，有时，没有足球，他就将塑料瓶和塑料瓶盖当足球颠，再或者把袜子窝成一团当球踢。

教父索萨一直惦记着足球这事。第二年圣诞节，他花钱给C罗买了全新的足球，C罗甭提有多开心了！从此之后，无论去哪，C罗都会带着足球，就算睡觉，也要放在身边，俨然一个小球痴。

C罗6岁时，开始在圣若昂小学阶段学习。那时候，每次演话剧、跳舞、唱歌，C罗都会积极主动参加，而且瞬间就能抓住观众的眼球。从小，C罗就站在C位。

那时，C罗每天放学一回家，第一件事就是把书包往地上这么一甩，抱起足球，一溜小跑找朋友去踢球。后来母亲多洛蕾斯知道此事后气坏了。心说：学费这么贵！你不好好写作业，就先去踢球，那不行，得好好教育一下。

但是多洛蕾斯得养家糊口，她要赚钱啊，去饭店做厨娘，根本没时间。那谁管C罗呢？她就把这个重任交给了自己的小女儿卡蒂亚，也就是C罗的姐姐。你想，C罗多调皮、多机灵。有时候母亲的话他都不听，更何况姐姐卡蒂亚呢。C罗前脚答应："好的，姐姐，我知道了，我去写作业。"紧接着一扭头抱着足球就冲出去了。姐姐再问："作业写得怎么样了？"屋里已经没人了，C罗早就消失得无影无踪。可见C罗对足球的喜爱。

正是街头足球，塑造了C罗的个性。

街头足球讲什么？讲的是有性格，有个性！你必须有个性才能在街头足球踢出有灵魂的竞技比赛，才能不被欺负。换句话说，你必须压别人一头。否则，他们就会把你踩在脚下。这就是街头足球的生存法则。所以从小C罗就非常好强，也一直希望能有更大的突破。

当时在街头足球中，C罗认识了一帮好朋友，比如说桑托斯。桑托斯是安东尼奥俱乐部主席的儿子，和C罗关系非常不错。童年时期，桑托斯可没少帮C罗，两个人关系非常要好。

那C罗是什么时候开始接受专业的足球训练呢？也是在小学。有一次，他的堂哥努诺带着C罗来到安东尼奥俱乐部参观训练。一看堂兄训练，C罗脚就痒了，也想练球，就跟父亲申请加入安东尼奥俱乐部。毕竟阿韦罗是球队装备管理员，所谓近水楼台先得月，阿韦罗跟青训教练一沟通，教练就说："试试吧！"C罗到场上一试，哎呀，青训教练眼前一亮，当即收下了C罗，这位启蒙教练叫阿方索。

在这儿插一句题外话，安东尼奥俱乐部的名字挺有意思的。为什么呢？因为在葡萄牙语当中安东尼奥的意思是燕子。那为什么叫燕子呢？因为俱乐部1925年刚成立的时候，有一个球员完成了一脚非常精彩的射门，没承想就这么寸，一只燕子竟然一直追随足球运行轨迹在飞。从此之后，这家俱乐部就叫作安东尼奥了，也就是"燕子俱乐部"。

在安东尼奥俱乐部，C罗打下了非常坚实的基本功。青训教练、启蒙恩师阿方索很信任C罗，给了他很多次上场机会，而且训练当中也是悉心指导，所以C罗成长很快。

当时在队里，C罗特别爱哭。所以队友就给他起了一个绰号，叫作"爱哭鬼"。一遇到比赛不顺心的时候，C罗就哭。比如说1993/1994赛季，当时有一场地区联赛，安东尼奥少年队对阵马德拉群岛的一支劲旅——卡马沙少年队。

上半场，卡马沙少年队连进两球，2比0领先。中场休息时，C罗就不行了，哭啊，教练队友怎么劝都不管用。他不甘心本队落后，一直哭到中场休息结束方才罢休。

到了下半场，裁判哨音一响，再看C罗好像换了一个人似的，特别是眼神，把眼珠子一瞪，能放出两道寒光，眼神当中透露着一股杀气，非常刚毅和坚定。C罗精神焕发，身边好像有一匹火龙驹，C罗拉过战马，扳鞍认蹬，翻身上马，裆口一按劲，双腿一磕飞虎鞴，左脚一拧蹬，就见这匹战马翻蹄亮掌，取上将首级，犹如探囊取物一般，连进两球！是一刀下去，小生倾倒，两刀下去，女娲造人！有道是：如同天上降魔主，好似人间太岁神！C罗把比分扳平了。这还没完，之后C罗又送上一记助攻，帮助队友绝杀卡马沙，3比2！这就是C罗，每次哭完之后，都能迸发出更大的能量。他不服输，他一定要赢得比赛的胜利！这种好胜心从小就在C罗的心里埋下了种子。

第三回

罗萨慧眼识明珠，天才少年风头露

C罗在队里还有个外号叫“小蜜蜂”。为什么叫这个名字呢？因为C罗只要一上场根本停不下来，就像勤劳的小蜜蜂一样，兢兢业业。

在安东尼奥足球俱乐部，C罗成长很快，经过两个赛季的洗礼，C罗的名号已经传遍了整个马德拉群岛。

当时，马德拉群岛有两大俱乐部，一家叫马德拉国民，另一家叫马里迪莫，他们都对C罗十分感兴趣。巧合的是，C罗的教父索萨那时正在马德拉国民青年队当教练，听说自己球队想要C罗，他非常开心，希望能促成此事，而C罗的母亲多洛蕾斯也支持儿子C罗去马德拉国民，毕竟有教父在，可以有个照应。

不过事情远没有想象中那么简单，C罗的父亲阿韦罗并不希望儿子去马德拉国民，而是去马里迪莫。因为马里迪莫离家更近，而且当时这家俱乐部青训的声望要高于马德拉国民。此外，1994/1995赛季马里迪莫俱乐部还杀进了葡萄牙杯决赛，所以那时马里迪莫相当于豪门，在葡萄牙国内人气很高。

那C罗究竟去了哪家俱乐部呢?

这还得从一个叫罗萨的球探说起，他差点改变了C罗的命运和整个足坛历史。罗萨是马里迪莫俱乐部青训营的球探，他很早就看上了C罗，多次向马里迪莫俱乐部推荐，说C罗这孩子很不错，必成大器。不过因为当时的C罗非常消瘦，所以马里迪莫主席兴趣不是很大，觉得身体太瘦弱，或许将来很难有大的发展空间，天花板也许没那么高。于是，他就把具体操作事宜交给球探罗萨来处理。罗萨很重视C罗，一直与安东尼奥俱乐部推进关于C罗的转会事宜。直到某个周五，罗萨接到了安东尼奥俱乐部的电话，希望他下周一能到俱乐部商谈C罗的转会，但是罗萨下周一已有安排，他要去里斯本银行处理重要事务，时间冲突了，无法前往安东尼奥俱乐部去谈判，所以罗萨缺席了安东尼奥俱乐部周一的会议，也因此错过了C罗。

等他从里斯本回到马德拉再联系安东尼奥俱乐部时，这才得知C罗已经转会到马德拉国民了。而马德拉国民队给安东尼奥俱乐部的“转会费”，只有20个足球和2套青训装备。

在C罗获得金球奖后，安东尼奥和马德拉国民队的这次球员交易还被写进了马德拉群岛的历史书，就像劳尔从马德里竞技青年队转会到皇家马德里这件事，在马德里地区家喻户晓一样，据说劳尔之所以转会皇马，是因为马竞不愿意支付他去训练的公交费用。

在马德拉国民队，C罗进一步成长，成为队里当仁不让的核心球员，哪怕跟比他年龄大的球员一起比赛，他依旧是最出色、最亮眼的。小时候在街头练就的足球技艺，让C罗懂得如何用最合理方式过人突破，也懂得如何避免受伤。

不过那时C罗的身体还是太过瘦弱，教练们都担心C罗会营养不良，身体长不起来，所以跟C罗母亲多洛蕾斯沟通，希望她能多给C罗补充鱼肉和牛肉。前文书也讲过了，C罗的家庭经济状况很一般，母亲听说儿子C罗需要更强壮的身体，更是拼命地、没日没夜地工作，她省吃俭用，甚至一天就吃一顿饭，把省下来的钱都用在C罗身上，哪怕自己生病，哪怕自己身体出现问题，也要硬扛着。只要C罗能健康成长，她愿意付出一切！这便是多洛蕾斯，这便是母爱的伟大！

C罗很争气，他没有辜负母亲的期望，C罗率领马德拉国民队在1995/1996赛季杀进了地区U13锦标赛决赛。然而在决赛当天，C罗竟然患上了流感。这要换成其他小球员早就选择休息了，但是C罗不同，他有着强烈的上场欲望。不过母亲坚决反对，怕儿子流感加重，不允许他去比赛。最后，C罗都急哭了，央求母亲："妈，让我去吧，求求你了！"C罗还向母亲承诺，如果自己身体真的不行，他会主动下场。多洛蕾斯知道，C罗已经下定决心了，终究拗不过他，只能答应。

虽然患了流感，但C罗在场上完全像没事人一样，好似一名斗士，左突右带，过人就好像清晨过马路，对手想把他防住，势比登天还难！凌波微步，衔枚疾走，到了禁区之内，好似掌中有一把龙胆亮银枪，一点眉毛二点口，三点前心无处走，四点孤雁来出群，五点哪吒一抖手，六点枪法往上攻，七点七星串北斗，八点群仙闹东洋，九点黄河船难走，十点乾坤鬼神惊，素缨一摇天地抖！啪！一记拨云见日，开！劲射破门！C罗这个进球帮助马德拉国民获得了最后的冠军。这是C罗获得的第一个地区冠军。至此，12岁的C罗引起了更多俱乐部的兴趣，其中不乏波尔图、博阿维斯塔……

教父索萨一直注意着C罗的一举一动，看到C罗的表现后，他觉得是时候让这个孩子登上更大的舞台了，于是，便找到了自己的朋友、葡萄牙体育俱乐部主席助理弗雷塔斯，向他推荐了C罗。不过弗雷塔斯并没有引援的决定权，他便联系了队中负责转会的佩雷拉。佩雷拉在葡萄牙体育俱乐部地位很高，他曾经帮助球队招揽了福特雷、菲戈、西芒等强援。佩雷拉知道这个事情后，心里还是有点疑问的，毕竟自己之前并没有听说过C罗的名字，也没有看过他踢球，但既然是主席助理推荐了，那还是得观察一下，于是便给C罗安排了为期一周的试训。

说来也巧，当时，马德拉国民还欠葡萄牙体育2.5万欧元，因为之前马德拉国民从葡萄牙体育签下了一个名叫弗朗哥的球员，不过他的表现没有达到预期，而且马德拉国民当时也出现了财政困难，根本无力付款。所以当俱乐部听说葡萄牙体育邀请C罗试训时，突然想到眼前的少年或许是个解决欠款的办法，拿C罗抵扣之前签约弗朗哥的欠款就好了。唯一的疑问是，12岁的C罗究竟值不值2.5万欧元呢？那时，这真的是一笔不小的费用。

就这样，1997年复活节，C罗第一次离开了家乡马德拉，和教父索萨一起搭乘飞机来到了里斯本，参加葡萄牙体育试训。

第四回

千里马再遇伯乐，佩雷拉重注C罗

要想发展前进，就得走出去，多走走多看看，见多识广才行。闭门造车、坐井观天、闭关自守，不会有太大进步。C罗这次来葡萄牙体育试训，可以说改变了C罗的一生。如果只是待在马德拉群岛，或许就没有现在的C罗了。

从马德拉来到里斯本，C罗非常兴奋，他脖子上挂着一个名牌，上面写着“克里斯蒂亚诺·罗纳尔多”，手里拎着旅行箱，里面装着换洗衣服。接C罗的是葡萄牙体育青训主管、著名球探佩雷拉。上文书也说到了，C罗能来到葡萄牙体育试训，佩雷拉起到了至关重要的作用，这位球探曾经发掘了保罗·富特雷、菲戈、西芒等球星。

C罗坐在佩雷拉的车后座上，望着车水马龙的世界，惊讶极了。他没想到外面的世界竟然如此多姿多彩，宛如置身另一个星球。在马德拉群岛，他从来没有见过这样热闹繁华的场景。

那时，C罗住在葡萄牙体育主场阿尔瓦拉德球场附近的宿舍，14岁以上的青训球员都住在这里。他并不知道，这些比自己至少大两岁的孩子之后还会在试训中与他交手。

试训的第一天，原计划的晨练取消了，于是，佩雷拉便带着C罗观看了一场U19青年队的比赛——葡萄牙体育U19对阵曼联U19。在参赛球员做伸展运动热身的时候，观众席上的C罗突然冲进了场内，和他们一起热身，这一幕让佩雷拉印象深刻，在他看来，C罗对足球有着比其他孩子更大的热情。是的，在C罗潜意识中，对足球的渴望非常强烈。

第二天，试训正式开始，地点在葡萄牙体育青少年梯队训练的地方——体育塔球场，现如今这个球场已经废弃了，失去了往昔的热闹场景。面试C罗的是保罗·卡多佐，卡多佐教练打眼一瞧，发现眼前这个孩子的身体素质并不突出，甚至可以用瘦削形容。12岁的C罗骨瘦如柴，弱不禁风，卡多佐心里在打鼓：这孩子行吗？

但等到训练比赛一开始，再看C罗好似脚踩风火轮，身似游龙，腰如轴立，两腿形似剪，过人如趟泥，面对两个人包夹防守，丝毫不怵，犹如蛟龙蹿出海，好似平地起瑞云，直接从两人之间钻了过去，追云踏月，杀到了禁区之内，紧接着，直接打门，犹如落叶遭风卷，疑似轻冰见日消，球应声入网。这个进球，让面试官卡多佐目瞪口呆，彻底打消了他的疑虑。C罗不仅征服了卡多佐，连场上的小球员也心服口服，训练赛一结束，所有的小球员都围在了C罗身旁，向他表达敬意。

试训第三天，佩雷拉亲自来到场边观察C罗，这次是U14的比赛，队员比C罗至少大两岁。但在场上，12岁的C罗依旧是表现最出色的，虽然个头最矮，年龄最小，但其他大龄球员根本防不住C罗。看到这样的表现，佩雷拉在场边也不住点头，但最打动佩雷拉的并不是C罗的技术，而是C罗与生俱来的气质与个性。

在一次发界外球的时候，对方球员一直形影不离紧盯自己，C罗能明显感觉到对手在他脖子后的呼吸。这个时候，C罗突然转过身，冲着比他大两岁的对手，说道：“嘿！孩子，放松点。”说这句话的时候，C罗异常冷静，要知道，C罗可是比对手小两岁啊！12岁的C罗竟然直呼14岁的对手“孩子”，这份霸气让佩雷拉非常震惊，也正是这一瞬间让佩雷拉下定决心，无论付出多大代价，都要把12岁的C罗签下来。

一个星期的试训，葡萄牙体育很满意C罗的表现，接下来就是商讨转会细节的问题了，咱们之前也说到了，C罗所在的马德拉国民队引进了一名叫弗朗克的葡萄牙体育球员，因而欠葡萄牙体育25000欧元，但12岁的C罗究竟值这么多钱吗，葡萄牙体育内部存在着分歧，为此，佩雷拉用了两个多月说服了葡萄牙体育的每一个高层和教练，直到1997年8月的最后一个星期，葡萄牙体育才正式宣布签下C罗，就此C罗在里斯本开启了全新旅程。

不过在葡萄牙体育最开始的时候，C罗很不适应。上学第一天，C罗就迟到了，而且在课堂上他遭受到前所未有的嘲笑。因为他是外地人，一张嘴都是马德拉群岛的方言，说不了地道的里斯本话。当他操着乡音做自我介绍时，有很多同学都笑了，大家取笑的是C罗的口音，有同学直接说：“哼！一听就是个乡巴佬。”还有人起哄：“下去吧！下去吧！”C罗自尊心极强，看到这么多人嘲笑他，他怒从心中起，恶向胆边生，睁开眉下眼，咬碎口中牙，拿起凳子就想扔，好在老师及时制止了C罗，控制住了他的情绪。

那时，C罗每天都在哭，都在想家，想回到马德拉群岛。他和很多刚来到大城市的孩子一样，无法适应寄宿生活，无法适应大城市的规则和压力。C罗感觉每一天都在经受折磨，更无法忍受同学们的冷嘲热讽。

每周他都会给母亲多洛蕾斯打两三次电话，而每每听到母亲的声音他都会泪流满面。虽然母亲一直劝他不要理会嘲笑他的那些人，但后来C罗还是无法忍受，甚至跟母亲说他不想待了，这里实在是太摧残人了。

他想放弃自己的梦想，回家！

这时，母亲多洛蕾斯站了出来，她飞往里斯本，帮儿子疏解了一段时间。同时，一个叫庞特斯的老师也一直帮忙，C罗这才慢慢走出了心理阴影，把所有精力用在了练球上。

C罗在那里也结识了几个好朋友，其中有三个都是他的室友。C罗的宿舍就在阿尔瓦拉德球场里，和C罗同屋的还有三个小伙伴，分别是法比奥·费雷拉、何塞·塞梅多、米格尔·派尚。费雷拉的天赋极高，当时的球技甚至高于C罗，但后来因为酒精、女色、不自律和伤病毁了自己的前程，没能达到人们的预期。塞梅多和C罗的关系非常铁，他也来自小地方，也曾被其他人嘲笑，所以两个人更能理解彼此。塞梅多在一定程度上影响了C罗，那时，塞梅多经常在宿舍锻炼身体，仰卧起坐、俯卧撑每天都要练。C罗看到后，也开始在宿舍加练。两人经常比赛，看谁做得多。当时，两个人甚至会在凌晨1点到健身房举铁。14岁的时候，塞梅多因为天赋和球技一般，被葡萄牙体育劝退，这时候，C罗站了出来，为了好朋友，他告知高层："如果塞梅多走人，我也走！必须把塞梅多留下来！"最终，俱乐部同意让塞梅多留下，不过他不能拥有自己的床位和衣柜。为此，C罗特意在自己宿舍里加了一张床专门给塞梅多用，此外，还让塞梅多和自己共用衣柜。塞梅多日后最高的成就只是入选了葡萄牙U21国家队，并在英冠谢周三踢球。上天并没有给他太高的天赋，却给了他C罗这样的好朋友，直到现在，C罗休赛期还会和塞梅多一起旅游、训练，甚至出席商业活动。这就是C罗，非常重义气，愿意为朋友两肋插刀。

当时，C罗还有一个室友——米格尔·派尚，他和C罗的关系同样很好，现在派尚是葡萄牙马德拉群岛丰沙尔市C罗博物馆负责人。关于C罗这几个好朋友的故事还有很多，后文有机会再接着说。

说回C罗，在葡萄牙体育的第一年，C罗异常艰难，不过还是在母亲多洛蕾斯、教父索萨和老师庞特斯的帮助下，渡过了难关。第二年开始，C罗的生活慢慢走上了正轨，球技不断提高。

第五回

C罗决计破劫匪，顺利进入一线队

来到里斯本第二年，C罗在葡萄牙体育慢慢走上了正轨，并成为梯队里的佼佼者。不过在学校，C罗依旧融不进去，同学都觉得他是个异类，甚至有人根本瞧不起他，所以在学校，C罗有时会违反纪律，表现很糟糕，葡萄牙体育在青训阶段很重视小球员的教育和学校情况，所以青训主管决定惩罚C罗。

那是1999年葡萄牙青年锦标赛最后一轮，C罗所在梯队将客场面对马里迪莫队，这支球队可是C罗家乡马德拉群岛的球队。C罗可以回到马德拉群岛，回到丰沙尔市，回到他最开始踢球的球场，回到他的家，见到父母、家人还有朋友。所以为了这场比赛，C罗准备了很久，摩拳擦掌就想在家乡父老面前好好表现一下，展示这两年在葡萄牙体育的练球成果。但没想到，球队出发前公布的名单里并没有C罗。一开始，C罗觉得自己是看漏了，于是又看了一遍，努力找寻着克里斯蒂亚诺·罗纳尔多的名字，但还是没有，他反反复复看了4遍，才意识到名单里确实没有他。C罗气坏了，心里想着：为什么？我踢得这么好！是球队绝对主力，这次又面对家乡球队，可以回家，为什么不带我去！他非常不理解，直接冲到了训练中心，愤怒地要求教练纳雷给个解释，纳雷跟他说："孩子，抱歉，并不是我不想带你去，而是你在学校的表现实在太糟糕了，这是对你的惩罚，希望你能好好反省。"C罗渐渐冷静下来，这次事件，让C罗学到了人生非常重要的一课，从此之后，C罗在学校再也没有违反过纪律。正是葡萄牙体育对纪律的严格要求，才让C罗健康成长。

在梯队时，C罗还遇到了一次抢劫。那时他15岁，正和3个队友一起在里斯本街头闲逛，到了晚上，4个人准备坐地铁回宿舍。刚走到地铁站，突然迎面走来一伙手持器械的混混，大约有五六个人，直接把C罗等人拦住了，各个都面露凶光，意思很简单，把钱拿来。看到此情此景，C罗的两个队友吓坏了，一看到对方有五六个人，还有人拿着棍子和小刀，转身撒腿就跑，就剩下C罗和另外一个队友，C罗非常冷静，心想：还有王法吗？朗朗乾坤竟敢当街抢劫，活得不耐烦了。哼，今天，就让我来教训一下你们。

想到这里，C罗把眼珠子一瞪，放出两道寒光，把小混混吓一跳，看来今天是遇到狠角色了。混混一看C罗丝毫没有要给钱的意思，就想来硬的，一个混混抄起小刀，朝着C罗的面门直接刺来，再看C罗，不慌不忙，单等着对方小刀离自己面门还有一韭菜叶距离的时候，往旁边一闪，啪，叨住混混的手腕子，借势就势，往前一带，跟着底下来了个扫堂腿。"你给我趴下吧！"混混还真听话，趴下就趴下吧。其他混混一看，自己人被打趴下了，"哗"，把C罗和队友团团围住，就听领头的大喝一声："上！"4个混混一齐朝C罗两人扑来，俗话说：行家伸伸手，便知有没有，钱压奴婢手，艺压当行人！虽然C罗不是练家子，但毕竟是职业运动员，身体素质非常好，但见C罗使了个野马分鬃连环腿，直接踹到一个混混肚子上，接着，又来了个猛虎扑食，把另一个小混混击倒，一炷香工夫，C罗两人就把几个混混全收拾了。在月光映照下，C罗就像逍遥侠客，冷峻孤傲、潇洒飘逸。

再接着说，15岁的C罗在梯队中逐渐成长，球队也时刻关注着他的身体发育。C罗骨龄检测的结果也很乐观，预计身高能长到1.85米，但是没想到C罗的身体之后竟然出现了问题。

有一次训练课，C罗突然感到不舒服，特别是心脏，他感到心跳不断加速，身体异常疲劳，之前也有这样的不适出现，有一次比赛刚开始6分钟，他就因身体不舒服不得不被替换下场。

葡萄牙体育俱乐部决定给C罗做全面的身体检查，经过检查，医生发现C罗静态心率太快了，必须动手术。就这样，2000年6月，C罗接受了心脏手术，当时青训主管佩雷拉和青训教练纳雷一直陪在他的身边。好在手术非常成功，第二天，C罗就回到了宿舍，不过俱乐部为了保险起见，给C罗放了3个月的假，直到2000年9月，俱乐部才允许C罗跟队训练。回归球队的C罗更加轻盈了，表现也是越来越好。2001年8月，C罗签署了自己的第一份职业合同，签约期4年，月薪2000欧元，违约金2000万欧元。

又过了10个月，2002年6月1日，C罗和往常一样，上午在学校上完课后，来到梯队训练基地准备下午训练，但他没想到，这一次他被葡萄牙体育B队的主教练雅梅斯叫到办公室，后者只是简短地说了一句话："今天下午你和一线队一起训练。"

C罗简直不敢相信自己的耳朵，这是真的吗？他非常兴奋，第一时间跟母亲通了电话分享这一喜讯。训练时间是下午4点30分，他1点就来到了训练场地，早早做好准备，还有两小时，一个半小时，1小时，半小时……C罗不断看着时间，训练马上就要开始了，但他随之而来的心情却从兴奋变成了紧张和焦虑，当看到平托和安德烈·克鲁斯等一线队主力球员缓步走来时，他都不敢相信这是真的！哇，自己马上就要跟着一线队训练了！

在第一次训练中，C罗太过紧张，表现不尽如人意，当时主教练博洛尼给他的报告评分很低，每个单项给的评价也不高，比如技术：空中表现糟糕，技术和防守不够；身体：力量不足。C罗体会到了一线队的不容易，毕竟自己太年轻，才17岁，一线队球员根本不把他当回事，认为他就是一个年轻球员，一个毛头小子，基本都在无视他，C罗没有感受到任何尊重。

当时，C罗憋着一股子劲，一定要证明自己。他经常加练，那时U17梯队主教练科托和一线队主教练博洛尼给他制定了特殊的强化训练方案，其中包括一周两次的增肌课程，C罗去U17梯队练也可以，去一线队练也可以。C罗知道自己的身体很单薄，要想在一线队有竞争力，获得一席之地，就必须增加力量练习，所以那时他经常哄骗两位教练，跟U17梯队主教练科托说："我没有跟一线队练力量，让我在U17梯队练吧。"反过来他又会和一线队主教练博洛尼说："我没有跟U17梯队练力量，让我在一线队练吧。"这样一来，C罗等于在一线队和U17梯队都练了力量，训练量增加了一倍。

当时，博洛尼和科托都是想着让队员们多练，唯独想方设法让C罗少练，怕他训练负荷过重，对身体产生副作用。可是C罗执意要加练，他希望每天都能有更多的提高。每天晚上，C罗都会提一袋子球到训练场，独自在球场练习射门，不停重复着同样的动作，就像一个机器人，甚至有时候，C罗还用橙子来练球。天道酬勤，正是这种不懈的努力，让C罗很快脱胎换骨，两个月后，一线队球员都对C罗刮目相看。

第六回

门德斯慧眼如炬，博洛尼力排众议

C罗刚开始跟随葡萄牙体育一线队训练的时候非常紧张，表现并不尽如人意，主教练博洛尼给他的评价也不高。C罗并不气馁，而是利用空闲时间加倍训练，经常晚上一个人来到球场，就好像机器人一般重复着射门动作。功夫不负有心人，两个月后，C罗脱胎换骨，再跟随一线队训练时，表现上了一个档次，而且更加自信，那个霸气十足的C罗又回来了！在一堂一线队训练课中，一名有资历的老球员想突破C罗，C罗一点都没给他面子，抓住时机，一记旋风扫落叶，干净利落地把球铲掉了。说实话，这球铲得一点毛病都没有，很干净，也没犯规，但是动作很凶狠，再加上C罗是新人，没踢过一次比赛，在老球员眼里，C罗就是乳臭未干的毛头小子。被这样的新人铲了，而且动作这么大，这让老球员很没面子，非常恼火，冲着C罗吼道："小屁孩，当心点！"

听到这话，换成其他年轻球员可能就㞞了，不敢跟老球员造次，但是C罗不是。在他看来，这球他处理得没毛病，他不会因为对方有资历就收着踢，就给对方面子。C罗转过身子，眼神坚定地看着老球员，对他说道："等我成为世界级球员，看你还会不会这么叫我！"这名老球员愣住了，他没想到眼前这个毛头小子竟敢放出如此大话。但这就是C罗，浑身上下都散发着舍我其谁的霸气与魅力。

虽然在训练中，C罗表现很努力也很出色，但是主教练博洛尼依旧没有给他登场的机会。相反，另外两个年轻球员却得到了很多次出场机会，一个是比C罗大一岁半的夸雷斯马，另外一个是比他大两岁的乌戈·维亚纳。看到其他年轻球员都出场了，自己却没有任何机会，C罗虽然有些着急，却也没有抱怨，而是用更加疯狂的训练来提升自己的能力。与此同时，C罗换了经纪人。

之前，C罗的经纪人是路易斯·维加，维加也是菲戈的经纪人。不过在2001年，另外一个经纪人出现了，他和商业伙伴、C罗以及多洛蕾斯吃了一顿饭。在这顿饭上，C罗被这个比他大19岁的经纪人的魅力完全吸引住了。他觉得这个经纪人头脑清晰，能说会道，关键对他很真诚。后来，又经过几次接触，C罗和母亲都觉得这个经纪人实在是太好了，他们决定等和维加的经济合同到期之后不再续约，而是跟新经纪人签约。新经纪人不是旁人，正是后来对C罗人生起到了至关重要作用的著名经纪人——豪尔赫·门德斯。两人在2002年9月签下了第一份经济合同。可以说，在C罗之后的职业生涯中，门德斯既扮演着经纪人的角色，又好像是C罗的父亲，两人的关系亲密无间。

再说回来，就在改换经纪人之前，也就是2002年8月，C罗终于在一线队出场了。那时葡萄牙体育的主力中前场球员雅德尔重伤，主教练博洛尼便准备物色一个既能踢中路又能踢边路的进攻球员，他和俱乐部董事会商议，看看能不能从外面引进这样的球员，但是他得到的答复是预算为零。这个时候，博洛尼想到了年轻的C罗。

于是，在新赛季开始前的夏季友谊赛，C罗获得了不少次出场机会，特别是2002年8月3日对阵皇家贝蒂斯，C罗打进了代表葡萄牙体育的第一个进球。那场比赛进行到第77分钟，身披28号球衣的C罗替补出场，当时的比分是2比2，而C罗的上场改变了这场比赛的走势。伤停补时阶段，对方的防守球员出现了停球失误，C罗抓住时机，一个箭步上前，用脚后跟轻轻一磕，把球磕到了身前，皇家贝蒂斯门将暗叫不好，弃门出击。再看C罗，脚似流星眼似电，身似游龙腿似箭，盘带绕过对方门将，在一个刁钻的角度，轻轻一搓，四两破千斤，拨云见日，开！球绕过门将滑入球门远角，球进，绝杀！这是C罗代表葡萄牙体育一线队的第一个进球，进球后的他太兴奋了，跑到场边疯狂地庆祝着，眼睛瞪得老大！这是他人生中第一次体验这种感觉，虽然之前在预备队，在梯队经常进球，但是一线队第一个进球的感觉却不同以往，好像一层窗户纸被捅破了，任督二脉就此打开。可以说C罗通过这个进球积累了信心，最后一丝疑虑也随之消散。之前无论是在一线队训练还是比赛C罗都有些紧张，就像一个小男孩混在成年男人中，而这个进球后，C罗不再紧张了。赛后，葡萄牙体育的媒体更是把这个进球誉为艺术品。

C罗也把进球献给了家人，特别是母亲多洛蕾斯，同时，他特别感谢主教练博洛尼，给他上场的机会——C罗一直都是心怀感恩的人。

而在11天后的8月14日，C罗完成了代表葡萄牙体育正式比赛的首秀。那是欧冠资格赛，葡萄牙体育主场对阵库伯带领的国际米兰，下半场第58分钟，C罗替补出场，当时，C罗面对的是经验丰富的马特拉齐，马特拉齐的球龄都比C罗的年龄要大，即便这样，C罗一点都不怵，表现非常优异，虽然最终比分是0比0，但C罗的处子秀却给人留下了深刻印象。

紧接着C罗迎来了联赛首秀，对阵的是布拉加，他的表现同样出色。而在2002年10月7日葡超联赛对阵升班马摩里伦斯，C罗打进了他在正式比赛的第一个进球，比赛进行到34分钟，C罗接到特尼多的脚后跟传球，连续摆脱两名防守球员，他动若脱兔，又好似鱼游大海，高速盘带了60米，在禁区边缘处踩了一个单车，晃晕了防守球员，面对门将，一记吊射，球进！进球后的C罗兴奋异常，他脱掉了上衣，冲向看台。这是C罗代表葡萄牙体育的第一个正式比赛进球，也是他个人职业生涯正式比赛的第一球。17岁8个月零2天，他创造了葡萄牙体育队史进球最年轻纪录。如果您以为C罗的表演就此结束，就大错特错了，比赛最后阶段，他又顶进一个头球，比分最终锁定在3比0。C罗这场比赛的发挥完全盖过了因伤休战4个月后重返球队、被誉为“超级马里奥”的巴西明星射手雅德尔。要说这场比赛唯一的遗憾就是多洛蕾斯，并不是她错过了这场比赛，而是在看台上的她因为看到儿子进球太过激动，结果晕了过去，好在最后是虚惊一场。

虽然有着精彩发挥，但在锋线位置上，有平托、雅德尔、夸雷斯马、特尼多，再加上尼古拉和C罗，队内竞争实在是太激烈了。但主教练博洛尼力排众议，给了C罗非常多的机会。这个赛季，C罗一共踢了25场，11场首发，联赛打进3球，杯赛打进2球。那一年，穆里尼奥带领波尔图获得了联赛冠军，他非常欣赏C罗，当时，他曾经在接受媒体采访时公开说：“第一次看到C罗踢球，以为是范·巴斯滕的儿子，他非常与众不同。”而在赛季结束之际，博洛尼辞去了教练一职，这让C罗很难过，他很感激博洛尼能给他那么多上场机会。接手教鞭的是费尔南多·桑托斯。与此同时，欧洲很多俱乐部都看中了C罗，C罗的选择是什么？又将做何表现呢？

第七回

里斯本难留天才郎，人生新一站欧罗巴

葡萄牙体育新任主教练桑托斯，后来成为葡萄牙国家队主教练。桑托斯同样很欣赏C罗，给了他很多机会。但就在这个时候，很多欧洲豪门看中了C罗，其中，包括了“红魔”曼联，但其实，那时最先下手、最接近签约的并不是曼联，而是其他欧洲俱乐部。

2002年年底，阿森纳的首席球探史蒂夫·罗利找到C罗经纪人门德斯，表达了对C罗的兴趣，觉得这位新星十分优秀，想让其加盟“枪手”阿森纳。

2003年1月，C罗和母亲受邀来到阿森纳俱乐部，参观了阿森纳的训练基地。当时，C罗和温格交流了很长时间，后者很欣赏这个年轻小伙子，觉得他身上潜力无限。此外，C罗还见到了自己的偶像之一——亨利。在阿森纳俱乐部参观的时候，经纪人门德斯一直不停地给C罗打电话，他不想让其他人看到C罗出现在阿森纳的基地，如果被其他人看到的话，对C罗的改换门庭会起到不好的影响。门德斯几乎每隔5分钟，就给C罗打一个电话，对他重复强调：“小心点，留意你周围的人。”那时，阿森纳的工作人员载着C罗将车停在加油站时，C罗还把脸遮了起来，以免被人看到。当时，C罗出现在阿森纳的消息，几乎没被任何媒体披露。这就是门德斯，一位非常职业的经纪人，同时，他对C罗也格外关心。

这边厢，参观完阿森纳后，C罗和母亲都觉得如果加盟“枪手”真的很不错，特别是俱乐部的经营理念和对年轻人的培养打动了母子俩。那边厢，阿森纳也很满意C罗，特别是主教练温格对他颇为中意，C罗的个性和技术都是温格所欣赏的，球队甚至还为C罗空出了9号球衣。

后来，阿森纳俱乐部副主席大卫·戴恩专程飞到葡萄牙首都里斯本，面谈C罗的交易。但因为阿森纳刚刚建完新球场，资金非常紧张，所以报价不是很高。当时，只要“枪手”的报价能达到450万英镑，他们就能得到C罗，但由于资金问题，他们确实给不了这个价格。最终，阿森纳与C罗擦肩而过。后来在2014年，温格曾经公开表示，自己最懊悔的事就是没能签下克里斯蒂亚诺·罗纳尔多，毕竟他曾经那么接近签下这个天才球员。

除了阿森纳，蝙蝠军团瓦伦西亚也差点签下C罗。2003年，瓦伦西亚主席候选人罗伊格看中了C罗，他和门德斯关于C罗转会交流了很久，而且两人达成了共识，如果罗伊格竞选瓦伦西亚主席成功，那么瓦伦西亚将以900万欧元转会费签下C罗。此外，蝙蝠军团甚至提前跟门德斯签订了一份协议：无论罗伊格是否竞选成功，只要瓦伦西亚在2003年5月30日之前激活优先选择权，就可以带走C罗。最终的结果是，罗伊格竞选失败，同时，瓦伦西亚出现财政困难，他们不愿意在截止日前为一个年轻球员支付这么多转会费。等到瓦伦西亚看到C罗2003年6月在土伦杯上的现象级表现再出手时，已经太迟了，超过了5月30日，之前的协议已经作废，瓦伦西亚对此非常后悔。

此外，尤文图斯也看中了C罗，很快双方便达成了共识，但最终因为尤文前锋马塞洛·萨拉斯不愿意作为捆绑交易一部分加盟葡萄牙体育而流产。可能双方不会想到，十多年后，C罗真的来到了尤文图斯，并帮助尤文获得了联赛冠军。

除了尤文，帕尔马也向C罗伸出了橄榄枝，报价800万欧元。但是帕尔马希望C罗先在葡萄牙待上一两年再转战意甲，这显然不符合C罗和门德斯的诉求，所以他们最终没能与帕尔马达成一致。

就在这个时候，曼联出现了，弗格森非常喜欢这个小伙子。2003年8月6日，葡萄牙体育与曼联的友谊赛，决定了C罗的未来。那么，这场比赛的进程究竟如何呢?

第八回

热身赛中显神威，C罗征服弗格森

C罗在2003年受到了多家欧洲俱乐部的追逐，“枪手”阿森纳、蝙蝠军团瓦伦西亚、尤文图斯、帕尔马都向他伸出了橄榄枝，不过因为各种原因最终未能成行。就在此时，“红魔”曼联出手了。

曼联俱乐部最先注意到C罗的并不是弗格森，而是他的助手、葡萄牙人卡洛斯·奎罗斯，也就是日后成为皇马、葡萄牙国家队、伊朗国家队主教练的奎罗斯，2002/2003赛季，他在曼联担任弗格森的助理教练。作为葡萄牙人，他注意C罗很长时间了。虽然招募年轻球员并不归他管，但他觉得C罗实在是个难得的足球天才，就把C罗的情况告诉了弗格森。后者看了C罗的录像后也觉得这个小伙子非常不错，有意引进他。不过那时，葡萄牙体育一直对C罗的转会很犹豫，于是奎罗斯利用自己在葡萄牙的人脉和资源穿针引线，促成了曼联和葡萄牙体育签订了一份两家俱乐部共同训练的合作协议，其中包括2003年8月双方在葡萄牙体育的新主场阿尔瓦拉德球场踢一场友谊赛，葡萄牙体育这边希望借着曼联强大的影响力，为新球场开幕剪彩带来关注，而曼联则希望通过这场友谊赛考察

C罗。

弗格森可谓深谋远虑，他知道如果自己强行把C罗带进“红魔”，队中肯定有球员产生逆反心理，对C罗心怀不满或者心存疑虑，这对C罗的成长极为不利。但如果通过一场友谊赛，让球员们看到C罗真正的实力，让大家觉得C罗加盟曼联对于俱乐部肯定有所帮助，引进C罗是一个不错的选择，那对于C罗未来在曼联立足有百利而无一害。所以弗格森十分看重曼联与葡萄牙体育的这场热身赛。弗格森的想法非常直接，他希望C罗来到曼联的第一天就能得到更衣室的认可。2003年8月6日两队的热身赛，对C罗而言意义非凡。

比赛当天，是新球场阿尔瓦拉德启用后的第一次亮相，现场涌进了非常多的球迷，是人山人海、摩肩接踵、座无虚席。葡萄牙体育的一二号人物、有头有脸的高层，还有曼联的一些高层，都坐在贵宾包厢里。晚上8：45，葡萄牙国宝级歌唱家杜尔塞·庞特斯演唱起她的成名作《葡萄牙之爱》，看台成千上万的球迷随着歌声拼出葡萄牙体育的队徽图案，现场气氛非常热烈。而之后，C罗的表现更是把这种热烈气氛推向了最高潮。

那场比赛，C罗精神抖擞，头发里还掺杂了几根金色发辫，嘴里带着金属牙套，身穿绿白条纹的28号球衣，白色短裤，绿白相间的球袜，脚踏一双彩色球鞋。在灯光照耀下，C罗格外亮眼。他首发出场，出现在左边锋位置上，比赛中，他直接对位曼联右后卫约翰·奥谢。

起初，奥谢并没有把这个比他小4岁的18岁小伙子放在眼里，但随着比赛进行，奥谢发现这个年轻人不简单。C罗早就憋了一股子劲，要在曼联球员面前一显身手，盘带、过人、踩单车、节奏变换，无所不能。在一次和奥谢一对一对抗中，C罗一个假动作接急速变向，直接甩开了奥谢，面对出击的门将巴特兹选择挑射，可惜的是被巴特兹神勇化解了。

而在上半场第25分钟，又是C罗在左路突破，突然起速，晃开一个空当，把球传到禁区之内，队友菲利佩拍马赶到，轻松将球打进，葡萄牙体育1比0领先曼联，C罗奉献一个助攻，特别是C罗起速的一刹那，实在太快了。真可谓扬尘播土、倒树摧林，海浪如山耸，浑波万迭侵，乾坤昏荡荡，日月暗沉沉，一阵摇松如虎啸，忽然入竹似龙吟。整个上半场，C罗把曼联这一条边路冲得七零八落，让奥谢苦不堪言。

中场休息，奥谢冲进更衣室，大吼道："那个该死的小东西是谁！"说完，他便去找队医了，为什么找队医？因为整个上半场，C罗给奥谢这条边路带来了极大的压力，中场休息时，他感到有些头晕。而在更衣室中，曼联的球员们依旧在讨论着C罗，斯科尔斯、费迪南德和巴特都在说："一定要签下这个年轻人，他表现太好了！"要知道，当时曼联刚刚错过小罗——罗纳尔迪尼奥，他们不想再错过小小罗——克里斯蒂亚诺·罗纳尔多了。下半场，C罗继续精彩发挥，给曼联的后防线继续施压，最终，葡萄牙体育3比1战胜了曼联。

赛后，曼联球星们并没有立即离开阿尔瓦拉德球场，他们在大巴车上足足坐了一个半小时，因为比赛结束后，曼联高层和弗格森直接跟葡萄牙体育高层面谈C罗转会事宜去了。正是这场友谊赛，改变了C罗的职业生涯。

很快，C罗就接到曼联的电话，说他已经转会曼联，可以来曼彻斯特体检，然后签合同了。一开始，C罗以为自己虽然转会曼联，但肯定会被回租葡萄牙体育，新赛季肯定还在里斯本踢球，所以他什么东西都没带，只身一人来到了曼彻斯特。但让C罗没想到的是，来到英格兰后，弗格森跟他说："明天一早就过来跟一线队训练。"听到这句话，C罗简直不敢相信自己的耳朵，难以置信地说："啊，可是我什么东西都没带啊。""没关系，等明天训练完了你再回去收拾东西。"就这样，C罗开启了自己的“红魔”生涯。

2003年8月13日，曼联举行了新球员见面会，C罗正式亮相老特拉福德球场，和他一起亮相的还有来自巴西的24岁球员克莱伯森。不过当时，有一些足球专家对C罗转会曼联并不看好，在一些人看来，1200万英镑买这样一个年轻球员实在是太贵了，而且身披的还是曼联非同凡响的7号战袍。不过，C罗很快就用表现征服了曼联球迷，打消了对他的质疑。球员见面会3天之后，也就是2003年8月16日，英超第一轮，曼联主场对阵博尔顿，“红魔”新7号C罗就亮相老特拉福德球场了。C罗的曼联首秀，表现如何呢?

第九回

弗格森授七号衫，C罗首进国家队

2003年8月13日，曼联举行了C罗的媒体见面会。第一次在老特拉福德亮相，C罗身上穿的是7号球衣。来到曼联后，弗格森曾问C罗：“你希望穿什么号码的球衣？”C罗当时的回答是28号，因为当时曼联队里没有人穿28号，此外，28号也是他在葡萄牙体育的号码，但弗格森摇了摇头，跟C罗说：“不不不，我给你准备了7号球衣，你将成为曼联7号球衣的新主人。”

听到这句话，C罗愣住了，他很清楚7号球衣对于曼联和他本人的意义。7号球衣在曼联具有传奇色彩，贝斯特、科贝尔、布莱恩·罗布森、坎通纳、大卫·贝克汉姆都曾经是7号球衣的主人，而现在C罗将继承前辈们的衣钵，这是一种荣誉，更是一种责任。而对C罗来说，7号也有不一样的意义，他的偶像路易斯·菲戈在葡萄牙体育的号码正是7号，他从小就梦想有一天能身穿7号战袍作战，如今愿望终于实现了，和他有同样愿望的还有他的前队友、好朋友夸雷斯马，那时夸雷斯马在巴塞罗那同样身着7号球衣。

媒体见面会3天之后，2003年8月16日，C罗上演了曼联首秀，那是2003/2004赛季英超联赛第一轮，曼联主场对阵博尔顿，一开始，C罗并没有首发，而是坐在替补席待命，比赛进行到61分钟，场上比分1比0，曼联领先博尔顿一球，萨姆·阿勒代斯的球队并没有放弃抵抗，他们的进攻给曼联后防线带来了很大压力。这个时候，弗格森大手一挥，一声令下，把C罗叫了过来："准备上场！"C罗顿时心跳加速，他知道自己的曼联首秀就要来了，他一直觉得这一天肯定会到来，但没想到会这么快，他提了提裤腿，整理了一下球袜，准备替补出场。C罗换下的是尼基·巴特，踢的是左边锋。C罗的上场，引爆了老特拉福德球场，现场6.7万名观众鼓掌欢迎这位只有18岁的年轻人。在剩下30分钟的比赛时间里，C罗的表现非常出色，他延续了友谊赛代表葡萄牙体育对阵曼联的绝佳状态，每一次拿球都充满着自信，杀得是风响沙飞狼虎怕，天昏地暗斗星无，昏漠漠，星辰灿烂，雾腾腾，天地朦胧。博尔顿后防球员非常狼狈，而在一次左边路突进中，C罗一个人过掉两人防守杀到了禁区之内，博尔顿的后卫没有办法，只能拉拽C罗，这一拉不要紧，C罗被放倒在地，裁判判罚了点球！这一次突破可谓踏碎玉笼飞彩凤，拨开金锁走蛟龙！过人过得太漂亮了，只可惜范尼并没有把点球罚进。在C罗下半场替补上场的30分钟里，曼联连进3球，最终以4比0的比分战胜了博尔顿，C罗功不可没。赛后，C罗被评选为全场最佳球员，他第一次开启了象征荣誉的香槟，罗伊·基恩第一个走向C罗，其他队友也纷纷上前表示祝贺，全场的曼联球迷起立鼓掌，向这位曼联新7号表示敬意，C罗的脸上露出了灿烂的笑容。

赛后新闻发布会上，弗格森对C罗赞不绝口。"C罗这场比赛的表现，简直可以说是一场无与伦比的处子秀，让人难以置信！"但同时，弗格森也补充道，"我们必须呵护这位年轻人，要知道他只有18岁，我们必须谨慎使用他。”博尔顿主教练阿勒代斯对C罗的表现更是感到不可思议，他说：“对不起，我真的不知道这个年轻人究竟是谁，但很明显他的水平非常高，高于其他人。”显而易见，C罗的曼联首秀非常成功。

在这场比赛结束之后，C罗就赶往葡萄牙国家队报到了。C罗在2003年曾经率领葡萄牙国青队获得了土伦杯冠军，那届土伦杯，他表现十分抢眼，从那时起，他就被葡萄牙国家队主教练斯科拉里注意到了，直到转会曼联，斯科拉里终于宣布征召C罗进入葡萄牙国家队。

那时，葡萄牙国家队黄金一代坐镇，可谓星光熠熠，菲戈、平托、本托、沙维尔、鲁伊·科斯塔……这些球星构成了葡萄牙国家队的主力框架。彼时，C罗只是一个新人，他在国家队选择的是17号球衣。

来到国家队，C罗一如既往地努力训练，有一堂训练课主要以恢复、跑步为主，C罗依旧是最积极的那一个，他跑在最前面，并且还试图提速。这并不算什么，更让人吃惊的是，等训练结束时，更衣室里的所有队友才发现，C罗训练时脚踝上竟然绑着重物，每次跑步C罗都是负重前行。而到了正式比赛时，把重物卸掉，C罗顿时会感到更加轻快，身轻如燕，更加灵活飘逸。这就是C罗，对于每一次训练，他都十分珍惜，都会认真对待。

2003年8月20日，C罗迎来了葡萄牙国家队首秀，当时是对阵哈萨克斯坦的热身赛，C罗替换菲戈上场，完成了国家队处子秀。菲戈曾经给过他建议：“保持冷静，就像在自己俱乐部那样踢。”上场之后，C罗表现一如既往地出色，赛后，他被评选为全场最佳球员。无论是在曼联还是在葡萄牙国家队，C罗的首秀都获得了极大的成功。

踢完对阵哈萨克斯坦的友谊赛，C罗回到了曼联。作为新人，而且是极具个性的新人，C罗融入更衣室花了不少时间。

C罗是那种从场上到场下都非常讲究细节、精益求精的人，他不容许自己有半点瑕疵，无论是球技还是外在形象，这一开始让曼联的一些队友并不理解。特别是训练的时候，C罗都要把自己最完美的形象展示出来，完美的发型、最好的衣服、干净的球鞋，每时每刻都一尘不染，起初加里·内维尔觉得这样做很没必要，认为C罗有些哗众取宠，有点故意夺人眼球的意思。但随着对C罗的认识不断加深，他也被C罗所打动了，特别是C罗对自己的那种严苛标准，不是一般人能做到的，加里·内维尔曾说："自己从小就被曼联的青年队教练哈里森教导，要勤刮胡子，勤洗头，保持整洁利落，因为我们代表着曼联的形象，可是我从来没落到实处，但C罗做到了，这实在不容易，我很佩服他。"

不仅如此，C罗更对自己的球技有着严格要求，他会花上几小时磨炼一个动作，练到尽善尽美才会罢手，也正是这种对自己的过分严苛，让C罗进步飞快。不过，在曼联的首个赛季，C罗也遇到了一定的困难。

第十回

弗格森恩威并施，C罗逐渐融入曼联

2003年8月16日，2003/2004赛季英超联赛第一轮曼联坐镇主场对阵博尔顿，下半场第61分钟，C罗替补出场，完成了代表曼联的首秀，表现非常出色，赛后更是荣膺最佳球员。C罗的首秀非常成功，但作为新人，又是来自葡萄牙，不是英格兰本土出生，这让C罗适应英国的足球文化很不容易，包括英超的风格、规则，还有英国的气候、语言、饮食等，对C罗来说都是特别大的挑战。当然，还要算上英国的媒体。更何况，C罗又是一个个性鲜明、特立独行的球员，融入曼联更衣室确实花了不少时间。

为了让C罗更好成长，弗格森可以说是煞费苦心，他恩威并施教育着C罗，对他的管理相当严格。在一次比赛中，C罗多次只顾着单干却忘记了传球，这让弗格森大为光火。赛后，他把C罗叫到办公室，开启了吹风机模式："你以为你是谁！就想着单干，如果你一直这么做，永远成不了职业球员！"这句话刺激到了C罗的自尊心，他哭了，泪如雨下。弗格森发完飙后，走到C罗面前，轻抚着他的头安慰道："孩子，我说的这一切都是为你好。"C罗当然知道弗格森的用意，从小缺少父爱的他，早就把弗格森和门德斯视作自己的父亲，在他们身上，C罗学到了很多。那时，虽然C罗左右两条边路都可以打，但弗格森执意把C罗放在右边锋，因为在他的身后是老大哥加里·内维尔，这样，这位老将就能随时监督他、指导他。在弗格森看来，这是非常有必要的。也正是在弗格森教导下，C罗越来越有整体意识，当然，他的个性从来没有改变过，而弗格森也给了C罗施展才华的充足空间。索尔斯克亚在接受媒体采访的时候曾经说："当时弗格森曾告诉C罗，他不必回到自己的位置，留在锋线，观察对手的行动。全队只有C罗有这样的待遇。"这足以看出弗格森对C罗的偏爱。

无论教练如何支持你，在俱乐部你还是要和队友打成一片，适应曼联的俱乐部文化，融入更衣室，C罗也不例外。当时，C罗最先接触到的就是队里面的抢圈训练，不要小看了这简简单单的抢圈训练，里面有很多门道。

抢圈既是熟悉队友、认识彼此的机会，也能从中看出球员在队中的地位。从技术层面来说，抢圈能锻炼球员在狭小空间对球的掌控以及反应能力，此外，抢圈还可以刁难新人。

那个时候，曼联的抢圈训练分为两个大圈，一个大圈叫作欧冠圈，另一个叫外援圈。欧冠圈都是球队核心或者主力，外援圈基本都是国外的球员，最开始，C罗就在外援圈抢圈，那时有福琼、迭戈·弗兰、贝里昂等，全队只有一个外援在欧冠圈，他就是范尼。可见，范尼在曼联的地位之高。

随着C罗的表现越来越好，在球队越发重要，慢慢地，C罗开始在欧冠圈和加里·内维尔、费迪南德、范尼、吉格斯、斯科尔斯一起抢圈，这也显示了C罗在球队地位的变化。

不过就算来到欧冠圈，C罗依旧是新人，不代表球队老大哥们就认可你。加入欧冠圈后很长一段时间里，C罗都是被遛的那一个，就是在圈子中央抢球的人。因为一旦C罗成为圈外接球的人时，队友传来的球力量总是很大，很难控制，所以基本没两脚，他就又回到了圈子中央。而且在圈外接球时，如果C罗穿了某人的裆，那接下来再接球时，他可能就会遭到凶狠的滑铲，这也是警告新人的意思。C罗对这些并不在意，他把所有的心思都用在了自我提升和训练上，对其他方面他毫不关心。而随着自己在联赛中表现越来越好，C罗逐渐得到了老队员的尊敬，在抢圈训练时，能接到舒服的传球了，也很少出现在圈子中央。

队友们对C罗越来越了解，开始接受他。比如外在形象的打理、穿衣风格、行事作风等，C罗也在潜移默化中影响着其他球员，改变着俱乐部。就拿抢圈训练来说，C罗没来之前，抢圈传球时，大家都是找到机会，直截了当地把球传出去，但C罗来抢圈后，他总会想着法地拿出一些不一样的东西，比如假动作，比如脚后跟接球，再比如在两脚之间来回拨球再找时机传球，还有各式各样的花哨动作。一开始，曼联球员们接受不了，甚至觉得这是在耍他们玩，但后来大家开始接受这种方式，斯科尔斯也开始抬脚在球的上方假晃一下，吉格斯也用脚后跟做球了。这就是C罗的强大之处，他能坚定地做自己，并且给别人带来积极改变。

其实，足球俱乐部和职场没有什么区别。职场新人也会受到打压，有再大能耐也得低调，是龙你得盘着，是虎你得卧着。要做的第一件事，就是融入集体，也就是职场圈子。但在这个过程中，能始终保持自己的初心和个性的人并不多，更别说去改变圈子里原有的文化了，更是难上加难。这就是C罗了不起的地方，他能坚持自我，不受环境和其他人的影响，还能在潜移默化中改变别人，甚至改变这个圈子，实在是厉害。为了自己的目标和梦想，C罗一直努力前行，他的抗压力、反弹力都太强大了。

当然，坚持自我有一个先决条件，那就是勤奋。只有勤奋，才能让自己的能力不断提升，赢得别人的尊重。C罗就是一个永远不知疲倦的人。

当时，常规训练结束后，球场中总能看到C罗一个人加练的身影，从球场一端跑到另一端，在100米的直线内放上4个训练桩，然后盘带冲刺，一个一个绕过去，休息几秒后，接着再来一次。C罗的疯狂加练，感染着其他队友，萨哈曾说："C罗太可怕了，在球场上，冲刺这种事可能要了你的命，你冲完一次就差不多了，但C罗能冲过去再冲回来，重复三四次，这是其他球员很难办到的，而有这样的能力，跟C罗努力训练分不开。看到C罗，我才知道自己的训练量太少了，所以我也开始拼命训练。"

在范德萨来到曼联后，C罗训练后还经常缠着范德萨守门，范德萨说："你可以找其他门将呀，比如库什察克。"C罗说："不，我就要找你，因为我要面对世界上最好的门将！"C罗精准的射术也跟他经常与世界级门将加练有关。

此外，在曼联，C罗还遇到一个对自己非常重要的人，名叫克莱格，他不会踢足球，但却是曼联俱乐部非常重要的一员，他的职务是力量训练师，为球员塑形，增强身体素质，提高力量和速度。克莱格的训练与众不同，他曾让自己的4个儿子在6岁时举重，这是很难想象的事情，但在克莱格精心培训下，两个儿子成为职业举重运动员，另外两个都进入了曼联梯队，其中迈克尔还被弗格森选进曼联一线队，这都是克莱格的功劳。克莱格的身体训练延长了罗伊·基恩的职业生涯，更让吉格斯踢到了40岁。而C罗正是在克莱格教导下，身体脱胎换骨。克莱格非常钦佩C罗的毅力，每次训练课前，C罗都会跟克莱格在健身房进行身体训练，那时克莱格经常让他进行每组7次的卧推、深蹲和硬拉训练，将自己的体重维持在76公斤左右。之后他再和队友们一起开始正式足球训练，训练结束并完成自己的加练后，他又会回到健身房，做腿部力量练习，然后按照营养师要求，吃健康食物，定期游泳，按时睡觉。正是这种自律，让C罗在曼联变得越来越强大。

第十一回

首赛季多线开花，购车买房还恩情

2003年10月1日，C罗迎来了在曼联的欧冠处子秀——曼联客场对阵马加特执教的斯图加特。比赛当天，C罗只有18岁零238天，他首发出场，和吉格斯分居两侧，上半场双方战成0比0，下半场风云突变，斯图加特连进两球，曼联0比2落后。就在此时，C罗站了出来。比赛第67分钟，曼联队一次进攻击中了斯图加特立柱，球弹了出来。说时迟那时快，C罗在小禁区内一个卡位，先把球护住，但没想到，斯图加特门将希尔德布兰从背后来了个排山倒海，啪，直接把C罗给推倒了，裁判果断判罚点球，C罗为曼联创造了一粒点球。这一次，范尼并没有像联赛第一轮那样错失点球，而是稳稳地将点球打进。最终，曼联客场1比2输给了斯图加特，不过C罗的欧冠首秀还是获得了一致认可。

又过了整整一个月，2003年11月1日，这一天，C罗迎来了英超首球，曼联坐镇主场老特拉福德球场迎战朴茨茅斯，下半场，C罗替补出场，第79分钟，曼联获得一次禁区外的任意球机会，C罗站在球前，他双腿叉开，屏气凝神，眼睛直勾勾地盯着朴茨茅斯的大门，助跑，打门！

只见球划出了美妙的弧线，绕开了人墙，并在禁区内急速下坠，弹地后奔向球门方向，虽然朴茨茅斯门将的手碰触到了球，但依然无法将球挡出去，球进！C罗打进了代表曼联的处子球。当时的解说员惊呼：“这个进球让人想起了巅峰时期的贝克汉姆！”真可谓：桃花影落飞神剑，碧海潮生按玉箫！征战英超的第一个赛季，C罗表现突出，联赛出场25次，打进4球。

2004年足总杯决赛，曼联对阵米尔沃尔，C罗给人留下了深刻印象。比赛第44分钟，内维尔右路传中，说时迟那时快，就见C罗斜刺里杀出，来到禁区之内，一记甩头攻门，球进！打进第一粒进球，C罗真可谓神剑在鞘，光焰敛藏，不出则已，出则威服四方，荡平天下！之后，范尼又进两球，最终曼联3比0战胜米尔沃尔，获得了2004年足总杯冠军，C罗功不可没。赛后，英国当地媒体给他的评分是全队最高的9分，此外，曼联队里的老将认为他在足总杯决赛中的表现与1953年足总杯斯坦利·马修斯爵士的表现不相上下——这个评价相当之高。

在曼联第一个赛季，C罗在各项赛事中出场39次，打进8球，C罗也获评代表曼联俱乐部年度最佳球员的马特·巴斯比爵士奖。可以说，C罗在曼联的第一个赛季相当成功。

C罗一直都是知恩图报的人，他拿出在曼联效力首季的薪资，给母亲多洛蕾斯在家乡马德拉群岛买了一栋新房子，全家人从丰沙尔市政府提供的那间简陋的小房子里搬了进去。C罗买的新房子位置非常不错，在圣贡萨洛地区，这里临海，风景别致。新房子一共两层，墙体都是白色，楼上还有柚木阳台，站在阳台之上就可以眺望大西洋的美景，海水滔滔翻波浪，淌的是珍珠翻花倒卷帘，对对鸳鸯沙滩卧，对对宾鸿起云端，美极了！C罗为母亲挑房子也是用心了，不得不说，C罗确实有眼光。

C罗一家人第一次每个人拥有属于自己的房间，多洛蕾斯为此花了不少心思和工夫来装修设计。在客厅里，她挂了好几张C罗小时候在马德拉国民队踢球的照片，此外，还有一块非常大的屏幕，她经常通过这块屏幕观看C罗的比赛。新房子可以说一应俱全，与之前的居所形成了鲜明对比。

一次，C罗在英国大街上看到正在售卖奔驰SLK级敞篷跑车，心动了，觉得这车太好看了，决定把它买下来。不过他并不是给他自己买，而是想献给母亲。恰逢母亲的生日临近，他想把这辆跑车当作生日礼物送上，于是他把这辆车买了下来。为了给母亲惊喜，他还特意花钱租了一艘船将车运到了葡萄牙马德拉，并且偷偷地将跑车藏在车库里，直到生日当天，才告诉母亲说："妈，你去车库看看。"母亲来到车库，看到崭新的敞篷跑车，不禁潸然泪下。

后来，C罗还给母亲购置了很多房产，他心里非常清楚，母亲为了培养他长大成人，付出了太多，原来是母亲保护他，现在他要保护母亲了。这就是C罗，明理孝顺，羊有跪乳之情，乌鸦有反哺之义。

而在2004年，C罗还参加了一项非常重要的赛事，那便是2004年欧洲杯，在欧洲杯舞台上，C罗的表现又将如何呢?

第十二回

欧洲杯决战天王山，葡萄牙遗憾负希腊

2004年欧洲杯在C罗的家乡葡萄牙举办，葡萄牙国家队得到了举国支持。而那时，这支葡萄牙队拥有着令人艳羡的黄金一代，包括菲戈、鲁伊·科斯塔、保莱塔、戈麦斯等一众明星，葡萄牙人民对于国家队充满了期待。

揭幕战，葡萄牙对阵希腊，这场比赛，C罗并没有首发出场，而是在下半场替补出战。出乎很多人的意料，葡萄牙此役竟然会先丢两球，0比2落后，伤停补时阶段，葡萄牙才打进一球，而进球的正是克里斯蒂亚诺·罗纳尔多。当时队长菲戈发出角球，就见C罗神龙出锋，金鳞耀目，高高跃起，头球破门，这个进球是C罗代表国家队的第一个正式进球，也昭示着C罗对黄金一代的传承。最终，葡萄牙在揭幕战1比2爆冷输给了希腊。

不过很快，斯科拉里带领的葡萄牙就调整了状态，小组赛第二场葡萄牙2比0战胜了俄罗斯。而接下来面对西班牙，将是一场硬仗，他们只有击败对手，才能晋级淘汰赛。对阵西班牙，是C罗第一次代表国家队在正式比赛中首发出场。那场比赛，C罗表现很活跃，最终凭借着努诺·戈麦斯的进球，葡萄牙1比0战胜了西班牙。C罗虽然没能进球，却凭借优异的发挥，获得了全场最佳球员称号。媒体更是长篇累牍称赞C罗，称他在场上就好像温和夏夜里的一缕新鲜空气，总之评价很高。

在淘汰赛中，葡萄牙遭遇到了英格兰。这场比赛是一场鏖战，双方在120分钟内战成了2比2，最后进入残酷的点球大战。关键时刻，贝克汉姆没有把点球罚进，葡萄牙10号鲁伊·科斯塔也没能罚进，而18岁的C罗非常冷静，一个顿挫，将球稳稳罚中。最后阶段，葡萄牙门将里卡多把手套都摘了，他成功封出了瓦塞尔的点球，助葡萄牙挺进半决赛。看到葡萄牙晋级的一瞬间，球场看台上，C罗的母亲多洛蕾斯又一次激动地晕了过去。

半决赛，葡萄牙面对荷兰，C罗又有精彩发挥。一次角球机会，菲戈把球发到禁区之内，C罗高高跃起，把球顶了进去，这个进球和C罗小组赛对阵希腊的进球一模一样。葡萄牙队最终以2比1的比分战胜荷兰，挺进决赛。决赛对手，正是揭幕战之敌希腊。

2004年8月3日，欧洲杯决赛，光明球场，葡萄牙对阵希腊。C罗再次首发，成为欧洲杯决赛历史上最年轻的首发球员。这场比赛，葡萄牙队丝毫找不到希腊队防守端的漏洞，雷哈格尔治下的希腊队战术纯熟、纪律严明，没有给葡萄牙太好的机会。比赛第57分钟，希腊队通过角球，由查里·斯特亚斯完成了破门，葡萄牙竟然落后了。之后，葡萄牙掀起了绝地反击，C罗获得了一次绝佳良机，鲁伊·科斯塔的传球找到了C罗，他从后排插上领到了球，但在单刀面对门将时，没能把球踢进，之后，那场比赛再无一脚射门。最终，葡萄牙在家门口输掉了比赛，不到19岁的C罗流下了伤心欲绝的泪水，隔着眼泪看世界，整个世界都在哭。斯科拉里第一个走上前安慰着绝望的C罗，对他说：“孩子，你的未来还有无限的可能性。”而C罗之后的职业生涯正像决赛的球场名字一样，光明、璀璨。

错失欧洲杯冠军的C罗，回到了英超联赛，他继续在这里锤炼自己的足球技艺。2004/2005赛季，C罗在英超和欧冠总共出场41次，其中32次首发，打进5球，曼联最终获得了联赛第三。在2004年年底，还发生了这样一个小故事。

2004年12月26日印尼发生了可怕的海啸，海啸浪高10多米，速度达到每小时700公里，约有29万人遇难，51万人受伤。

一方有难，八方支援，各国派出了救援团队，拼尽全力拯救灾区群众。一天过去了，两天过去了……一周过去了，两周过去了……陆续有人被救了出来，但是在两周后，获救的概率已经非常渺茫。到了第三周，救援团队发现的，更多的是一具具尸体，能救出活人的希望微乎其微，在如此恐怖的人间炼狱中，真的有与死神搏斗了三周还能存活的人吗？

答案是，有，而且还是个小孩！

在海啸发生的第21天后，奇迹发生了。一个加拿大救援队，在一片荒凉的海滩上，发现了一个小男孩，他身穿着葡萄牙国家队的10号战袍。小男孩名叫马图尼斯，当时只有7岁。他靠着喝脏水活了下来，除此之外，他心中一直有一个信念——我要活下来和家人团聚，而且我还要踢球！

马图尼斯的故事感动了全世界，葡萄牙国家队的球员们得知此事后非常感动，他们邀请小男孩来葡萄牙看球。而C罗更是亲自乘坐飞机前往印尼，给7岁的马图尼斯送上了自己的签名球衣，并许诺帮助马图尼斯重建家园，完成他的足球梦想。C罗对男孩的承诺并不是一句空头支票。

从2005年开始，C罗资助马图尼斯的生活学业，还帮他联系了印尼当地的皇马足球学校，在那里接受专业的足球训练。让人意想不到的是，11年后，2015年，17岁的马图尼斯加盟了C罗梦开始的俱乐部葡萄牙体育U19梯队。他在葡萄牙体育U19梯队的号码正是C罗当年的28号，他的球衣背后印着的名字是马图尼斯·CR，CR指的就是克里斯蒂亚诺·罗纳尔多。

这就是偶像的力量，鸟随鸾凤飞腾远，人伴贤良品自高。马图尼斯不仅创造了生命奇迹，在C罗帮助下，他还实现了自己的足球梦想。不过2017年的一次重伤，让他远离了赛场，现如今他已经回到印尼，转行做了警察。但C罗乐善好施，充满爱心，尽自己的一切力量帮助着别人，这段故事将继续流传。

第十三回

硬战失怙怀风木悲，C罗应对考验之年

2004/2005赛季，C罗在英超和欧冠总共出场41次，其中32次首发出场，打进5球。在曼联第二个赛季，C罗稳步提升。特别是2005年2月英超第25轮客战阿森纳的比赛，C罗表现很出色。那场比赛，C罗首发出场，上半场，曼联1比2落后，下半场，20岁的C罗站了出来，第54分钟，鲁尼将球传给吉格斯，再看吉格斯巧妙地将球斜塞进禁区，C罗斜插，拍马赶到。面对阿森纳门将阿穆尼亚，他一记左脚射门，球飞入球门右下角，真可谓汪洋大海起春雷，万仞山前飞霹雳，惊天一脚如沉雷，不由喝破对方胆！

这球进得实在漂亮！C罗将比分扳平，2比2。

C罗的表演还没有结束，第58分钟，曼联在右边路发动进攻，只见吉格斯突到禁区之内，阿穆尼亚选择出击，但吉格斯见缝插针，把球传到了中路——此时，C罗已经身处空位，轻松将球推射空门得手，3比2，C罗的进球帮助曼联反超了比分。比赛最后时刻，奥谢锦上添花，最终曼联在客场4比2战胜阿森纳，C罗的表现精彩绝伦。

2005年足总杯决赛，对阵双方依旧是曼联和阿森纳，双方120分钟之内战成了0比0，但是C罗无论在左边路还是右边路都占据了主动，突得劳伦和阿什利·科尔狼狈不堪，成为场上的绝对焦点，有诗赞之曰：曼联衣，“红魔”魂，千里追风不用催；踩云靴，惊天雷，仪表堂堂有虎威。曼联名宿阿兰·史密斯曾说：“2005年足总杯决赛那场比赛，在我看来，是C罗生涯最夺目的一战，从那之后，我相信，C罗会强大到超乎很多人的想象。”遗憾的是，那场比赛，曼联点球大战遗憾败北，不过C罗的点球还是稳稳命中。最终，曼联屈居亚军。

其实，2005年，对于C罗来说是经历考验的一年。

2005年9月，C罗来到俄罗斯，跟随葡萄牙国家队备战对阵俄罗斯的世界杯预选赛，一切都和往常一样，每天C罗都在跟随斯科拉里的教练组按部就班地训练，但是9月6日这一天却非比寻常。

9月7日葡萄牙就要对阵俄罗斯了，这是一场关系2006年世界杯参赛资格的关键比赛，就在比赛前一天的晚上9点，C罗正在自己房间里看电影，突然，咚咚咚，一阵敲门声响起。C罗打开门一看，发现是主教练斯科拉里和队长菲戈，两人的脸色都很难看，C罗心里纳闷：这么晚了，教练和队长找我什么事呢？脸色这么难看？跟我讨论战术吗？不应该啊，白天都说过了。难道临时起意，对阵俄罗斯不让我首发吗？首不首发都没关系，我听教练组安排。C罗当时并不会想到，接下来斯科拉里告诉他的话，让他近乎无法呼吸。

主教练慢慢地吸了口气，轻轻地跟C罗说道：“孩子，你父亲去世了。”听闻此言，C罗的眼睛直勾勾地盯着面前的墙壁，脑子里一片空白，他不敢相信这是真的！

父亲阿韦罗在C罗生命中扮演着非常重要的角色，尽管从C罗小时候，父亲就开始酗酒，但却一直影响着C罗，童年时期在马德拉群岛，几乎C罗的每次训练，阿韦罗都会出现在场边，但他总是一声不吭，默默地看着儿子，直到C罗训练结束，阿韦罗才会提供一些建议。

C罗长到六七岁，在马德拉群岛安东尼奥足球俱乐部踢球的时候，有一次面对强敌，这场比赛可以说败局已定，无论如何安东尼奥都不可能战胜对手，这让C罗在赛前就失去了动力。比赛当天，他压根就没想去球场，放学后直接回家。阿韦罗到了球场后发现儿子并不在这，就知道C罗可能怯战了，于是往家的方向走。在路上正好遇到C罗，立即把他叫住。阿韦罗对儿子说了一句话："只有弱者才会放弃！"然后带着C罗重新回到赛场，虽然最后那场比赛安东尼奥还是输了，但是C罗经历了人生的重要一课。毫不夸张地说，父亲阿韦罗在很多地方，都在潜移默化中影响着C罗。

C罗成名后，阿韦罗酗酒更厉害了，也因此患上很严重的肾病和肝病。C罗跟父亲提了很多次，希望带他到很好的医院住院治疗，但都被阿韦罗严词拒绝。直到2005年7月，病情已经恶化到无以复加的地步，阿韦罗才答应在家乡的医院接受治疗。他住进了丰沙尔市中心医院，期间C罗曾经雇用私人飞机接父亲到英国接受肝脏移植手术，但为时已晚，2005年9月6日，阿韦罗离开了人世，终年52岁。

咱们再说回来，C罗得知父亲去世的消息几近崩溃，斯科拉里说："孩子，对阵俄罗斯的比赛你可以休战，选择回家。"但是C罗摇了摇头，他坚持参加比赛，并请求斯科拉里让他上场。C罗说："我要告诉每一个人，我能把踢球和生活分开。我是职业球员，必须认真对待我的职业，为了父亲，我也要踢好这场比赛。"

在队长菲戈离开房间后，斯科拉里跟C罗聊了很多，斯科拉里聊到了自己的父亲，以及父亲在自己心里的重要性。情到深处，两人相拥而泣。

斯科拉里最终决定，对阵俄罗斯，C罗首发。不过比赛日当天，球队的气氛很沉重，在赛前更衣室中，没有人开玩笑，甚至没有人交谈。C罗意识到了这一点，他竭力调整自己的情绪，开始像往常一样，在比赛前的更衣室中做一些花哨动作来热身。但是当C罗身披17号葡萄牙国家队战袍进入火车头体育场，特别是葡萄牙国歌响起那一刹，C罗最后一道心理防线彻底崩了，他泪如雨下。

这场比赛虽然C罗表现很努力，赛后也获得了全场最佳球员，但遗憾没能进球，双方最终互交白卷。直到2006年德国世界杯，葡萄牙对阵英格兰的比赛中，C罗打进一个点球。进球后，他双手指天，把进球献给了自己的父亲——阿韦罗。

第十四回

德国世界杯火力开，C罗身陷红牌风波

2005年9月6日，C罗父亲阿韦罗因病去世，这件事对C罗影响很大，但他很坚强，化悲痛为力量，把所有能量都释放在了绿茵场上。

2005/2006赛季，C罗代表曼联在各项赛事出场33次，其中24次首发，打进9球。这个赛季曼联的境遇并不是很好，联赛中穆里尼奥的蓝军切尔西时隔50年再夺联赛冠军，曼联以8分之差排在第二；欧冠联赛，曼联在小组赛就被淘汰出局，12月时已经告别欧洲赛场，而在足总杯第5轮中曼联输给了红军利物浦，唯一能争冠的只剩下联赛杯了。

2006年2月26日，联赛杯决赛在老特拉福德球场上演，对阵双方是曼联和维冈竞技。C罗首发，鲁尼和萨哈搭档锋线，而范尼则被放在了替补席。这场比赛，C罗打进一球，比赛进行到第59分钟，维冈竞技中后卫亨乔兹在本方半场传球失误，竟然将球送给了曼联前锋萨哈，萨哈抬眼一瞧，发现右路C罗正插入禁区，他毫不犹豫，直接将球交给了C罗，再看C罗在禁区右侧，起右脚冷静施射，球应声钻入对方大门远角，真可谓：于无声处听惊雷，心事浩茫连广宇！进球后的C罗非常兴奋，激动地脱掉上衣，肆意地怒吼着，错落有致的八块腹肌在现场灯光映照下显得格外亮眼。这场比赛，凭借着C罗和萨哈的进球，以及鲁尼的梅开二度，曼联在主场4比0大胜维冈获得了联赛杯冠军，这也是曼联自1992年后第二次夺取该项赛事冠军。

此外，这个赛季，C罗还获得了由球迷选出的2005年国际职业足球协会最佳球员奖，而该奖项的最佳青年球员奖则颁给了俱乐部队友鲁尼。那时候，这两位曼联的年轻球员一定不会想到，两人会在2006年德国世界杯中交手，并且还会成为新闻的头条焦点。

对C罗来说，世界杯一直是他梦想的舞台。他看过1966年世界杯的录像，尤西比奥带领的葡萄牙队在半决赛中输给了博比·查尔顿领衔的英格兰队，最后英格兰获得了世界杯冠军。

C罗9岁时，和家人在电视上看了1994年美国世界杯决赛，罗伯特·巴乔的背影深深印刻在了C罗的记忆中，更令C罗难以忘怀的是2002年韩日世界杯，葡萄牙不敌韩国，小组未能出线。那一战的争议让他难以忘怀。

2006年德国世界杯，C罗不再作壁上观，他要上场为葡萄牙国家队而战！世界杯之前，全世界球迷评选出了世界杯最佳青年球员6名候选名单，其中就有C罗，其他5位分别是梅西、安东尼奥·瓦伦西亚、法布雷加斯、巴内塔和波多尔斯基。

那届葡萄牙国家队兵强马壮，不仅有老将菲戈、保莱塔，还有2004年欧冠冠军波尔图的班底，诸如德科、马尼切、卡瓦略、科斯蒂尼亚，再加上21岁的C罗，阵容很均衡。要知道，C罗在世预赛中打进7球，可谓火力全开。

同时，主教练斯科拉里更是把团队精神注入了球队，让葡萄牙国家队全体队员拧成了一股绳。

葡萄牙以小组头名晋级淘汰赛，这也是自1966年英格兰世界杯以来，葡萄牙第一次实现小组出线。而在小组赛对阵伊朗时，C罗打进了一粒点球。

1/8决赛，葡萄牙面对荷兰，这场比赛是火星撞地球的对决，全场比赛一共出示了16张黄牌和4张红牌，C罗更是被布拉鲁兹铲伤，在比赛第32分钟被西芒换下，下场时，C罗留下了伤心的泪水。凭借着马尼切的进球，葡萄牙1比0淘汰荷兰，进入世界杯八强。

接下来的对手是夺冠大热门，埃里克森率领的三狮军团英格兰，鲁尼、杰拉德、兰帕德、贝克汉姆都在阵中。比赛双方鏖战了120分钟，比分仍旧是0比0，点球大战，葡萄牙门将里卡多表现神勇，扑出了3个点球，帮助球队3比1战胜英格兰，晋级半决赛。期间，C罗稳稳将球罚中，进球后的他手指天空，把进球献给了自己的父亲。但这场比赛，更让球迷关注的是鲁尼犯规的一幕。比赛进行到第62分钟，卡瓦略摔倒在地，鲁尼踩踏卡瓦略的腹股沟，这一下，让英格兰和葡萄牙球员引发了一场混战。C罗冲上前与裁判理论，也与鲁尼有一些争执。最终，裁判向鲁尼出示红牌。这一幕让很多英格兰球迷非常不满，英国的报纸也一直分析C罗和鲁尼的对话。这件事，给C罗带来了很大的压力，这是后话，先说回世界杯。

半决赛对阵法国，葡萄牙获得了不少机会，但都与进球擦肩而过，而法国则凭借齐达内的点球，1比0将葡萄牙淘汰出局。比赛结束时，C罗再一次泪洒赛场，而这场比赛也是菲戈代表葡萄牙的最后一战。

因为在对阵英格兰时和鲁尼的那次争执，C罗受到了很多英国本土球迷的质疑、谩骂，甚至还有人给C罗写恐吓信。面对艰难的处境，C罗并没有在重压下退缩，他不想逃避麻烦，而希望用自己场上的表现回击这些压力。那在压力之下，C罗在2006/2007赛季有着怎样的发挥呢？

第十五回

遭遇舆论危机，恩师循循善诱

2006年世界杯，C罗代表葡萄牙国家队表现很出色，闯进了四强，不过在1/4决赛对阵英格兰时，C罗与鲁尼的争执被媒体无限放大，英格兰队球迷开始不断抨击C罗。那段时间，C罗压力很大，但他毫不畏惧，用他自己的话说就是："压力会使我变得更强大。"

当时，弗格森也在不断开导着C罗，向他举了贝克汉姆的例子，1998年世界杯英格兰对阵阿根廷，英格兰出局，是役被罚出场的小贝经历了球迷的攻击，当时，有球迷在伦敦的小酒馆外挂着丑化他的照片，在球迷眼里，小贝就像一个行走的恶魔。但贝克汉姆没有屈服，他鼓起勇气直面这些攻击。C罗和贝克汉姆一样，同样有胆量面对这些攻击。

新赛季开始之前，C罗变得更加强壮了，手臂和双腿都粗了一圈，胸肌也更加明显，如果说他在2004年完成了从男孩到男人的过渡，那么2006年，他又向前迈了一大步，变得更加成熟。走向强壮的C罗，已经做好了战斗准备。

2006/2007赛季曼联的第一场比赛是在主场对阵富勒姆，第一次亮相，让球迷感受到了曼联的新气象，C罗打进一球，助攻的正是鲁尼。此外，鲁尼还梅开二度，新赛季揭幕战，曼联5比1大胜而归，这是自第二次世界大战以来，曼联奉献的最佳赛季揭幕战。其中，C罗和鲁尼功不可没，赛后，很多杂志报纸的封面都是这对搭档一起庆祝进球的照片。

这场比赛过后，曼联球迷不再过多地责骂C罗了，但其他的球迷阵营并没有原谅C罗。2006年8月23日，英超联赛第二轮，曼联做客山谷球场对阵查尔顿，C罗刚踏入球场，看台上的球迷就发出了嘘声，其中，还夹杂着不少谩骂。但C罗毫不在意，球迷越敌视他，他越有表现欲，越勇敢，上半场第40分钟，C罗拿到球，非常从容地晃过了4名防守球员，紧接着跟上打了一脚，狠狠地击中门框，有道是：衔枚疾走一阵风，一脚射门震山林。C罗的这脚射门让整个山谷球场变得鸦雀无声，看台上一片沉默，查尔顿球迷突然对C罗产生了恐惧，害怕他会击垮自己的球队。最终这场比赛，曼联3比0取胜。赛后，弗格森对C罗说："孩子，你已经找到了正确的回应方式。你可以用你的才华让他们闭嘴，让他们看到你的勇气。"

在之后的赛季里，C罗越战越勇，正是德国世界杯后无休止的批评和谩骂，让C罗快速地成长起来，他比以往变得更加坚定，更加从容，更学会了宠辱不惊。当这个赛季只剩3轮的时候，曼联领先蓝军切尔西5分。

2007年5月5日，英超联赛倒数第3轮，曼联遇到了夺冠路上最后一个拦路虎——曼城。这场比赛，C罗闪耀伊蒂哈德球场，他创造了一个点球，并将点球罚进。正是凭借C罗这粒进球，曼联获得了比赛胜利，也让冠军没了悬念。最终曼联获得了2006/2007赛季冠军，C罗在联赛中打进17球，位列射手榜第三，仅次于切尔西的德罗巴和布莱克本的麦卡锡。

这个赛季的C罗完成了完美蜕变，从赛季初的饱受质疑，到赛季末征服所有客队球迷，C罗已经成为曼联队新领袖。弗格森甚至在主场对阵查尔顿的比赛中，把队长袖标交给了C罗。2007年夏天，曼联签下纳尼和安德森，C罗成为他俩的向导，承担了更多责任，帮助他俩更好地融入俱乐部。不过也正是在这个赛季，C罗的母亲多洛蕾斯发现自己患了乳腺癌，好在手术非常顺利，恢复良好。

如果说2006/2007赛季，C罗正在完成蜕变，那么2007/2008赛季，C罗俨然成了曼联的绝对核心。

第十六回

腾飞之年风头毕露，绝代双骄初次交战

2006/2007赛季英超联赛，C罗打进17球，帮助曼联获得了英超冠军。而接下来的2007/2008赛季，是C罗彻底腾飞的一年。这个赛季，他打进了42球，不仅拿到英超冠军，还拿到欧冠冠军，这样的高光表现，一方面是C罗之前几年努力的厚积薄发，另外一方面，也得益于很多良师益友。弗格森自不用说，他充分信任C罗，给了他施展才华的空间，除此之外，助理教练雷内·穆伦斯丁也起到了很关键的作用。

穆伦斯丁2007/2008赛季初被安排负责C罗的个人技术训练，说白了，就是由他来一对一特训C罗。当时，他花了大量时间研究C罗的肢体语言，他用视频记录下了C罗每一次情绪波动的表现，并放给C罗看。比如，在某一次被人踢倒侵犯后，C罗摆出了十分厌恶的表情，愤怒溢于言表。再比如某场比赛他被对方球迷一直嘘，进球之后，C罗朝着对方球迷耸了耸肩，嘴往下一撇，双手一摊。穆伦斯丁跟C罗表达了自己的想法，认为这些行为都是不理智的，心理波动太大会影响球员的发挥和状态。穆伦斯丁问C罗：“你平常看网球吗？”C罗说看，他是费德勒的粉丝。

穆伦斯丁跟他说，你应该像费德勒那样控制自己的情绪，因为对手看到你被侵犯或挑衅后没有任何回应，他们自然会失去信心。在穆伦斯丁指导下，C罗慢慢领悟了其中的意思，比赛情绪越来越稳定，被侵犯后的抱怨也越来越少。

此外，穆伦斯丁还会剪辑其他球星的视频做成集锦，让C罗学习参考。每次训练完后，他都会带着C罗单独观看这些视频，比如范尼、乔治·贝斯特、丹尼斯·劳、索尔斯克亚等。穆伦斯丁说，C罗和乔治·贝斯特最像，总能打进不可思议、令人激动的进球，但C罗也需要学习其他球员的长处，取长补短。看完视频后，穆伦斯丁会带着C罗进行个人训练，规范射门动作，寻找禁区内最佳得分位置，细抠技术细节和无球跑动。正是在穆伦斯丁帮助下，C罗的能力又上了一个台阶。

2008年1月12日，英超联赛对阵纽卡斯尔联，C罗上演帽子戏法。2008年3月19日，对阵博尔顿，弗格森把队长袖标交给了C罗，C罗没有辜负主帅的信任，打进两球。整个2007/2008赛季英超联赛，C罗打进了31球，是当之无愧的最佳射手，排在他身后的是阿德巴约和托雷斯，两人都只进了24球。在欧冠赛场上，C罗更是有着精彩表现，2007年9月19日在葡萄牙阿尔瓦拉德球场，C罗面对老东家葡萄牙体育。这是他自2003年离开葡萄牙体育后第一次在赛场与老东家相遇。这场比赛，C罗打进一球，出于对老东家的尊重，他没有任何庆祝，最终的比分是1比0，曼联获胜。之后，C罗主客场两次面对基辅迪纳摩，一共打进3球，状态越来越火热。在淘汰赛阶段，曼联又先后击溃里昂和罗马晋级四强。曼联的对手是巴塞罗那，C罗也将与梅西相遇。

双方首回合在诺坎普球场展开，现场球迷超过了9.6万人，刚开场，C罗就获得了一次点球机会，他面对的是巴尔德斯，但很遗憾，C罗的搓射高出了横梁。之后，双方踢得非常胶着，梅西也被博扬换下，比赛变得越来越平淡，最终比分是0比0。

第二回合，场上局面依然难解难分，不过斯科尔斯一脚惊世骇俗的远射决定了全场走势，最终曼联1比0获胜，挺进了最后的欧冠决赛，对手则是蓝军切尔西。

2008年5与21日，欧冠决赛，曼联和切尔西在莫斯科卢日尼基体育场相遇，这场比赛，C罗先为曼联顶进一记头球，攻破了切赫把守的大门。不过在中场休息前几秒，埃辛一记远射，球两次碰到曼联球员的身体，弹到了兰帕德脚下，兰帕德没有浪费这次机会。球的前两次反弹，让范德萨脚下一滑，他没能阻止球入网，球进，比分扳平了。之后，双方踢得荡气回肠，非常好看，不过都是只开花不结果，120分钟里，比分还是1比1，最终在瓢泼大雨中，双方进入点球大战。

双方前两轮点球都稳稳罚进，点球比分2比2，曼联第三个上前罚点球的是7号C罗，在10天前的5月11日，C罗面对维冈竞技打进一个点球，帮助曼联获得了第17个联赛冠军。在早些时候，欧冠面对巴萨，C罗却把点球罚丢。此时此刻，在欧冠决赛的舞台，C罗再一次站在点球点前，他深知这个点球的重要性，他亲吻了一下球，将它放在点球点上，后撤了几步，深深吸了一口气，助跑，打门。啪，很遗憾，切赫把球扑住了，C罗没进。

看到这一幕，C罗双手紧紧捂脸，慢慢走开，他非常痛苦，当时他心想：坏了，这场比赛可能要交待了。但不要忘了，足球比赛是团队项目，曼联队友们此时站了出来，哈格里夫斯、纳尼、吉格斯都把点球罚进。蓝军切尔西的队长特里罚点球时滑倒失点，范德萨又把阿内尔卡的最后一个点球扑了出去，最终曼联获得了欧冠冠军！特里流下了绝望伤心的泪水，而C罗的脸上则挂满代表胜利喜悦的泪水，这就是足球，永远都是悲喜交加。曼联很多队员都疯一般冲向了球门，和范德萨一起庆祝，而C罗则在禁区边缘，将脸紧紧贴在草地上哭泣，他在独自品味着过山车般的美好一刻。C罗凭借欧冠的8个进球，获评赛事最佳射手和最佳球员，站上了欧洲之巅。

此外，在2007/2008赛季，C罗还获得了社区盾杯冠军，连续第二年荣膺英超年度最佳球员。荣誉等身的同时，很多俱乐部都向他伸出了橄榄枝，其中包括皇家马德里。

第十七回

表现亮眼拿金球，“银河战舰”爱良才

2008年C罗大丰收，帮助曼联获得了社区盾杯冠军、英超冠军和欧冠冠军，个人获得了英超最佳射手和欧冠最佳射手、最佳球员。此外，他还第一次荣获了金球奖。

虽然在欧洲杯赛场，葡萄牙国家队止步四分之一决赛，但丝毫掩盖不了C罗一年来的高光表现。就算在欧洲杯上，为了国家荣誉，C罗都是带着脚踝的伤势出战，所以他没有完全发挥出来。C罗曾说：“我的脚踝就像被插了一把刀子，这简直是身心的双重折磨。”正如比利时日报《最后时刻》的记者米歇尔所写：“尽管C罗止步于2008年欧洲杯四分之一决赛，但他在其他比赛中的表现难以置信。”看看投票分数就知道了，满分480分，C罗拿到了466分，他是30位候选人中唯一拿到了全部96位专业评委选票的球员，96位专业评委中，其中有77位将他评为第一人选。这足以看出，C罗2008年的表现无懈可击。

C罗本人是在结果公布前一天最后一分钟才知道自己获奖的。听到得奖后，C罗既激动又平静，激动是因为这是他个人第一个金球奖，也成为历史上获得金球奖第五年轻的球员。平静是因为，C罗早就在内心笃定会获奖，这就是他的自信与霸气。

颁奖典礼是在法国举行，因为飞机晚点和巴黎拥阻的交通，导致C罗迟到了一些，但是好饭不怕晚，那一夜的主角注定是C罗。

颁奖典礼上，C罗头发向后梳着，干净利落，英俊倜傥，身穿深色西服，灰白相间的衬衣，带着领结，格外帅气。在发表获奖感言时，C罗格外激动，他说从孩提时代就梦想有一天能捧起金球奖，这一刻太美妙。太幸福了，他还把这份荣誉献给家人和朋友，还有曼联俱乐部，除了感谢依旧是感谢。

之后，当C罗听到众人对他的称赞后，C罗几乎哽咽，埃夫拉、卡卡、阿内尔卡、埃托奥、菲戈、阿隆索、斯科拉里、弗格森等都向他表示祝贺，特别是弗格森，在颁奖台上这样评价C罗："C罗拿到这个奖实至名归，我们曼联全队都为他感到激动！"弗爵爷还说道，C罗这5年达到的高度他自己都没有预料到，他还特别点出了C罗一个非常重要的品质——勇气。C罗与众不同的地方就在于，无论他被铲倒多少次，他都有勇气爬起来继续前进。有人认为足球中最大的勇气是赢球，其实，还有一种勇气，是精神上的勇气，他能让你获得球权，C罗就有这样的勇气。所有伟大的球员都是这样。

这就是C罗，一个勇于挑战的人。

2008年年底，C罗又跟随曼联获得了世俱杯冠军。此外，C罗还获得了2008年国际足联最佳球员，颁奖典礼在苏黎世歌剧院进行，揭晓奖项最终得主的是球王贝利，他在上台的时候，脚下还微微趔趄了一下，差点滑倒。他拿出装有获奖者名单的信封，对着麦克风说："我现在比入围球员都要激动。"贝利慢慢打开信封，看了一眼上面的名字，他没有立即揭晓最后的获奖者是谁，而是跟大家讲了一个故事。"去年我把这个奖颁给卡卡，之后我握着C罗的手，用葡萄牙语告诉他，明年，我要把这个奖颁给你。”说完，贝利举起手中的卡片，缓缓宣布，“克里斯蒂亚诺·罗纳尔多！”

国际足联最佳球员奖再一次肯定了C罗的个人能力。

度过了美好的2007/2008赛季英超联赛，接下来的2008/2009赛季对于C罗来说很艰难。首先是伤病困扰，早在2008年3月，C罗的右脚就持续有炎症，为了联赛和欧冠，他都是带伤出战，特别是欧洲杯期间，C罗只能以70%的状态出战，并且一直使用消炎药。在对阵德国的比赛中，德国球员弗洛德里希一次踩踏，让C罗疼得在地上打滚，后来没办法，C罗只能接受右脚脚踝的手术治疗，这让他6周时间都不能踢球，只能在家休养。

伤势对C罗的状态有所影响，不过C罗依旧有亮眼表现。在2008/2009赛季的欧冠四分之一决赛，曼联对阵波尔图。距离球门40米处，C罗突施冷箭。看到C罗刚要启动摆腿射门，费迪南德在后卫线上大喊：“C罗你在干什么！”紧接着，费迪南德的下一句话是：“漂亮！好球！”这个进球太漂亮了，这就是C罗，所向披靡！

在英超联赛曼市德比中，C罗打进了一个任意球，这也是C罗代表曼联第一个时期的最后一球。整个2008/2009赛季C罗帮助曼联获得了英超冠军和联赛杯冠军，不过在2009年5月27日的欧冠决赛中曼联输给了巴萨。之后，他便转会来到了皇家马德里，其中，加盟皇马也发生了很多故事。

第十八回

老佛爷回归“银河战舰”，超新星圆梦白衣军团

2009年，C罗从曼联转会来到皇家马德里，这桩次转会可谓一波三折。

C罗和皇马的浪漫爱情故事还要追溯到2003年。那时C罗还在葡萄牙体育，他在土伦杯上大放异彩，帮助葡萄牙国青队拿到了冠军。当时，经纪人门德斯便把C罗推荐给了皇马。皇马方面并没有急于跟球员本人接触，而是派出球探跟踪观察C罗的表现和状态。此外，葡萄牙教头奎罗斯在2003年进入皇马教练组，他也向皇马高层推荐了C罗。不过他并没有坚持让球队一定签下这个年轻球员，因为他知道此时曼联的弗格森弗已经看中了C罗。最终，皇马选择放弃C罗，而C罗也顺利签约了“红魔”曼联。

两年之后，2005年夏天，皇马俱乐部日常运营首席执行官安赫尔和C罗的经纪人门德斯通了电话，表达了对C罗的兴趣，不过被门德斯婉拒。就此，皇马瞄上了C罗，多次与门德斯接触。其实，在整个转会过程中，还颇有权力斗争的传奇色彩。

这件事还得从皇马主席弗洛伦蒂诺说起。

2005年弗洛伦蒂诺执掌皇家马德里，他是俱乐部主席，不过出人意料的是，几个月之后，2006年2月，他选择了辞职。辞职背后，弗洛伦蒂诺有着自己的考虑，他并不愿意退隐江湖，而是希望以退为进。那两年的皇马战绩下滑，丢了两个联赛冠军，球队虽然大牌云集，但是年轻球员和中生代球员流失严重。很多皇马球迷颇为不满，纷纷质疑弗洛伦蒂诺，所以弗洛伦蒂诺希望先摆脱当时舆论对他的负面评论，然后再谋划回归。

他把俱乐部临时主席的位置留给了董事会成员费尔南多·马丁，马丁相当于弗洛伦蒂诺的代理人。这个决定并不是所有人都能接受，因为2006年7月有俱乐部主席大选，所以有些人谋划要干掉马丁，自己当选主席，其中就包括弗洛伦蒂诺之前的手下卡尔德隆。

整个竞选过程非常混乱，这就是一场没有硝烟的战争。为了权力，双方争得不可开交，互相指控诋毁。虽然弗洛伦蒂诺有着更多媒体支持，他也一直在为自己的接班人马丁造势，但卡尔德隆非常聪明，他毕竟本行是一名律师。他通过成功诉讼，法院把邮寄投票的有效性取消了，这让马丁失去了很多选票，最终，卡尔德隆险胜，成了皇马主席。

为了稳固位置，他第一时间找来了传奇球星米贾托维奇，此外，又以高薪留住了执行官安赫尔。很快，他就准备动手清除弗洛伦蒂诺留下的遗产，首先便是取消弗洛伦蒂诺极力促成的智利之行热身赛，这相当于直接打弗洛伦蒂诺的脸。弗洛伦蒂诺马上予以反击，在董事会、精英层面以及媒体方面开始施压，卡尔德隆感觉自己的处境越来越微妙。于是，他便想用其他方式反击，那就是签下一名巨星，他看中的正是克里斯蒂亚诺·罗纳尔多。

所以在2007年1月，卡尔德隆便让执行官安赫尔联系门德斯洽谈C罗转会。当得知这桩转会可谈时，卡尔德隆很高兴。他还在现场看了2007年欧冠半决赛曼联对阵AC米兰的比赛。看到C罗的发挥后，卡尔德隆更加坚定要把C罗签下来。当然，他深知这次转会非常复杂，因为那时曼联和C罗刚完成了续约，续约到2012年，违约金高达7500万欧元。更重要的是，对曼联来说，C罗绝对是非卖品，弗格森很难松口。

不过卡尔德隆并没有知难而退，他亲自出马，直接接触曼联执行官大卫・吉尔，虽然每次的答复都是不行，但他乐此不疲。他在媒体公开放话，一定要签下C罗。这些做法让曼联非常不满，特别是弗格森，他也公开放话："C罗不能转会皇马，必须留在曼联。"

2008年，西班牙《阿斯报》公开报道，皇马将触发C罗的违约金，这则消息一出，让曼联大为光火，没过几天就在国际足联状告皇家马德里。

弗格森这边也出动了，他组织了一次葡萄牙之行，希望以此来为这桩转会画上一个圆满的句号，说服C罗留在曼联。弗爵爷告诉C罗在老特拉福德取得的成就将会更高。当时，奎罗斯把在里斯本的家贡献出来，安排了这次会晤。弗格森、奎罗斯、门德斯和C罗在这里展开了开诚布公的谈话。

对于弗格森来说，这次转会已经超出了转会本身，关乎自己的威信。他多次放话不会把C罗交给卡尔德隆治下的皇马，如果C罗真的转会皇马，这相当于打他的脸。所以当时，弗格森甚至主动联系了巴萨，C罗如果执意要走，也不能去皇马。

C罗去意已决，他非常坦诚地跟弗格森说，自己就是想加盟皇马。

最终，弗格森和C罗以及经纪人门德斯达成了君子协定。关于这个君子协定，弗格森在自传中也有提及，上面是这么说的："今年你不能走，我不能在卡尔德隆使用手段之后还让你离开。我知道你想去皇马，但现在把你交给那个家伙，我宁愿一枪崩了你。假如我妥协了，我会名誉扫地，我建立起来的一切都会离我而去。我宁肯把你放在看台上，也在所不惜。当然，我知道不会发展到那一步，但我必须告诉你，今年我是无论如何不会放你走的。”

所以最终双方达成的协议是，2008年C罗不能走，之后皇马能开出破世界纪录的转会费，弗格森愿意放人。

卡尔德隆得知2008年无法得到C罗，心里有些焦躁。他知道留给自己的时间不多了，自己在皇马的势力一点点被蚕食，特别是到了2008年10月底，很多知名足球公司的资深高管纷纷离职，他们都去了同一个地方——皇马俱乐部。很明显，这背后都是弗洛伦蒂诺在操作，在提前布局。卡尔德隆很清楚，如果不能尽快搞定C罗，自己就完了，必将出局。

卡尔德隆让安赫尔、布塞罗、米贾托维奇拟订一份初步合同，尽快和门德斯谈判，今年不过来没事，先把合同搞定，明年再签下C罗，这样省很多时间。那段时间，布塞罗通宵达旦拟订合同，力求让双方都可以满意和接受，而且合同里包含很多关键内容，其中一条是双方承诺C罗在2009年加盟皇马，如果任何一方打破协议将支付3000万欧元作为赔偿。

经过很长时间的博弈，2008年12月12日，C罗和经纪人门德斯接受了这一协议。这意味着，2009年，C罗必将加盟皇马，如果C罗毁约，将会赔偿3000万欧元。

卡尔德隆终于长舒一口气，如果在他任期内能搞定C罗，他就有筹码和弗洛伦蒂诺掰掰手腕。接下来，他要做的就是筹款，他知道C罗和曼联的解约金是7500万欧元，所以他让俱乐部从桑坦德银行贷款了7000万欧元，又签署了1亿欧元的远期外汇，以防英镑或欧元大幅度涨跌。

弗洛伦蒂诺早就知道卡尔德隆一直在和C罗接触，他最不希望看到在卡尔德隆任期内，C罗签约皇马。这对于他本人的回归极为不利，所以他利用媒体和其他方式不断施压卡尔德隆。2009年1月，卡尔德隆受到指控，包括篡改之前的大选结果、操纵选票交易等。这让卡尔德隆十分被动，他知道如果这时候他不退位让贤的话，可能会有非常严重的后果，所以在2009年1月16日，卡尔德隆选择辞职。他把主席位置留给了商人博卢达。

弗洛伦蒂诺的攻势丝毫没有减少，而是步步紧逼。卡尔德隆退位后，弗洛伦蒂诺马上把火力转向了博卢达。弗洛伦蒂诺的手下德布莱斯在媒体上放话，直指用巨款签下C罗可能让俱乐部陷入还贷危机，而且皇马阵中的西班牙本土球员太少了，利物浦的西班牙球员都比皇马的多，与其花巨款买一名顶级球星，不如多买些西班牙本土球员。

这一下，博卢达陷入了舆论漩涡，纷纷指责他让皇马陷入危险。这让博卢达进退两难，虽然他知道签下C罗，俱乐部财政不会出太大问题，但是现在民怨沸腾，如果一意孤行，自己将会非常不利。如果现在毁约，皇马就将赔偿3000万欧元的违约金，董事会肯定也不会答应。

博卢达那段日子太不好过了，最后，他没办法，硬着头皮私下给门德斯打了电话，看看能不能和平解除初步合同。出乎博卢达的意外，门德斯想都没想就答应了，说皇马不签C罗没关系，3000万欧元的解约金也不要了。

为什么门德斯如此爽快？原来那时，曼城和巴萨都看上了C罗，曼城的报价1.5亿欧元，巴萨1.05亿欧元，都比皇马高。

皇马执行官安赫尔知道此事后，感到很震惊。他知道如果C罗去了曼城还好，如果真来了巴萨，那皇马未来十年将异常困难。所以他又跟博卢达商量，不要毁约，必须要签下C罗。

博卢达此时也很犹豫，真是左右为难，怎么办呢？最终，博卢达认输了，他给弗洛伦蒂诺打了电话，说清了利害关系，请求弗洛伦蒂诺不要让德布莱斯在媒体上放话了，C罗如果去了巴萨，皇马将很危险。

弗洛伦蒂诺毕竟是商人，也是政客。他权衡利弊后，决定不再让德布莱斯发表关于C罗转会的言论。虽然C罗不是他力主引进的球星，但他心里非常清楚，如果C罗真的去了巴萨，巴萨将同时拥有C罗和梅西，皇马将十分被动。

所以弗洛伦蒂诺默许了俱乐部引进C罗，博卢达立即和门德斯取得联系，C罗的转会如期进行。

2009年6月1日，弗洛伦蒂诺回归皇马，成为新的俱乐部主席，10天之后，他宣布C罗加盟皇家马德里。

第十九回

C罗伯纳乌初亮相，震惊世界耀光芒

2009年7月1日，C罗从“红魔”曼联转会来到皇家马德里，转会费是创纪录的9400万欧元，C罗也成了当时全世界年薪最高的球员，同时，10亿欧元的解约金条款也是历史第一，前无古人。

2009年7月6日，这一天是C罗在皇马的第一次亮相，他将步入圣地亚哥·伯纳乌球场宣告自己的到来。

7月6日上午10点，C罗搭乘私人飞机从里斯本飞往马德里，下午1点，飞机抵达马德里托雷洪军用机场。在这里，已经汇集了非常多的媒体记者，照相机、摄像机全都架好，所有的焦点都对准了主角C罗。

只见C罗非常自信地走下飞机，干净利落的发型，耳朵上戴着钻石耳钉，白色运动T恤，外面穿着红色皮夹克，下身穿着牛仔裤，面露微笑，和媒体记者们打着招呼。

之后，C罗坐进前来接他的专车，C罗、经纪人门德斯和他的姐夫坐在一起，皇家马德里电视台的摄像镜头全程对准着C罗。C罗看起来镇定自若，他还和门德斯开起了玩笑。C罗的第一站是莫拉来哈医院，体检只是走个过场，因为10天前，C罗已经在葡萄牙全面检查过了，他的身体好得不能再好了。

莫拉来哈医院早已经被媒体记者还有球迷围得水泄不通，几位身材剽悍的保镖费了九牛二虎之力才勉强开辟出一条通道。

皇家马德里电视台的镜头一直跟随着C罗，每一项体检内容都没有落下。C罗非常放松，不时和镜头互动。经过一系列检查后，皇马首席队医迪亚斯说："C罗的身体状态非常完美。我们把他在葡萄牙的各项检查重新做了评估，他的心肺功能非常出色，很期待新赛季他的表现。"

坐车离开医院时，有一群小男孩越过警戒线，跑到C罗专车旁，C罗非常友好，透过车窗玻璃向他们招手。

C罗下一个目的地是伯纳乌球场。沿途，只要C罗所乘坐的专车遇到红灯停下，就有球迷来到车旁求合影，每次C罗都非常友好地摇下车窗，配合球迷拍照，可以说是实力宠粉了。

终于，C罗的专车驶进了体育场，接待C罗的是皇马总经理巴尔达诺。巴尔达诺在办公室里给C罗详细介绍了当天的日程安排，特别是晚上亮相仪式的流程。下午2点，他带着C罗来到了伯纳乌球场内的57门饭店。在那里，很多足坛名宿已经在等待C罗了，包括迪斯蒂法诺、尤西比奥、佐科等。C罗和这些传奇球星共进午餐，聊了很多关于皇马的故事。

简单地吃完午饭后，C罗来到下榻的米拉谢拉套房酒店，和几位记者朋友商量晚上亮相仪式的一些个人小设计。

有记者提议，应该把现场球迷的热情调动起来，他给C罗支了一招，带领现场球迷一起高喊——皇马，加油！C罗点了点头，心领神会，接着简单排练了一下晚上的发言稿，又在酒店里小憩了一下。

晚上6点，他换上了浅褐色的西服，准备来到伯纳乌球场，和球迷见面。当专车快来到体育场时，C罗看到大街上全是球迷，惊讶地说道：

“今天晚上有比赛吗？”他简直不敢相信，有这么多的球迷涌入伯纳乌球场。

晚上7点，C罗进入了伯纳乌球场的主席办公室，弗洛伦蒂诺已经在那里等候他了。双方在最终合同上签上了大名，交易终于完成。弗洛伦蒂诺把签署合同的钢笔、伯纳乌球场的模型，以及一块新手表送给了C罗。接下来，就是晚上的重头戏，C罗正式亮相伯纳乌。

在更衣室里，C罗脱下浅褐色西服，穿上了皇马短裤、球袜，然后是球鞋，先右脚，再左脚，最后C罗套上了印有自己名字的9号球衣。之所以没有选择7号，是因为劳尔当时在队中身披的是7号球衣，出于对劳尔的尊重，C罗选择了9号战袍。之后，C罗又先后穿上了用中文、日文和阿拉伯文印着他的名字的球衣拍照，这是为了在全世界做宣传用。最后，就是焦急的等待，等待弗洛伦蒂诺宣布他出场。与比赛相比，C罗好像有些紧张，他有点不知所措，坐了下来，脱掉球鞋又穿上，然后站起来对着镜子整理发型，他在等待最后的上场指令。

终于，弗洛伦蒂诺宣布：“让我们欢迎克里斯蒂亚诺·罗纳尔多！”

随着全场8万球迷一起的欢呼声，C罗终于出现在伯纳乌球场，在他的身后是一排的9座欧洲冠军奖杯。站在话筒前，C罗非常激动，他说道：“晚上好，我很高兴来到这里。”这句话说完，C罗不得不停下来，因为球迷太热情了，尖叫声太过嘹亮。C罗接着说：“加盟皇马，一直是我儿时的梦想，今天终于实现了。”说到这，他又停顿了一下，然后说道：“我没有想到会有这么多人来看我，真是不可思议，谢谢你们。”

之后，C罗按照之前在酒店里跟记者商量的小设计，开始跟现场球迷一起互动：“现在我开始数，数到三，我们一起喊——加油，皇马！一、二、三，加油，皇马！”在C罗带动下，整个亮相仪式进入了高潮。

随后，C罗当着8万现场球迷的面，秀起了颠球。C罗还亲吻了队徽，绕场一周感谢球迷。就在此时，突然有1000多名疯狂的球迷趁保安不备，翻过了护栏，准备拥抱自己的偶像C罗，场面一度有些混乱。安保人员赶紧护送C罗离开了球场。

不过这一夜确实让C罗难以忘怀，现场8万球迷观看C罗的亮相仪式，刷新了世界纪录，之前的纪录保持者是马拉多纳。1984年7月5日，有6.5万名那不勒斯球迷在圣保罗球场只为目睹球王的到来。

在这样的万众瞩目下，C罗开启了皇马生涯。

第二十回

脚踝受伤高挂免战牌，葡萄牙皇马双线受挫

2009年7月，C罗从曼联转会来到皇家马德里，并在2009年7月6日亮相伯纳乌球场。

那个夏天，皇家马德里在转会市场上的动作非常大。除了C罗，还签下了卡卡、本泽马、阿尔比奥尔、哈维·阿隆索、阿韦罗亚、内格雷多、格拉内罗，总共拿出了2.54亿欧元提升阵容。除了引援，教练也是重中之重，在与温格和安切洛蒂谈判失败后，皇马最终与“智利工程师”佩莱格里尼签约。“银河战舰”希望佩帅能打出攻势足球，就像他在执教“黄色潜水艇”比利亚雷亚尔时一样。

佩莱格里尼面对着豪华阵容，心里既兴奋又有点不知所措，兴奋是这副牌太好了；不知所措是到底如何排兵布阵，这是一个幸福的烦恼，用谁不用谁，如何平衡更衣室，这是个难题。佩莱格里尼希望通过训练和热身赛来考察球员的状态和风格。

2009年7月10日，C罗加盟皇马的第一次训练。C罗和马塞洛、佩佩还有阿根廷后卫加布里埃尔·海因策分在一组。2004—2007年，C罗和海因

策曾在曼联做过队友。再早一些，1998/1999赛季，加布里埃尔·海因策效力于葡萄牙体育，而那时，C罗只是葡萄牙体育的球童，所以两人再次在皇马相见，格外欣喜。

第一堂训练课，C罗展现出了不错的状态，很快便与队友打成一片。每次在俱乐部餐厅吃饭，C罗都会和海因策、劳尔、萨尔加多、古蒂、本泽马坐在一起，大家相谈甚欢，话题也不仅限于足球，什么都聊，相处得很愉快。

3天之后，球队飞往爱尔兰都柏林进一步备战。2009年7月20日，皇马迎来赛季开始前的第一场热身赛，对手是爱尔兰联赛的劲旅沙姆洛克流浪者。这支球队有着浓厚的历史底蕴，成立于1899年，曾经获得过15个联赛冠军和24个杯赛冠军。上赛季，他们是爱尔兰联赛亚军，所以对阵皇马，在当地引起了很大的关注，现场挤满了球迷。对阵沙姆洛克流浪者的热身赛，是C罗加盟皇马后的第一场比赛，C罗表现很活跃，踩单车、高速过人、断球、打门，给对手带来了极大的冲击，最终皇马凭借着本泽马的进球1比0战胜对手。

之后，C罗又跟随皇马参加了和平杯、赴美热身赛和伯纳乌杯等共8场比赛，C罗累计上场603分钟，打进3球。很快，新赛季的西甲联赛就开始了，主教练佩莱格里尼在赛季初将3位强力新援加劳尔同时放在了首发名单中，左边路是C罗，右边路卡卡，中间则是本泽马。

2009年8月29日，西甲联赛第一轮皇家马德里坐镇主场迎战来访的拉科鲁尼亚，C罗完成了代表皇马正式比赛的处子秀。这场比赛，C罗首发出场，表现异常活跃。第35分钟，皇马获得点球机会，C罗主罚，他选择大力射向球门左下角，虽然对方门将判断对了方向，但是无奈C罗这脚射门角度太刁，速度太快，球还是飞向网窝，C罗皇马首秀便打进处子球。进球之后的C罗非常兴奋，他举起拳头跃向天空，庆祝着自己的皇马首球。这场比赛，除了这粒进球，C罗还展现了超强过人能力，强行超车、踩单车过人让对方后防线防不胜防，当然，还有头球和远射，都惊出了对手一身冷汗。最终，皇马3比2胜拉科鲁尼亚，赢得了新赛季西甲联赛的第一场胜利。

之后，面对比利亚雷亚尔，C罗在左边路突然起速，连续摆脱两名防守球员后，在禁区外围起脚直接打门，球应声入网，这球进得非常漂亮。

在面对苏黎世的欧冠比赛中，C罗上演了代表皇马的欧冠首秀。此役，C罗打进了两记惊世骇俗的任意球。进球之后，C罗还模仿了博尔特弯弓射雕的造型动作，这两记任意球破门和弯弓搭箭的庆祝动作相得益彰，真可谓弓开如秋月行天，箭去似流星落地。弩发若碧涛吞日，矢飞超电掣风驰！最终，皇马5比2战胜苏黎世。

新赛季，前5场比赛，C罗打进7球，状态十分火热，然而谁都不会想到，接下来，C罗会遭遇到伤病。

2009年9月30日，欧冠小组赛对阵马赛。这场比赛，C罗有着精彩的发挥。第58分钟，佩佩长传找到C罗。C罗快速启动，马赛后卫迪亚瓦拉根本追不上。再看C罗非常机敏，他一个停顿，马赛门将以为C罗要挑射，便高高跃起，想扑高空球，没承想，C罗竟然是一脚低射，球滚进网内，1比0。2分钟之后，C罗又来了，他在左边路持球突破到了禁区，就在此时，马赛队的迪亚瓦拉赶了过来。或许是因为C罗刚才强行超车过掉他完成了进球让他很没面子，这一次看到C罗到了禁区，他就想报复一下。迪亚瓦拉朝着C罗的脚踝直接飞速铲了过来，这一下正中C罗右脚踝。C罗应声倒地，痛苦地捂着右脚，这一次的犯规，迪亚瓦拉确实太狠了，裁判向他出示了第二张黄牌，将其罚下，并判给皇马一个点球，卡卡将球罚进。之后C罗并没有下场，他示意佩莱格里尼可以坚持，并在第

66分钟接本泽马的传球，再进一球。不过打进这个球后，C罗发现自己真的无法坚持了，右脚的疼痛感不断加强，伊瓜因把他换了下来。坐在替补席的C罗，右脚打上了固定，虽然本场比赛打进两球，但受伤后的C罗显然不是很开心，他隐隐约约感觉这次受伤或许有些严重。

赛后医生检查，他的关节有明显扭伤，建议他休息两三周时间，因此，C罗缺席了皇马与塞维利亚的比赛。结果这场比赛，皇马遭遇赛季的首场失利。之后就是国家队比赛日，C罗没有选择继续休养，而是飞到里斯本参加国家队集训，备战2010年世界杯预选赛对阵匈牙利和马耳他的比赛。10月10日，对阵匈牙利的世界杯预选赛，C罗首发出场，但他只踢了27分钟的比赛，右脚踝的伤势就复发了，不得不提前下场。赛后检查的情况不容乐观，由于带伤出战，导致他尚未痊愈的右脚伤势进一步加重，脚踝侧面韧带有炎症肿胀，同时还有一级到二级扭伤。没办法，C罗只能高挂免战牌，他错过了葡萄牙国家队对阵马耳他的世界杯预选赛，同时，还错过了多场西甲联赛和欧冠比赛。缺少C罗的皇马，进攻端威力大减，联赛中输给了马竞，欧冠中输给了AC米兰。C罗休战55天，对皇马的战绩影响非常大，在这期间，也发生了很多故事，比如说巫师佩佩事件。

第二十一回

巫师事件造风波，穆里尼奥遇C罗

C罗在2009年遭遇到了巫师佩佩事件，这是怎么回事呢？2009年9月中旬，皇家马德里俱乐部主席弗洛伦蒂诺收到了一份来信，信中写道："有人给我一笔钱，要我施展一下我的巫术，让克里斯蒂亚诺·罗纳尔多受点伤。"署名是：巫师佩佩。

一开始，大家都没把这事当真，以为是一场恶作剧。没承想，几天之后，C罗在欧冠小组赛对阵马赛队的比赛中真的受伤了，但当时俱乐部都觉得是巧合。

之后，这位巫师佩佩又露面了。他在媒体上公开放话："各位等着瞧吧，我要继续施展巫术，C罗会继续受伤。"大家都觉得，巫师绝对是为了搏眼球，在吸引流量。然而出乎意料的是，几天后，C罗在国家队旧伤再次复发，这让俱乐部很多人觉得有些邪门。

此时，C罗的母亲多洛蕾斯就有些担忧了，她对此事半信半疑。为了确保万无一失，多洛蕾斯特意在葡萄牙请了一位叫诺盖亚的巫师，用白巫术来保护C罗，这有点电影《指环王》中，甘道夫对阵萨鲁曼的意思。

为了保佑C罗，当时还有很多球迷都为C罗点燃蜡烛祈祷。

老天爷还是眷顾C罗的，这件事发生55天之后，C罗伤愈复出了。然而C罗55天的缺阵，皇马战绩受到了很大影响，联赛中他们输给了马竞，欧冠中输给了AC米兰。

更为糟糕的事情发生在2009/2010赛季国王杯比赛。当时，皇马客战阿尔科孔。该俱乐部所在的地方是一个小镇，居民只有16万，是一支西丙球会。很多队员都是兼职踢球，队内薪资最高的球员一年6000欧元，他平常是比萨厨师。赛前，大家都觉得皇马拿下对手简直是易如反掌，然而最后的结果却出人意料。可以说，主教练佩莱格里尼明显轻敌了，他对阵容进行了大面积轮换。包括C罗、卡卡、拉莫斯、阿隆索、卡西利亚斯都没有首发，派出的是替补阵容。没想到的是，皇马竟然最终0比4输给了这支由兼职队员组成的西丙球队，而且还输了4个球。

这一下，舆论哗然，球迷彻底不干了。佩莱格里尼遭到了千夫所指，媒体和球迷都在喊——佩莱格里尼下课！此时，皇马军心已经出现不稳的情况，直到C罗回归阵中，情况才有所改观，但为时已晚。这个赛季，西甲联赛，皇马被巴萨反超未能夺冠，欧冠中也被淘汰出局。不过加盟皇马的第一个赛季，C罗的表现可圈可点，尽管休战了两个月，C罗仍旧打进了33球，这个数据相当亮眼。假设C罗不受伤的话，进球数绝对比33个还要多，或许皇马在西甲和欧冠中有更好的表现，但足球没有如果，这就是现实。

2009/2010赛季结束之后，C罗马不停蹄赶往葡萄牙国家队，参加2010年南非世界杯。当时，葡萄牙国家队主教练奎罗斯，善于调教防守，在小组赛当中，葡萄牙确实表现得非常不错，特别是防守端，没有给对手太多机会。0比0战平科特迪瓦之后，葡萄牙7比0大胜朝鲜。这场比赛，C罗打进一球，结束了长达16个月的国家队进球荒。小组赛第三场，葡萄牙0比0逼平巴西，以小组第二名的身份进入十六强。十六强对手是西班牙，不过葡萄牙没能闯过西班牙这一关，被淘汰出局。这一次失利，C罗很失落，好在家人的陪伴给了他足够的力量。

2010/2011赛季西甲联赛，皇马更换了主教练，佩莱格里尼下课，接任的是“狂人”穆里尼奥。关于穆里尼奥和C罗的爱恨情仇，故事很多。两人同在英超时，曾经互相在媒体上质问对方，谁都不服谁。不过当穆里尼奥来到皇马后，“狂人”还是称赞C罗是一位巨星，两人关系重归于好。

这一赛季，劳尔转投沙尔克04，C罗重新穿上了7号球衣。穆里尼奥入主球队之后，重点打造了以C罗为核心的打法。佩佩、马塞洛、迪马利亚、赫迪拉不断给C罗输送炮弹。C罗的位置也开始往右路倾斜，穆里尼奥要求球队需要回撤到更深的位置，这可以让C罗在中前场有更多施展才能的空间。这一变化，C罗如鱼得水，在场上好似鱼游大海、鸟上青天，随心所欲，不拘成法，接连取得进球，特别是赛季最后4轮比赛，C罗打进11球，如同开挂了。对阵塞维利亚上演大四喜，对阵赫塔菲上演帽子戏法，对阵比利亚雷亚尔和阿尔梅里亚梅开二度。这个赛季，C罗在西甲、国王杯和欧冠比赛中，共打进53球，其中西甲联赛打进40球，成为西甲历史上第一个在单一赛季进球超过40个的球员。C罗个人获得年度欧洲金靴奖、西甲金靴奖，西班牙媒体送给C罗一个绰号——进球机器。卡西利亚斯平常见到C罗都直接称他是机器人。在卡西利亚斯眼中，C罗从未停歇，一直在运转，对胜利和冠军始终充满着渴望。

这个赛季，皇马在西甲联赛排在第二名，不过皇马获得了国王杯冠军，决赛击败的对手是巴萨。

2011年4月20日，国王杯决赛拉开战幕，皇马对阵巴萨。这场比赛，穆里尼奥要求整体阵线前移，当时主要踢边后卫的拉莫斯被挪到了中后卫位置。此前联赛中，皇马0比5输给巴萨，所以这场国王杯决赛，皇马球员个个都拼尽了全力，每球必争，仿佛打了鸡血一般。双方踢得很胶着也很激烈，常规时间战成0比0。加时赛，迪马利亚左路下底传中，禁区之内，C罗高高跃起，力压阿尔维斯头球攻门，球飞过平托，一击致命。这次头球，体现出C罗超强的滞空能力，如同天上降魔主，好似人间太岁神！凭借C罗这记头球破门，皇马1比0战胜巴萨，获得了2010/2011赛季国王杯冠军。这个冠军对皇马和C罗本人来说都非常重要，这也是C罗在对阵巴萨的比赛中第一次在关键时刻打进关键进球。

第二十二回

C罗确立核心地位，联赛收获西甲冠军

2010/2011赛季C罗在皇马的表现非常出色，各项赛事打进53球，荣膺西甲金靴奖和欧洲金靴奖。皇马获得了国王杯冠军，西甲联赛排在第二名。

2011/2012赛季，皇马更换了体育总监，豪尔赫·巴尔达诺离任，接替者是足球名宿、曾经在皇马效力的齐达内。他一边辅佐穆里尼奥，一边负责一队二队管理事项，也包括转会。

2011年夏天，皇马引进了科恩特朗、沙欣、卡列洪、阿尔滕托普和瓦拉内等强援，球队的阵容进一步充实。

2011年8月14日，西班牙超级杯首回合在伯纳乌球场拉开战幕，上赛季西甲冠军巴萨对阵上赛季国王杯冠军皇家马德里，双方首回合战成了2比2。双方第二回合移师诺坎普进行，这场比赛穆里尼奥有意识地将整个阵形前提，防线压得非常靠前，虽然很具侵略性，但也给后防线带来了很大压力。这场比赛巴萨3比2取胜。

C罗和梅西，作为各自球队的球星都有着亮眼表现，这场比赛，C罗和梅西都进球了。值得一提的是，那是C罗第一次在诺坎普球场进球，同时这个进球也是C罗代表皇马各项赛事中打进的第100个进球。

很快，2011/2012赛季西甲联赛开始了。赛季一开始，C罗就展现了不错的竞技状态，联赛首轮对阵萨拉戈萨，他上演了帽子戏法，第2轮面对赫塔菲也取得进球。

不过接下来的3轮比赛，C罗颗粒无收。直到第6轮对阵巴列卡诺，C罗再次上演了帽子戏法。此后，C罗的状态一发不可收拾， C罗在面对马拉加、奥萨苏纳、塞维利亚、莱万特和马德里竞技的比赛中，打进3球，一个赛季联赛中7次上演帽子戏法，5次梅开二度，联赛打进46球，这就是C罗在场上的绝对统治力。这其中，不乏有很多精彩的破门，比如说皇马客战巴列卡诺，队友开出角球，球在禁区内反弹了两下，正好落在C罗附近。就见C罗身体背对球门，巴列卡诺的队员都以为C罗会把球传到禁区外，出乎意料的是，C罗竟然来了一个神龙摆尾射门，脚后跟一磕，球鬼使神差般滚进了网内，这个进球太漂亮了，此正是：幽冥鬼泣惊天地，神龙摆尾数捻尘！

皇马客战奥萨苏纳的比赛，C罗梅开二度，最精彩的是第一个进球。第36分钟，C罗距离对方球门37米外，重炮轰门。球犹如出膛的炮弹，速度飞快，奥苏萨纳的门将根本来不及布防，直接砸进球网。有道是：星芒逐月万里诛，一泻千里破山洪！进球后的C罗先是张开双臂，接着把短裤撩了起来，开始秀大腿，这也成了C罗的招牌庆祝动作。

这个赛季，还必须说到2012年4月进行的联赛第35轮国家德比，皇马做客诺坎普面对巴萨。这场比赛之前，皇马领先巴萨4分，可以说这是一场关系西甲冠军归属的关键比赛。第16分钟赫迪拉破门帮助皇马领先，下半场第70分钟桑切斯帮助巴萨扳平了比分，然而仅仅过去3分钟，C罗高速冲向禁区，犹如蛟龙蹿出海，好似平地起瑞云，此时，队友也看到了C罗，球准确找到了他。接球之后，C罗单刀面对门将巴尔德斯，他非常冷静，把球向右一拨，制造出一个空间，接着直接打门，球应声入网，皇马反超比分，2比1！正是凭借C罗的进球，皇马在客场战胜巴萨，带走3分，在积分榜上皇马领先巴萨7分了，可以说这场比赛的胜利，基本成就了皇马最后的西甲冠军宝座。最终这个赛季，皇马豪取100分，获得了西甲联赛冠军，这也是C罗获得的第一个西甲冠军。该赛季他在西甲中打进46球，为球队夺冠立下了汗马功劳。

不过对C罗来说，这个赛季比较遗憾的是，没能带领皇马闯进欧冠决赛。就在2012年4月国家德比，皇马战胜巴萨4天之后，皇马迎来了欧冠半决赛第二回合对决，对手是拜仁慕尼黑。双方首回合，拜仁在主场2比1战胜了皇马，手握优势。双方第二回合的较量中，C罗发挥十分出色，他先是在第6分钟罚进点球，接着在第14分钟，接队友传球，禁区内低射破门。这是C罗本赛季的第10个欧冠进球，打破他个人单赛季的欧冠进球纪录，皇马由此总比分3比2领先拜仁。之后的比赛，拜仁开始了反扑，第26分钟，拜仁获得点球机会，罗本一蹴而就，总比分变成了3比3，随后的常规时间和接下来的加时赛双方都没能进球，就这样进入残酷的点球大战。穆里尼奥甚至跪在了场边祈祷。皇马第一个主罚点球的是C罗，此前，他已经连续27次将点球打进，不过这一次，他没能射进，他将球踢向了球门右侧，而诺伊尔判断对了方向。虽然卡西利亚斯扑出了拜仁两个点球，但卡卡和拉莫斯又接连罚丢点球，最终，拜仁挺进决赛，皇马就此止步。

虽然没能在欧冠中更进一步，但2011/2012赛季C罗的表现已经足够惊艳，各项赛事共打进60球，其中联赛46球12次助攻，欧冠10球，国王杯3球，西班牙超级杯1球。他成为西甲历史上第一位在单赛季面对19个对手都取得进球的队员。

2012年，C罗还代表葡萄牙国家队参加了一项重要赛事——欧洲杯。

第二十三回

死亡之组逃出生天，半决赛惜败斗牛军团

2011/2012赛季C罗在皇马表现十分惊艳，各项赛事打进60球，第一次夺得西甲联赛冠军，不过遗憾的是，欧冠半决赛点球不敌拜仁被淘汰出局。在2012年，C罗还参加了一项非常重要的赛事——欧洲杯。

当时，葡萄牙国家队主教练是保罗·本托，他在2010年9月从奎罗斯手中接过教鞭，开始执掌葡萄牙国家队。他很年轻，2012年时，不过才41岁。球员时代，保罗·本托是葡萄牙黄金一代重要成员。他的职业生涯后期，2000年到2004年曾在葡萄牙体育效力，而那时，初出茅庐的C罗也效力于葡萄牙体育，所以两人曾经做过几年队友，也有一定的私交。这为保罗·本托掌控更衣室提供了先决条件。那时，葡萄牙国家队主要打4-3-3阵形，C罗和纳尼分居两侧，中间是波斯蒂加或者乌戈·阿尔梅达，不过在中场选择上，或许是因为保罗·本托球员时代是踢防守型后腰的缘故，保罗·本托治下的葡萄牙国家队三个中场，至少两名都是防守型中场，有时甚至三名都是防守见长的中场。此外，两个边后卫也要更多时间固守在本方半场，可以说他改变了葡萄牙之前两翼齐飞的传

统，改为硬朗的防守反击，这多多少少给葡萄牙国家队进攻端带来了一定影响。换句话说就是7个人防守，3个人进攻，不过这更能体现出C罗的重要性。正是C罗的超强个人能力弥补了进攻火力点少的缺点，而他和纳尼的配合也越来越默契。

2012年欧洲杯，葡萄牙国家队分在了“死亡之组”B组，同组的对手是荷兰、德国和丹麦。

第一场比赛是葡萄牙对阵德国。这场比赛，C罗被严加盯防，特别是德国队的博阿滕如影随形，一直跟着C罗，就是不让C罗拿球，这让C罗在进攻端踢得有些别扭。

比赛第73分钟，德国队的赫迪拉传球，戈麦斯奋力头球破门，德国队1比0领先葡萄牙。最后阶段，葡萄牙发起反扑，可惜没能破门，最终葡萄牙小组赛第一场就遭遇了开门黑，0比1小负德国。这场失利，让葡萄牙小组出线的前景变得暗淡起来，舆论也给了葡萄牙队很大的压力。第二场对阵丹麦，显得尤为重要。

这场比赛，葡萄牙的佩佩表现很出色，攻守两端起到了很关键的作用。上半场第24分钟，葡萄牙获得角球机会，穆蒂尼奥发出角球，佩佩甩头攻门得手。第36分钟，纳尼右路低平球传中，波斯蒂加包抄到位，一蹴而就，葡萄牙2比0领先丹麦，形势一片大好。就在这时，丹麦的本特纳站了出来，上下半场各进一球，丹麦将比分扳平了。正当大家以为会是一场平局时，巴雷拉神兵天降，比赛第87分钟，科恩特朗左路传中，禁区内巴雷拉包抄到位，抡起就是一脚，没想到这一脚竟然抡空了。好在他的第二反应很快，紧接着抬起右腿抽射，球应声入网，绝杀！葡萄牙3比2战胜丹麦，拿到了非常关键的一场胜利。

第三场小组赛对阵荷兰，这是一场生死战，葡萄牙要想把出线的主动权握在自己手里，不用看别人脸色，对阵荷兰必须全力争胜，否则大概率被淘汰出局。这场比赛，荷兰率先进球，比赛第11分钟，范德法特完成破门，荷兰1比0领先葡萄牙。此时的葡萄牙几乎被逼到了绝境，就在危急存亡之际，C罗挺身而出。比赛第28分钟，佩雷拉中路直塞，C罗插入禁区，形成单刀之势，面对荷兰门将斯特克伦伯格，非常冷静地一脚低射，球应声入网，C罗帮助葡萄牙扳平比分。此消彼长，进球后的葡萄牙越战越勇，多次威胁荷兰队大门，相反，荷兰就有些偃旗息鼓了。比赛第74分钟，纳尼右边路传球，C罗高速插上在禁区内接到球，荷兰后防球员范德维尔暗叫不好，赶忙从后排一记滑铲，希望以此来阻拦C罗射门，但他没想到，C罗极为冷静，并没有选择直接打门，而是左脚轻轻一扣，把范德维尔扣过去，再起右脚打门，2比1，葡萄牙反超！C罗梅开二度！不得不说，C罗有着一颗大心脏，换成其他球员可能不会有那一下操作，直接就打了，但C罗不是，胸有惊雷，而面如平湖者可拜上将军也，这就是C罗，极处泰然无所惧，船到江心自然直！2比1的比分保持到终场，葡萄牙战胜荷兰，小组成功出线，闯进四分之一决赛。

葡萄牙四分之一决赛的对手是捷克，当时，捷克拥有年度最佳门将切赫，要知道，在欧冠赛场中，正是切尔西门将切赫的高接低挡，才帮助蓝军最终捧得欧冠冠军奖杯。所以，捷克的防守绝对不容小觑。

这场比赛，C罗发挥依旧出色，上半场快结束时，他在禁区内接队友长传，一个非常销魂的卸球，紧接着转身右脚打门，整个动作一气呵成。可惜的是球击中了左侧立柱弹了出来。下半场开场时，C罗获得任意球机会，他选择直接打门，这一次又被右侧立柱挡了出来。直到第79分钟，穆蒂尼奥在右路传中，球传到了捷克禁区。此时，捷克后卫塞拉西耶已经提前卡住身位，准备把球解围，但他没料到，在这千钧一发之际，C罗像幽灵般突然从塞拉西耶身后钻了过来。塞拉西亚一个激灵，再想阻截已然来不及了。再看C罗一个俯冲头球，球硬生生地砸地之后一个反弹奔向球门，切赫的反应也足够神速，腾身而起，但无奈还是差了那么一点，球进入网窝，葡萄牙1比0领先。进球之后的C罗太兴奋了，跑到场边肆意庆祝着。禁区内，捷克后卫们不敢相信眼前的一切，C罗的跑位实在太刁钻了，好似瞬间移动，总能出现在最关键位置，这或许就是C罗的门前嗅觉，是一种本能和天赋。正是凭借这个进球，葡萄牙将捷克淘汰，顺利进入半决赛。赛后，切赫这样评价C罗的进球："要阻止C罗真的很难，我对那个球无能为力。"葡萄牙国脚科恩特朗直言："C罗已经达到了另外一种境界。"

再说回来，2012年欧洲杯，葡萄牙半决赛的对手是西班牙，一场伊比利亚半岛德比。这场比赛，双方可谓知根知底，西班牙阵中有太多C罗俱乐部的队友了——阿韦罗亚、拉莫斯、阿隆索、卡西利亚斯，他们太了解C罗了。整场比赛，阿韦罗亚和拉莫斯两个人对C罗严加防守，几乎没给C罗特别好的机会。双方踢了120分钟，依旧是0比0，最终进入了点球大战。

点球大战中，C罗被安排到第5个主罚，遗憾的是，还没轮到C罗罚点球，比赛就已经结束了，因为穆蒂尼奥和布鲁诺·阿尔维斯先后罚丢点球，最终西班牙4比2将葡萄牙淘汰出局。C罗第三次参加欧洲杯止步于四强。虽然比赛失利，但生活还要继续，那在接下来的2012/2013赛季C罗又有怎样的表现呢？

第二十四回

与高层冰释前嫌，皇马欧冠进四强

2012年欧洲杯，C罗代表葡萄牙国家队出战表现很出色，带领球队闯进了四强，遗憾的是半决赛点球惜败西班牙没能进入决赛，不过C罗的发挥还是得到了球迷的认可。很快，2012/2013赛季西甲联赛就要打响了。

赛季之初，皇家马德里在阵容方面在不断调整。沙欣、阿尔滕托普、卡瓦哈尔等球员离队，转入方面，莫德里奇以3000万欧元转会皇马，埃辛则租借来到皇马。

2012年8月23日，西班牙超级杯首回合如期打响，巴萨主场对阵皇家马德里。比赛第55分钟，皇马获得角球机会，角球罚到禁区之内，C罗机敏插上，头球破门，1比0，皇马领先。不过接下来的时间，巴萨连进3球。比赛最后时刻，迪马利亚扳回一球，最终，皇马在客场2比3落败。6天后，双方第二回合在伯纳乌打响，开场仅仅9分钟，皇马就凭借“小烟枪”伊瓜因的进球，取得领先。第18分钟，赫迪拉后场长传，C罗抢在皮克解围前，右脚脚后跟一磕，球划出了完美的弧线，落到禁区之内。C罗拍马赶到，他观察一下巴尔德斯的位置，稍做调整，右脚劲射，虽然被巴尔德斯扑了一下，但球依旧进入球网，2比0，皇马两球领先。之后，梅西通过一次任意球机会破门，比分最终定格在了2比1，总比分是4比4，皇马以客场进球数多的优势，夺得俱乐部第9个超级杯冠军。两回合打进两球的C罗，功不可没。可以说，2012/2013赛季，皇马开了一个好头。

然而，西甲联赛中，皇马并没有延续好势头，第1轮对阵瓦伦西亚，皇马1比1战平；第2轮，皇马1比2被赫塔菲逆转。两轮过后，皇马落后巴萨5分，这个开局，出乎了很多球迷意料。直到第3轮对阵格拉纳达，皇马才取得胜利。这场比赛，C罗梅开二度，完成了在皇马的第150个进球，再加上伊瓜因的破门，皇马3比0战胜格拉纳达。虽然战胜了对手，但C罗并没有感到开心，甚至进球后他都没有庆祝，而且在这场比赛中途，他拉伤被提前换下场。赛后，C罗在接受媒体采访时，说道："我很难过，很失望，俱乐部内部的人都知道为什么。"这句话引起了轩然大波，C罗和高层的矛盾开始公之于众。

C罗为什么难过失望呢？是因为钱吗？不是，是因为球队表现吗？也不是。在C罗看来，俱乐部的某些工作缺乏对自己的尊重。比如，2012年8月30日，在出席欧洲最佳球员奖的颁奖典礼上，巴萨主席罗塞尔和足球总监安多尼陪着伊涅斯塔和梅西一同来到颁奖现场，而皇马只派出了俱乐部第三副主席洛佩斯陪同C罗，皇马俱乐部主席弗洛伦蒂诺去哪了？他竟然去参加了自己的ASC建筑公司一场毫不重要的会议。这让C罗觉得缺乏尊重，觉得俱乐部低估了他对于球队的贡献，这让他心里很不舒服。再加上更衣室问题，以及和主教练穆里尼奥在战术理念上的分歧，这些都让C罗的情绪出现了起伏，从而发生了对阵格拉纳达赛后的一幕。

这个时候，弗洛伦蒂诺也发现了问题，他找机会与C罗谈话，希望冰释前嫌。时间是消除误解的最好方法，随着时间推移，C罗和高层的矛盾渐渐淡化了，他在球场上的表现也足够出色。

2012年10月7日，西甲联赛第7轮，新赛季西甲联赛第一次国家德比，巴萨坐镇主场对阵皇家马德里，6轮过后，巴萨领先皇马8分。所以这场国家德比，对皇马来说异常关键，那时，C罗状态正佳，已经在各项赛事中打进了12个进球，特别是近4场比赛，C罗打进8球，包括西甲对阵拉科鲁尼亚和欧冠对阵阿贾克斯两次上演的帽子戏法。这场比赛非常精彩，C罗和梅西都有着出色表现。

比赛第23分钟，皇马在中前场连续做出传接配合，弧顶处，本泽马将球分到了禁区左侧，C罗直接低射破门，1比0。这个进球不仅体现出了C罗的个人能力，同时，也体现了皇马团队精妙的配合，而这粒入球，也让C罗成为首位连续6场在国家德比中进球的球员。进球庆祝时，C罗还比出了“YEAH”的手势。

8分钟之后，梅西帮助巴萨扳平比分，1比1。双方的对攻越来越激烈。下半场第61分钟，又是梅西，利用一次任意球机会，直接射门，绕过人墙旋入网内，2比1，巴萨反超比分。不过5分钟之后，皇马再次取得进球，关键时刻，C罗站了出来。他接队友传球，插到禁区之内，单刀面对巴尔德斯，轻松将球打进，2比2。最终，皇马和巴萨握手言和，C罗和梅西都上演了梅开二度。两支球队的分差还是8分。

不过在12月的西甲联赛里，皇马被西班牙人逼平，巴萨则逆转击败马德里竞技。西甲冠军已经变得没有悬念，皇马已很难在联赛中对巴萨构成威胁。所以穆里尼奥把精力集中在欧冠当中，八分之一决赛，皇马遭遇“红魔”曼联。双方首回合比赛在伯纳乌展开较量，曼联率先破门，鲁尼助攻韦尔贝克得分。很快，皇马扳平了比分。迪马利亚高球传到禁区远点，C罗高高跃起，力压埃弗拉头球破门，德赫亚也没能阻止进球。进球后的C罗并没有大肆庆祝，赛后他甚至还向英格兰球迷致歉，可见对于“红魔”曼联，他内心十分尊重。比赛结束时，弗格森上前拥抱了昔日爱徒C罗，并在赛后发布会上说：“看到他不断成长，我非常骄傲。对于C罗的那个进球，我不知道用什么语言来形容。我之前还责备了埃弗拉，怪他没能防住C罗。但赛后我回看那个进球录像后，我发现我错了。C罗跳得很高，他的膝盖和埃弗拉的头部达到一个高度，太厉害了。2008年客场对阵罗马的比赛曾经有过这样的表演，无与伦比。”对于昔日弟子，弗格森不吝溢美之词。

双方第二回合比赛在老特拉福德打响，C罗又一次回到了熟悉的地方，显得格外激动，他期盼拿出最好的表现，因为这是对老东家最大的尊重。

这场比赛，C罗再一次破门。比赛第68分钟，伊瓜因禁区内像AK-47步枪一般扫传，C罗觅得机会，后排插上一记扫射破门。进球后的C罗依然没有庆祝，最终皇马2比1客场战胜曼联，总比分3比2挺进四分之一决赛。皇马欧冠四分之一决赛对手则是土耳其劲旅加拉塔萨雷。一周后，面对加拉塔萨雷，C罗的表现如何呢？

第二十五回

皇马多线颗粒无收，C罗功高难救主队

2012/2013赛季欧冠八分之一决赛，皇马以总比分3比2战胜曼联挺进四分之一决赛。C罗在两回合比赛中各进一球，表现出色。曼联主教练弗格森赛后对这位昔日弟子也是不吝溢美之词，表达了对C罗的祝福。皇马进入欧冠四分之一决赛后的对手是土耳其劲旅——加拉塔萨雷。

2013年4月4日，双方首回合比赛在伯纳乌球场打响，比赛第9分钟，皇马就取得了领先。C罗接队友传球，禁区内直接挑射破门，之后本泽马和伊瓜因各进一球。皇马主场3比0战胜加拉塔萨雷。一周后，双方第二回合比赛打响，在加拉塔萨雷的地狱主场萨里扬球场，当时座无虚席，呐喊声震耳欲聋，土耳其球迷不遗余力地在声援自己的球队。因为握有3球领先优势，赛前，皇马将士们显得格外放松。比赛第7分钟，赫迪拉横传门前，C罗跟进推射破门。此时，皇马总比分已经4比0领先对手，还握有一个客场进球优势，所以皇马球员显得有些过于松懈，注意力变得不集中起来。这给加拉塔萨雷提供了可乘之机。凭借着埃布、斯内德、德罗巴的进球，比赛进行到第70分钟时，加拉塔萨雷已经连追3球。彼时，皇马似乎嗅到了一丝危险的味道，虽然加拉塔萨雷士气如虹，但皇马很快就稳住了阵脚。补时阶段，本泽马右边路传球，C罗直接扫射破门，最终皇马总比分5比3战胜加拉塔萨雷挺进半决赛，两回合比赛中，C罗共打进3球。

半决赛对手是德甲劲旅多特蒙德，多特主教练是克洛普，莱万也在阵中。双方首回合皇马在客场1比4不敌多特。那场比赛，C罗打进皇马唯一进球，而莱万那场比赛“杀疯了”，一个人上演大四喜，帮助多特4比1战胜皇马，皇马欧冠晋级形势岌岌可危。双方第二回合比赛移师伯纳乌进行，虽然皇马这场比赛表现很出色，但也只打进2球，总比分3比4不敌，穆里尼奥的队伍无缘欧冠决赛。

此时，那个赛季皇马能争夺的冠军只剩下国王杯。他们一路过五关斩六将杀入了国王杯半决赛，对手是巴萨。双方首回合，皇马在主场1比1与巴萨战平，而第二回合来到诺坎普球场，C罗的发挥起到了决定性作用。比赛第13分钟，C罗在右路杀到禁区之内，面对皮克的一对一防守，他踩了一个单车过人，就像歌曲中所唱：“跟着我左脚右脚一个假动作，右脚左脚单车把人过，这节奏给我快乐，能不能别放铲我。”没想到，就在C罗突破那一瞬间，皮克还真放铲了，这一下直接把C罗铲倒。裁判判罚点球，C罗一蹴而就，皇马客场1比0领先。比赛第57分钟，迪马利亚在禁区左侧晃开普约尔的防守直接打门，被平托挡了出来。球正好落在C罗脚下，这等机会焉能放走。C罗来了一招“白蛇吐信”，球应声入网，C罗梅开二度，皇马2比0领先。之后瓦拉内又头球破门，皇马3比0领先。比赛快结束前，阿尔巴帮助巴萨扳回一球，但为时已晚，最终，皇马客场3比1战胜巴萨，总比分4比2挺进国王杯决赛。

2013年5月17日国王杯决赛在伯纳乌球场打响，这是皇马本赛季唯一能争夺冠军的赛事了，对手是马德里竞技。当时，马竞已经14年没有战胜皇马了，皇马占据着一定的心理优势。开场之后，皇马就掌握了场上主动。第13分钟，C罗力压戈丁头球破门，库尔图瓦对这球也无能为力，皇马1比0领先。皇马领先之后，按照穆里尼奥的战术要求，球队开始收拢阵形，退回本方半场防守。这给了马竞压迫皇马的机会，第35分钟，迭戈·科斯塔把比分扳平了。双方之后在常规时间再无建树，进入加时赛。第98分钟，米兰达头球破门，马竞将比分反超，2比1。这个时候，双方球员身体接触开始多起来，火药味越来越浓。第114分钟，C罗和马竞队长加比发生了争执，C罗被红牌罚下，之后，皇马几乎就没获得好机会了。最终，皇马1比2不敌马竞，屈居国王杯亚军。这个赛季，对于皇马来说，对于穆里尼奥来说，都是一个糟糕的赛季，西甲、国王杯、欧冠都没能夺冠。不过对于C罗来说，2012/2013赛季，他的表现相当出色，各项赛事打进55球，其中联赛34球，国王杯7球，欧冠12球，超级杯2球，可以说是名副其实的进球大杀器。

在这个赛季结束后，穆里尼奥离开了皇马。

2013年9月15日，C罗完成了与皇马的5年续约，1000万欧元的基础年薪外加2100万欧元的额外条款，他成了世界薪水最高的球员，同时解约金依旧是10亿欧元。

在之后的2013/2014赛季，C罗有着怎样的发挥呢?

第二十六回

穆里尼奥移交帅印，安切洛蒂掌舵皇马

2012/2013赛季结束之后，穆里尼奥离开了皇家马德里，接任者是安切洛蒂。安切洛蒂之前已经带队获得过意甲、英超、法甲的冠军，还曾两度问鼎欧冠，来到皇马，他把目标定在了西甲和欧冠冠军上。其实，早在2006年，安切洛蒂就差点执教皇马。1月，安切洛蒂和时任皇马主席弗洛伦蒂诺草签了协议，决定2006年夏天来到皇马，但谁都没想到，弗洛伦蒂诺没多久被迫离职了，接任的新主席是卡尔德隆，卡尔德隆最终选择了卡佩罗，就此，安切洛蒂与皇马擦肩而过，整整7年后，2013年，安切洛蒂终于再续前缘，加盟了皇家马德里。齐达内成为安切洛蒂的得力助手，为皇马布局谋划。

这个赛季，在弗洛伦蒂诺和齐达内努力下，皇马引进了卡瓦哈尔、卡塞米罗、伊斯科、伊利亚拉门迪，并花费重金压哨签约了“大圣”贝尔，阵容可谓星光熠熠，当然，也有一些球星离开了球队，比如伊瓜因、卡列洪、阿尔比奥尔转会去了那不勒斯，胡安弗兰、埃辛等球员也离开了皇马。

安切洛蒂执掌皇马后，第一时间表达了对C罗的认可和赞赏。安切洛蒂说："C罗是伟大的球星，是所有年轻球员的榜样，有他在一切都变得很容易。"在战术打法上，安切洛蒂也在围绕C罗做文章，让C罗能更好地发挥能量。

2013年7月21日，季前热身赛，皇马对阵伯恩茅斯，这是安切洛蒂执掌皇马后的首场比赛，他让当时已经加盟球队的几位新援悉数登场，考察球员的状态。

当时伯恩茅斯的主场挤满了观众，只能容纳1万多球迷的球场座无虚席，人头攒动，甚至在过道上都有站着看球的球迷，可见皇马的影响力和号召力。比赛进行到第21分钟，C罗主罚直接任意球，依旧是大家熟悉的电梯球，洞穿了伯恩茅斯的大门，之后第40分钟，皇马球员长传，伯恩茅斯后卫出现失误，C罗拿到球后单刀面对门将，轻松将球打进，梅开二度，之后，皇马又进了4球，最终6比0大胜伯恩茅斯，安切洛蒂的皇马执教首秀以大胜告终。此外，这场比赛还发生了一个小插曲，比赛第5分钟，C罗主罚任意球，球射出之后高出横梁飞到了球迷看台，正好砸中一位13岁小球迷的左胳膊，由于C罗的射门力道很猛，同时速度极快，小球迷躲闪不及，左胳膊当即骨折，疼得他根本没心情继续看比赛了，直接被父母带到了医院。后来C罗从皇马俱乐部得知消息后，立即表达了歉意，特意送给小球迷一件皇马球衣，球衣上签满了全队球员的签名，拿到这件球衣，小球迷乐开了花。

再说回来，之后，安切洛蒂带领皇马参加了一系列热身赛，战绩非常出色，特别是在北美参加的国际冠军杯，球队的状态调整得越来越好。C罗带领着皇马在国际冠军杯上过五关斩六将，杀进了决赛，决赛对手是英超劲旅切尔西，而切尔西主教练正是刚刚从皇马离任的"狂人"穆里尼奥。

在皇马执教后期，穆里尼奥和C罗的关系就不是很融洽，而在国际冠军杯期间，穆里尼奥在接受媒体采访时曾谈到C罗，他说：“我执教过罗纳尔多，不是这一个，而是真正的那个，巴西人罗纳尔多。”这番言论让媒体大吃一惊，而在对阵切尔西赛前，有媒体问C罗如何看待穆里尼奥这句话，C罗说道：“葡萄牙有句谚语，不要往自己的碗里吐口水。”在比赛中，C罗用表现回击了穆里尼奥的言论。当然，现在C罗和穆里尼奥早已冰释前嫌，关系重归于好，穆里尼奥还说过：“我的孩子从来没有亲眼看过贝利踢足球，但他们都知道贝利是谁。40年后，孩子们也一样会知道C罗是谁，他和贝利一样都将成为足球历史的一部分，他们都是难以形容的球员。”

再说回皇马对阵切尔西的比赛，马塞洛先为皇马取得进球，之后拉米雷斯帮助切尔西扳平了比分。之后，比赛就进入了C罗时间，第31分钟，C罗距离球门23米处主罚任意球，狠狠地砸到横梁下沿弹进网内，2比1。第57分钟，C罗再次破门，伊斯科在禁区左侧传中，C罗从后排杀到禁区之内，非常潇洒地来了一记冲顶，球应声入网，C罗梅开二度，这个进球太漂亮了，进球后的C罗十分兴奋，跑到场边肆意庆祝。再看C罗旋转跳跃，手臂上扬，落地后双手指地，同时霸气怒吼，嘴里发出了“Siuuuuuu”的声音！这就是C罗“Siu”庆祝动作的由来，对阵切尔西的国际冠军杯，是他第一次上演这个庆祝动作。从此之后，这个庆祝动作就成了C罗的标配。每当C罗进球后做动作时，球迷在球场也会和C罗做出一样完整的动作，场面十分壮观。

2013/2014赛季前的热身赛，皇马很好地完成了阵容磨合，C罗也调整到了最佳状态。

第二十七回

皇马新旧七号传承，C罗破国家队球荒

2013年8月19日，2013/2014赛季西甲联赛拉开战幕，第一轮皇家马德里2比1战胜皇家贝蒂斯，取得了开门红。这场比赛是C罗代表皇马的第200场比赛，不过他并没有取得进球。同时，这也是安切洛蒂执教皇马后的第一场正式比赛的胜利。

4天之后，2013年8月23日，皇马与卡塔尔阿尔萨德进行了一场“伯纳乌杯”比赛。这场比赛，因为一个人的回归可谓万众瞩目，他就是劳尔，2012年，劳尔转会阿尔萨德，这次伯纳乌杯，劳尔也是时隔3年重回故地伯纳乌球场。

正因有劳尔的存在，两队赛前达成协议，让劳尔上下半场为两支球队各踢45分钟，而C罗主动把7号球衣让给了劳尔，自己则选择了11号球衣。上半场，C罗一次头球顶给迪马利亚，后者得球后直接传给了劳尔，劳尔随后一脚劲射破门，在伯纳乌球场，“指环王”再次上演了进球好戏。上半场结束时，劳尔没有下场去换阿尔萨德的球衣，而是来到C罗面前，将7号皇马球衣亲自交到C罗手里。看到这一幕，C罗也有些意外，他没想到劳尔会这么做，但很快他就回过神，坚定地接过了劳尔的7号战袍，并热情拥抱了皇马前队长。这就是皇马7号球衣的传承，C罗接过的不仅仅是球衣这么简单，还有7号代表的马德里精神，以及劳尔对C罗的期望与寄托。劳尔曾经带领皇马站上了欧洲之巅，他希望C罗也能带领皇马再次站上欧洲之巅，这就是足球精神的传承与坚守。

再说回来，2013年9月1日，西甲联赛第三轮，皇马对阵格拉纳达，上半场补时阶段，C罗高高跃起头球破门，打进了新赛季第一个进球，最终，皇马3比1战胜格拉纳达，联赛获得三连胜。就在同一天，皇马与热刺终于达成一致，贝尔加盟皇马，这让“银河战舰”的实力大大增强，BBC组合（本泽马、贝尔、C罗）正式成立，这三叉戟在西甲赛场当中，刮起了快打旋风，可谓形成了天地人三才之阵，神佛难挡!

2013年9月6日，2014年世界杯预选赛，葡萄牙客战北爱尔兰，这场比赛是C罗代表葡萄牙国家队的第100场比赛。这是一场雨战，而且雨势非常大，好似大海怒涛翻滚，咆哮奔腾，骤雨抽打着地面，雨水飞溅，迷蒙一片。这场雨战的上半场，双方战至1比1，下半场一上来，北爱尔兰队就进球了，2比1领先葡萄牙。在落后局面下，C罗站了出来，反击从现在开始！第68分钟，葡萄牙开出角球，C罗先是假装一个启动，然后顿挫，再启动，从中路跑到禁区前点，高高跃起，迎着来球力压对方后卫头球攻门，球应声入网，C罗将比分扳平。C罗这个进球也结束了长达364天国家队正式比赛的进球荒。进球后，再看C罗在草皮上滑跪庆祝，他的眼神充满了杀气，对方看到他那漆黑不见底的眼眸，如一潭深水让人无法喘息。扳平比分8分钟后，第76分钟，葡萄牙左路45度传中，禁区之内，C罗无人盯防，高高跃起，身轻好似云中燕，豪气冲云霄，头球攻门，C罗手中好像握有一把清风剑，一记清风拂柳，白乌腾空，一击命中，梅开二度，C罗帮助葡萄牙3比2反超比分。C罗的表演还没有结束，比赛第82分钟，葡萄牙获得任意球，C罗站在球前，多达6名北爱尔兰球员站成一排摆出了人墙，但在他们中间插进了两名葡萄牙球员，在C罗射出任意球的一刹那，人墙中的两名葡萄牙球员倏地一闪身，漏出空间，球正好从此间飞向球门，门将也被晃了一下，扑救不及，球再次入网，4比2，C罗完成了帽子戏法！

比赛后的C罗，矗立在大雨之中，衣裳火红，身姿潇洒倜傥，仅仅一个背影就有说不出的魁伟。C罗的帽子戏法也让他在国家队的进球数达到了43个，队史射手榜追平了前辈尤西比奥，仅比第一名的保莱塔少4个。

国家队比赛结束后，C罗马不停蹄回到了皇马，2013年9月15日，西甲联赛第四轮，皇马对阵比利亚雷亚尔，这场比赛是贝尔在皇马的首秀，而他首秀就打进了处子球，这场比赛中，C罗也打进一球，禁区内扫射破门，皇马2比2战平“黄色潜水艇”比利亚雷亚尔。

比赛第二天，C罗与皇马完成了续约，续约5年，基础年薪1000万欧元，外加2100万欧元的额外条款，违约金依旧是10亿欧元。续约后的C罗，更加势不可当。两天后，2013/2014赛季欧冠小组赛第一轮，皇马客战加拉塔萨雷，这场比赛，C罗再一次上演帽子戏法，特别是第三个进球极为精彩。在禁区内，C罗面对两名防守球员，连续几下变向，如脚踩八卦，轻灵飘逸，过掉对手后，一脚劲射将球打进。最终皇马6比1大胜加拉塔萨雷。

2013年9月23日，西甲联赛第五轮，皇马对阵赫塔菲。这场比赛，C罗斩获两球，特别是全场伤停补时阶段打进的第二球，非常精彩，他接队友传球之后，在禁区之内一记神龙摆尾，脚后跟一磕，出乎所有人意料，球滚进网内，这脚打门非常有想象力，C罗在禁区内好似跳起了华尔兹，轻步曼舞像燕子伏巢，神龙摆尾似鹊鸟夜惊，太潇洒了。此后，C罗愈发神勇，从2013年9月1日到2013年11月19日，两个半月的时间里，C罗共打进了34个球，其中5次上演了帽子戏法。特别是11月19日世预赛附加赛葡萄牙对阵瑞典的第二回合比赛，堪称经典中的经典。

第二十八回

C罗帽子戏法“血刃”瑞典，葡萄牙挺进巴西世界杯

2013年11月19日世预赛附加赛葡萄牙对阵瑞典第二回合，对于葡萄牙和瑞典可谓生死战。双方首回合，葡萄牙在主场1比0战胜瑞典，第二回合非常重要，这场比赛将决定着谁会登上2014年巴西世界杯的舞台，同时，这场比赛也是C罗和伊布之间的对决。

双方一开始比拼就很激烈，上半场两支球队都有得分机会，但最终都与进球失之交臂，上半场比分0比0战平。

下半场易边再战，C罗站了出来，他浑身是胆，战意十足，好似赵子龙在世，头戴亮银盔，身穿雪片鱼鳞甲，护心宝镜如天边满月，素罗袍绣海水波翻，素白缎色中衣，脚下一双素白色虎头战靴，肋下带青釭剑，掌中涯角枪，是海角天涯无对，可谓真天子百灵相助，大将军八面威风！

比赛第50分钟葡萄牙后场抢断，穆蒂尼奥直塞打穿了整条瑞典后防线，C罗接球单骑闯关，坐下照夜玉狮子，翻蹄亮掌，直杀奔到禁区，单

刀面对门将，再看C罗掌中那把涯角枪，抖枪就扎，抖一抖如龙绞尾，颤一颤如蛇吐信，左脚劲射破门，葡萄牙取得进球，总比分2比0领先瑞典。

此时，瑞典已被逼到了绝境。不过瑞典队也不是吃素的，不要忘了，他们阵中也有一员虎将，人称伊布“大奉先”，这场比赛，伊布充满了杀气，精气神十足，在球场上，伊布真好似吕布在世呀！狮子盔张口吞天，朱雀铠虎体遮严，素罗袍苍龙戏水，八宝带富贵长绵，胸前挂护心宝镜，肋下悬玉把龙泉，眉针箭密排孔雀眼，犀牛弓半边月弯，凤凰裙遮住双腿，鱼塌尾钩挂连环，掌中戟神鬼怕见，胯下马走海登山，好似哪吒三太子，翻身跳下九重天。真可谓，人中伊布，马中赤兔！

果不其然，第68分钟，伊布力压阿尔维斯头球破门，总比分变为1比2，瑞典扳回一球。也就3分钟之后，伊布又来了，第71分钟，瑞典在葡萄牙禁区弧顶附近获得任意球机会，伊布站在球前，一脚低射，好一个辕门射戟，球钻入球网，一击命中。瑞典反超比分2比1，总比分2比2。这就是伊布，有道是：伊布加戟正中央，铁扫帚外加扫躺。燕子穿梭来合网，大戟威震吓八方！虽然葡萄牙此时握有客场进球优势，但稍有不慎，再被瑞典进一个就会满盘皆输。

就在瑞典士气正旺，葡萄牙士气下落之时，C罗再次站了出来，比赛第77分钟，阿尔梅达中圈转移到左侧，C罗拍马赶到，在对方后卫安东松放铲之前，左脚斜射远角，涯角枪再显神威，扎出去梅花千朵，撤回来冷气飞扬！球应声入网，C罗梅开二度，总比分葡萄牙3比2领先，葡萄牙还握有两个客场进球优势。时间还剩十多分钟，瑞典要想进入世界杯，变得非常困难。就在进球两分钟后，79分钟，C罗又来了，穆蒂尼奥突然传了一记身后球，C罗后排高速插上，接球杀入禁区，又一次单刀面对门将，使了一招燎原百击，球再次入网，葡萄牙总比分4比2领先瑞典，这个进球几乎杀死了比赛，进球后的C罗开心得像3岁孩童，张开双臂，飞奔向场边，但他还没到场边，就被所有葡萄牙队员给压在了身下。

这场比赛，C罗凭借一己之力，将葡萄牙带进了2014年巴西世界杯，C罗真可谓天神下凡，掌中那把涯角枪出神入化，有诗赞之曰：

直来直往枪里藏，演义英雄美名长。
古来名将不堪数，谁可称雄枪中王。
项羽悲歌可断肠，赵云才艺也无双。
马超威名起西凉，姜维称勇少年郎。
云召罗成未胜负，又来薛刚去反唐。
五代有个王彦章，北宋更出高与杨。
禁军教头豹子头，水泊山上名显亮。
岳飞壮志被覆雪，黄龙未扫使人伤。
尘世后浪推前浪，遇春英烈保明皇。
若使贤才聚一堂，曼舞红缨斗银霜。
我看C罗是英豪，情艺双绝才使枪！

第二十九回

重返联赛遭遇伤病，恐怖数据冲击金球

2013年11月19日，世预赛附加赛第二回合葡萄牙对阵瑞典的比赛中，C罗表现出色，上演了帽子戏法，帮助葡萄牙总比分4比2淘汰瑞典，晋级2014年巴西世界杯。

那一天，整个葡萄牙陷入了狂欢中，C罗的出色发挥也为他个人赢得金球奖增分不少。

比赛结束后，C罗顾不得休息，马上赶回西班牙，参加2013/2014赛季西甲联赛第14轮皇马客战阿尔梅里亚的比赛。这场比赛，安切洛蒂安排C罗首发，比赛刚开始3分钟，C罗就完成了破门。伊斯科从右路传球，C罗直接插入禁区，冲行营犹如大蟒，踏禁区胜过飙风，紧接着左脚垫射，球应声入网，皇马1比0领先阿尔梅里亚。整个上半场，C罗表现都很活跃，持续威胁着对方大门，这也让阿尔梅里亚的队员都必须完全集中注意力，时刻紧盯着C罗，甚至有一些特殊照顾。比赛第48分钟，C罗刚在中场拿球，就听耳轮边，一阵风袭来，定睛一看，是阿尔梅里亚中场大将比达尔，这个比达尔不是那个曾经效力巴萨的阿图罗·比达尔，而是另一个，阿莱克斯·比达尔，这位球员作风顽强，敢于身体对抗，就见他突然冲到C罗身后，啪！啪！连续踢了两下，正好踢到C罗左小腿，C罗应声倒地，站起来后，没有任何异样，继续投入比赛，但是仅仅3分钟后，C罗发现腿部隐隐作痛，无法坚持，在一次传中后，C罗主动示意队医进场，经过简单检查后，C罗被换下，然后走回了更衣室。这是C罗在那个赛季第一次被提前换下，此前的13场联赛和4场欧冠比赛，C罗场场首发，且都打满了全场，是皇马的全勤王。彼时在西甲联赛中，C罗更有17球入账，最关键的是，此时是金球奖评选的冲刺阶段，所以皇马球迷格外牵挂C罗的伤势。为了声援C罗，皇马球迷做了精心的准备。

2013年11月28日，欧冠小组赛皇马坐镇主场对阵加拉塔萨雷，这场比赛，C罗因伤缺席，他在贵宾包厢中观看比赛，虽然C罗没能上场，但在伯纳乌看台上，竟然有多达45000个“C罗”，原来，为了给C罗金球奖评选造势，皇马球迷特别准备了45000个C罗面具，比赛进行到第7分钟和第77分钟时，45000名皇马球迷齐刷刷戴上C罗面具，数万球迷还高举印有“7号C罗”的白纸，北看台更是打出C罗的TIFO*，皇马球迷们集体高声呐喊：“C罗拿金球奖！”场面十分壮观，像极了古代打仗出征前的情景，那是旌旗飞舞，号带飘扬，青龙旗朱缨闪耀，彩凤旗双凤飞翔，飞虎旗两肋生翅，斑豹旗牙利爪长，七星旗明星灿烂，八卦旗巧绣阴阳，正中一杆白袍旗，斗大的“C罗”写中央，哗啦啦，旗随风摆，威凛凛，倒海翻江！C罗也被伯纳乌现场的气势感染到了，当时摄像机镜头正好对准了C罗，C罗面带微笑，朝着球迷挥了挥手，俨然是古代的元帅一般。

* TIFO：在欧洲，TIFO是一个体育圈的专有名词，在球迷文化里指可覆盖看台的大型横幅或拼图，常常用于重要比赛以及关键战役中，是球迷标志对所属俱乐部支持的重要工具。

欧冠对阵加拉塔萨雷，C罗因伤缺席，但大家的焦点依旧集中在他的身上，这就是C罗强大的号召力和影响力。C罗因伤缺席了三场比赛，直到2013年12月11日，欧冠小组赛最后一轮客战哥本哈根，C罗才伤愈复出。伤愈复出的C罗立马就有进球，比赛下半场第48分钟，马塞洛斜传禁区，佩佩头球一点，C罗跟进破门，这是C罗在欧冠小组赛打进的第9个球，创造了新的纪录，成为欧冠小组赛进球最多的球员。本来在对阵哥本哈根的比赛中，C罗有望将进球数提升到10个，但最后时刻的点球被对方门将威兰德化解了，有点遗憾。

2013年结束时，C罗在59场比赛中打进69球，场均1.16球入账，其中西甲联赛38球，欧冠15球，国王杯6球，国家队比赛10球，这样的数据堪称恐怖。转过年来，2014年1月，金球奖颁奖典礼就要举行了，那C罗有没有获得金球奖呢?

第三十回

C罗哀悼尤西比奥，时隔四年二夺金球

2014年1月，金球奖颁奖典礼即将举办，然而，就在金球奖颁奖前几天，葡萄牙足球界遭受到了一次严重的打击。2014年1月5日下午3点，葡萄牙一代传奇巨星尤西比奥因为心脏病在里斯本不幸去世，享年71岁。葡萄牙政府为他举行了为期三天的全国哀悼日。C罗第一时间通过社交媒体向尤西比奥表示哀悼。C罗写道："永远永恒的尤西比奥，安息。"C罗配上了身穿葡萄牙国家队球衣与尤西比奥的合影。

尤西比奥在C罗人生的多个关键时刻曾为他指点迷津，比如2004年欧洲杯决赛结束后，输球的葡萄牙一片哀伤，C罗也痛哭不止，尤西比奥上前安慰了很长时间。此外，C罗签约曼联、父亲阿韦罗去世、在皇马伯纳乌亮相时，尤西比奥都曾为C罗出谋划策，亲自站台支持C罗。所以在C罗内心当中，是非常敬重尤西比奥的。

就在尤西比奥去世第二天，西甲联赛第18轮开打，皇家马德里在主场对阵塞尔塔，赛前，双方列队为"黑豹"尤西比奥默哀一分钟。默哀过程中，C罗望向天空，若有所思。他的眼神十分坚定，他知道尤西比奥去世后，他必须扛起葡萄牙国家队大旗，这是责任与使命。C罗暗下决心，这场比赛一定要进球。比赛第82分钟，卡瓦哈尔右路传中，C罗门前跟进破门，进球后的C罗双手指天，将进球献给了尤西比奥。在比赛伤停补时阶段，还是在右边路，贝尔传中，C罗在禁区内轻松推射破网，梅开二度，这个进球是C罗职业生涯的第400粒进球，也是他的第652场比赛。赛后，C罗在社交媒体上写道："我将两个进球献给您，尤西比奥，您才是真正的进球队员，您永远活在我的心里。"

2014年1月13日晚8点，在苏黎世议会宫殿，国际足联金球奖颁奖典礼正式开始。当天，C罗穿了一套亮黑色外衣，格外帅气，女友伊莲娜、母亲多洛蕾斯、儿子迷你罗、兄弟姐妹、经纪人门德斯、皇马主席弗洛伦蒂诺都来了，可见C罗对于金球奖的渴望与重视。另外两名候选人，梅西穿了一件深红色外套，里贝里打着黑色领结，穿着黑色夹克。三位候选人目不转睛盯着舞台，马上就要揭晓最终获奖人姓名了。只见球王贝利缓步走上台，不紧不慢、不慌不忙地拆开信封，看了一眼，然后停顿了一下，大声喊出了金球奖得主的名字："克里斯蒂亚诺·罗纳尔多！"

听到自己名字后，C罗低下了头，释放一下压力，平复一下心情，然后转身亲吻了伊莲娜。紧接着迈步走上舞台，他与国际足联主席布拉特和欧足联主席普拉蒂尼握手致意，又拥抱了贝利。C罗知道接下来是获奖感言时间，他之前有所准备，知道该说什么，但是就在这个时候，迷你罗突然跳上颁奖台，看到儿子后，C罗的情绪控制不住了，眼泪涌了上来："大家晚上好，没有什么语言能形容现在这一刻。"说到此，C罗无法继续下去了，眼泪在他眼眶不断打转，那个球场上的硬汉哭了。此时，C罗母亲多洛蕾斯、女友伊莲娜都哭了，皇马主席弗洛伦蒂诺也哽咽了。

由于啜泣不止，C罗的话语是一个词一个词往外蹦着说："感谢我的皇马队友，还有葡萄牙国家队队友，感谢我的经纪人、支持我的人、我的妈妈，以及第一次来这里的儿子。"此外，他还提到了不久前去世的尤西比奥，看到这一幕，所有球迷都被感动了。整整5年过去了，C罗终于再一次捧起金球奖。在2008年首次拿到金球奖时，C罗只有24岁，本以为他会独领风骚，但之后4年，梅西四夺金球奖，这让C罗心里一直憋着一股子劲。这股劲就是要证明自己，连续4年遭受挫败，换成其他人或许早就放弃了，但C罗没有。他并没有退缩，也没有满足现状，在他内心深处有一种狠劲，这种狠并不是对外人，而是对自己。他没日没夜地训练让自己进步，为的就是再次站在金球奖舞台上，重新证明自己。一个男人究竟走多少路，才能成为真正的男人，其实，并不在于路走了多少，而在于走在同一路上。哪怕这条路充满着荆棘，也要披荆斩棘，一直走下去。这就是C罗，他带给我们的不仅仅是足球场上华丽的进球，还有他不屈的精神。或许我们在生活、工作中也和C罗一样，遭遇困难，遇到强劲的竞争对手，我们要做的就是和C罗一样，永不放弃，每天都努力。成功定律是什么？成功定律就是——站起来的次数要比被击倒的次数多一次。正是这种永不言弃的精神，让C罗在5年后再获金球奖。

颁奖典礼后，梅西这样评价道："克里斯蒂亚诺过去一年里表现非常出色，他值得这个奖项。"皮克也在社交媒体上写道："祝贺克里斯蒂亚诺第二次夺得金球奖，祝贺梅西和里贝里在2013年取得了难以置信的表现。"弗洛伦蒂诺也说道："C罗配得上这个奖杯，他的进取心、求胜心、天赋，以及他所做出的牺牲，都表明克里斯蒂亚诺·罗纳尔多理应赢得金球奖。他是一位足球领袖，总是力图做到最好，球队和我本人对他的获奖感到骄傲，他是每个人的楷模，尤其是青年群体。"C罗拿到2013年金球奖后，又发生了什么故事呢？

第三十一回

C罗状态依旧火爆，多线作战数据亮眼

C罗获得了2013年金球奖，这是他人生第二个金球奖。在飞回马德里的航班上，皇马主席弗洛伦蒂诺和C罗的家人朋友们一直高唱着克里斯蒂亚诺·罗纳尔多的名字。来到训练场，迎接C罗的是长时间欢呼和鼓掌，皇马队友们都为C罗获奖而感到高兴，C罗对大家说道："这个奖也是颁发给你们的。"

可以说，获得第二个金球奖之后，C罗的心态发生了翻天覆地的变化，他的态度更加积极，微笑多了起来，抱怨越来越少，此外，他会为队友争取更多的权益，比如在迪马利亚续约问题上，C罗直接找到皇马主席弗洛伦蒂诺，为"天使"续约做了不少努力。这些举动，更赢得了大家的心。

获得金球奖后，C罗的状态依旧火爆，他归来的第一场比赛是西甲联赛第20轮皇马客战皇家贝蒂斯，开场仅仅10分钟，C罗中路一脚爆射，开弓射箭，星前月下吐寒光！转背抡刀，灯里火中生灿烂！这一脚打门让贝蒂斯门将安德森目瞪口呆，门将没有做出任何反应，球砸进网内！据赛后测算，C罗这脚打门的时速达到了132千米，速度实在惊人！比赛下半场，C罗还以倒钩的方式助攻莫拉塔破门，最终皇马5比0大胜贝蒂斯。

接下来的西甲联赛第21轮，皇马在主场对阵格拉纳达。比赛前，在伯纳乌看台上，皇马球迷们用金色和蓝色的纸张排出巨大的“CR7”字样，以此祝贺C罗获得金球奖，自从2007年卡纳瓦罗在伯纳乌球场展示过金球奖之后，伯纳乌球场已经很久没有见过这座奖杯了，C罗也是高举金球奖奖杯向球迷们致意。

赛前，格拉纳达门将罗伯特·费尔南德斯在社交媒体上跟球迷打了一个赌，如果这场比赛他不能封出C罗所有射门的话，就将拿出500双手套送给球迷。费尔南德斯打这个赌也是在激励自己，此外，比赛当天正是他的生日，他特别希望能用零封送给自己一份特别的生日礼物。在比赛中，费尔南德斯确实状态神勇，他多次化解了皇马球员的打门，有道是：道高一尺，魔高一丈。C罗毕竟是C罗，下半场比赛第56分钟，C罗接队友直传，在禁区内，右脚一停，左脚假射一抹，右脚紧接着横向一拨，晃开一个空当，左脚再射。这一系列眼花缭乱的动作，让门将费尔南多斯有些眩晕了，虽然他做出了扑救动作，但还是没能把球扑出去。C罗这一枪扎下去，真可谓银蟒枪飞惊鬼怪！费尔南德斯的生日愿望算泡汤了，同时，他还要愿赌服输，送给球迷500双手套。之后，本泽马锦上添花，皇马2比0战胜格拉纳达。

不过下一轮皇马客战毕尔巴鄂竞技的比赛中，C罗在一次冲突中得到一张红牌，被禁赛三场。直到西甲联赛第26轮皇马客战马德里竞技，C罗才复出。这场比赛，在皇马1比2落后情况下，又是C罗挺身而出，比赛第82分钟，卡瓦哈尔的传中，C罗禁区内抡起脚就是一记抽射将比分扳平，左右反斩如电闪，丹凤朝阳刺咽喉，一击致命！正是C罗的进球帮助皇马在客场全身而退，拿到一分。

紧接着西甲第27轮皇马对阵莱万特，C罗又一次破门。比赛第11分钟，迪马利亚开出角球，C罗小禁区前面对西索科和纳瓦罗的包夹，双腿起跳，高高跃起，头球攻门，球狠狠地砸在地上，反弹进入网内！对莱万特球员来说，C罗的起跳高度真的是望尘莫及，好似阴风遮日起云雾，飞沙走石刮旋风！最终，这场比赛皇马3比0战胜了莱万特。

第28轮马拉加对阵皇马，C罗再度进球。比赛第23分钟，禁区内C罗接球，往外一拨，禁区线上起右脚打门，那真是英雄一怒把刀抡，浑身上下起白云！门将虽然做出扑救动作，但球依旧进入网内，1比0。皇马又拿到一场比赛胜利。

两天后，皇马迎来欧冠八分之一决赛第二回合在主场对阵沙尔克04的比赛。双方首回合，皇马在客场6比1大胜沙尔克，其中C罗、贝尔、本泽马梅开二度。所以第二回合，皇马显得很轻松，不过在这场比赛中，皇马希望之星赫塞开场仅仅2分钟就重伤被换下场。当时赫塞在右边路与科拉希纳茨发生对抗，之后，两人纷纷倒地，科拉希纳茨整个身体重重地压在赫塞右腿膝盖上，这次重伤直接导致这名天才球员的陨落。这场比赛，C罗梅开二度，特别是第二个进球非常精彩，C罗加速过掉一名防守球员后，突入禁区晃开空当，一脚低射破门，真可谓：狮子摇头虎奔岭，蛟龙探爪蟒翻身！不过就在这场比赛中，C罗左腿膝盖出现了髌腱炎的状况，这影响了C罗之后的比赛状态。

第三十二回

皇马复仇多特蒙德，C罗饱受伤病折磨

2014年3月19日欧冠八分之一决赛第二回合皇马对阵沙尔克04，这场比赛，C罗梅开二度，帮助皇马3比1战胜对手，虽然赢球，也取得进球，但C罗的左腿膝盖却出现了髌腱炎的状况，这给C罗埋下了隐患。虽然出现髌腱炎的状况，但C罗顾不得休息，因为此时正是西甲争冠的关键时刻，皇马积70分排在西甲第一位，而巴萨落后4分排在第三位，皇马下一场西甲联赛的对手正是巴萨，所以C罗根本没有喘息的时间。

2014年3月24日，国家德比一触即发。这场比赛，C罗创造了一个点球，并且亲自将球罚进，不过最终，皇马3比4输给了巴萨，皇马与巴萨的分差缩小到1分。

3天之后，皇马客战塞维利亚，C罗继续出战。这场比赛，C罗通过任意球折射建功，连续9场西甲联赛都有进球，但遗憾的是，球队再次输球，1比2不敌塞维利亚，皇马遭遇两连败。那时，髌腱炎时不时骚扰着C罗，队医建议C罗休息，等炎症彻底消除再上场比赛，但被C罗拒绝了。他知道此时球队正在争冠关键时刻，如果他休息了，势必会影响球队，更何况球队刚刚遭遇两连败，士气低落，这时候他怎么能退缩呢？

所以他不顾医生的劝阻，选择咬牙坚持比赛。下一轮对阵巴列卡诺，皇马终于结束了连败。这场比赛是一场雨战，开场第15分钟，C罗从中路杀向禁区，贝尔一脚横传，C罗得球如入无人之境，过掉防守球员，轻松打门得手。C罗插上实在太快了，好似座下有一匹火龙驹，掌中倒拖涯角枪，一苇渡江水上漂，草上飞，云中燕，杀到禁区，把大枪往前一扎，一点眉毛二点喉，三点前心无处走，四点孤雁来出群，五点哪吒一抖手，六点枪法往上攻，七点七星串北斗，八点群仙闹东洋，九点黄河船难走，十点乾坤鬼神惊，素缨一摇天地抖，一击致命！最终，皇马5比0大胜巴列卡诺。

这场比赛结束后，皇马迎来欧冠四分之一决赛，对手是多特蒙德，上个赛季欧冠半决赛，皇马就被多特蒙德淘汰出局，此番再次交手，皇马的将士们都憋着一股劲，要报去年的一箭之仇。C罗更是如此，虽然髌腱炎逐渐恶化，但C罗依旧选择带伤出战。

这场对阵多特蒙德的比赛，也是C罗第100次出战欧冠联赛。本场比赛，C罗表现异常活跃，上半场就有两次破门机会，不过运气稍差，都与进球擦肩而过。有道是：再一再二不再三。下半场第57分钟，莫德里奇前场断球，顺势交给禁区内的C罗，再看C罗拿到球，右脚一拨，紧接着左脚打门，球应声入网，整套动作行云流水，闯敌营如同蛟龙把水搅，破敌阵好似猛虎冲羊群，这个进球充分体现了C罗的个人技术能力。

比赛结束还有10分钟，C罗突然瘫坐在地上，表情痛苦地摸着大腿，主裁判克拉滕伯格走上前与其交流后，示意队医上场。经过短暂治疗后，C罗向教练席做出了换人手势，主动要求离场。在整个职业生涯中，C罗主动要求离场是非常罕见的事情，整个伯纳乌球场瞬间凝固了，皇马球迷揪心地望着场内，祈祷C罗千万不要有大碍。这次突然倒地，也是C

罗带伤出战导致的。为了皇马，C罗拼尽了全力。这次受伤，C罗缺席了西甲对阵皇家社会、欧冠四分之一决赛对阵多特蒙德第二回合，以及西甲对阵阿尔梅里亚的比赛，还有国王杯决赛对阵巴萨，这4场比赛，皇马取得3胜1负的战绩，虽然欧冠0比2输给多特，但凭借着第一回合3比0的比分，皇马依旧以总比分3比2挺进了欧冠半决赛。

国王杯决赛，C罗身着一袭黑色西装，头戴黑色鸭舌帽坐在观众席上，看看C罗的表情就知道场上比分的变化。

上半场迪马利亚率先破门，C罗与身边的马塞洛忘情欢呼，葡萄牙人双手振臂一挥，好像是自己进球一样。下半场巴尔特拉破门后，C罗坐在板凳上有些焦急。当贝尔打进绝杀球之后，C罗瞪大眼睛，张开嘴巴，如果不是身后的赫迪拉、阿韦罗亚等人伸手阻拦，C罗几乎就要跳进球场之中。在场下，C罗不忘秀自己的型男本色，甚至主动帮身边的马塞洛打理领带。赛后的颁奖仪式上，C罗走上领奖台接受了西班牙国王胡安·卡洛斯一世的颁奖。当全队走到球场中央合影留念时，C罗并没有出现在人群中，队长卡西在庆祝时发现C罗不在，直接招呼C罗上前共同庆祝。

此外，这场比赛还留下经典一幕——赛后，C罗主动上前搂住失意的梅西，英雄相惜尽显温情。

一周之后，2014年4月24日，欧冠半决赛首回合，皇马主场对阵拜仁，C罗终于复出。

第三十三回

皇马欧冠双杀拜仁，联赛憾得西甲季军

2014年欧冠四分之一决赛首回合，皇马对阵多特蒙德时，C罗受伤下场，之后他错过了4场比赛，直到2014年4月24日欧冠半决赛首回合皇马主场对阵拜仁， C罗才伤愈复出。这场比赛，C罗表现非常活跃，比赛第18分钟，C罗左路送出直塞球，打在博阿滕身后，科恩特朗高速插上，将球横敲禁区之内，本泽马轻松推射破门。这是全场比赛唯一进球，最终皇马1比0战胜拜仁，占得晋级先机。

3天后，2014年4月27日，西甲联赛第35轮，皇马对阵奥萨苏纳的比赛在伯纳乌上演，C罗继续首发出战，比赛第六分钟，C罗一脚远射，好似掌中一把涯角枪，直刺咽喉。C罗百步穿杨，一记电梯球，球直挂网窝，皇马1比0领先。这是C罗在伯纳乌球场为皇马打进的第100个进球。下半场第52分钟，C罗左侧接伊斯科传球，横向盘带之后右脚重炮轰门，又是一记世界波，直挂球门死角，那真是：团团如瑞雪，滚滚赛愁云，飞凤单展翅，鲤鱼跳龙门，一路分两路，四路八路分，变化七十二，见球不见人。此役，C罗梅开二度，连续4个赛季联赛进球超过30个。

最终，皇马4比0大胜奥萨苏纳，反超巴萨1分，位列西甲联赛积分榜第二位。

2014年4月30日，欧冠半决赛第二回合，拜仁主场对阵皇马，这场比赛赛前，人们看好拜仁取胜，毕竟皇马此前从没有在安联球场战胜过拜仁，而且当时拜仁已经在德甲夺冠，他们的精力全部集中在欧冠。这场比赛，瓜迪奥拉显得非常自信，在阵形中，选择了之前几乎没有使用过的4-2-4，这可以增加拜仁的攻击力，但在中场方面，有一定的防守真空，而这正是C罗所喜欢的。本场比赛，皇马将士们战意十足，每一个球员心里都清楚，两年前，正是拜仁通过点球大战，将他们挡在欧冠决赛外，所以皇马球员希望能够一雪前耻。

这场比赛，拉莫斯和C罗两人闪耀全场。虽然拜仁主场作战，但是皇马踢得非常主动，比赛第16分钟，莫德里奇开出角球，拜仁的球员只注意盯防C罗，却忽略了拉莫斯的存在。螳螂捕蝉，黄雀在后，拉莫斯来了个穿云纵，头槌破门，皇马1比0领先。仅仅过去4分钟，拉莫斯又来了。迪马利亚开出任意球，佩佩前点头球摆渡，拉莫斯冲顶破门，梅开二度，皇马2比0领先拜仁。这个时候，拜仁球员的心态发生了很大变化。第34分钟，皇马打出反击，本泽马传给中路的贝尔，贝尔长驱直入，然后将球分给左侧无人看防的C罗，C罗轻松将球打进，皇马3比0。这是BBC组合一次精妙的配合，而进球后的C罗非常兴奋，他先是张开两只手，然后又单独把右手张开，相当于15根手指，象征着他在2013/2014赛季欧冠联赛中打进了15球。在比赛第90分钟，皇马又获得任意球机会，C罗站在球前，拜仁球员如临大敌，都知道C罗的电梯球非常厉害。就见C罗，助跑，打门！打门一瞬间，拜仁人墙齐刷刷地跳起，他们都以为这球C罗一定会打电梯球，但出乎他们的意料，C罗竟然没走上三路，而是选择贴地斩，一脚低射，球从拜仁跳起的球员脚下钻过，一击致命！这个进球是C罗代表皇马打进的第250球，同时，C罗也以16球创造了欧冠单赛季的进球纪录。最终，皇马4比0战胜拜仁，两回合总比分5比0晋级欧冠决赛，对手是同样来自马德里的马德里竞技。

欧冠决赛开始前，C罗代表皇马参加了多场西甲联赛，2014年5月5日，西甲联赛第36轮，皇马对阵瓦伦西亚。这场比赛，瓦伦西亚率先破门，之后，迪马利亚右路斜传，C罗头球摆到中路，拉莫斯近距离头球破门，扳平比分。不过5分钟之后，皇马前球员帕雷霍的进球帮助瓦伦西亚再一次领先。随着时间推移，皇马的局面越来越不利，正当大家以为这场比赛皇马就要交待之时，C罗站了出来。比赛伤停补时第2分钟，迪马利亚左路传中，禁区内，C罗迎着来球，扭着身子，大腿向后一蹬，用脚后跟直接把球踹进球门，好一记风神腿！此真是：风入松间雷不动，神元气足丹田雄。怒沉万脉思照冷，号啸长天贯奇逢。最终，皇马2比2战平瓦伦西亚，少赛一轮的情况下落后榜首的马德里竞技5分。

仅仅休息3天，2014年5月8日，皇马又进行了西甲第34轮的补赛，客场对阵巴拉多利德，这场比赛，C罗依旧首发出场。开场第2分钟，在一次突破中，C罗和对方球员撞在一起，当时看起来这次冲撞并不严重，但之后C罗发现自己无法正常投入比赛。比赛第8分钟，他主动示意要求被换下，就这样，C罗仅仅踢了8分钟比赛就下场了。很多皇马球迷都非常担心C罗的伤情，毕竟还有半个月就是欧冠决赛了，千万不能有大碍。少了C罗的皇马没能在客场拿下对手，最终1比1战平巴拉多利德。

之后，皇马又0比2输给塞尔塔，C罗因膝伤缺阵。输掉这场比赛后，皇马彻底夺冠无望。2014年5月17日，西甲联赛最后一轮，皇马主场对阵西班牙人，这场比赛开始前，C罗被安切洛蒂安排到首发中，C罗希望通过比赛可以寻找一下状态，毕竟之前受伤缺阵了一段时间，而这场比赛一周之后又是欧冠决赛，他需要为欧冠决赛做最后的准备。然而，让人想不到的是，赛前热身，C罗突然感到腿部不适，所以和教练组协商后，C罗决定不冒险出场。这场比赛，皇马3比1战胜西班牙人。最终，2013/2014赛季西甲联赛皇马位列第三位，冠军则是马德里竞技。

一周之后的欧冠决赛，皇马对阵马竞，会有怎样的呈现呢？

第三十四回

C罗重返故土里斯本，皇马力压马竞拿欧冠

2014年5月17日，西甲联赛最后一轮皇马3比1战胜西班牙人，皇马获得了2013/2014赛季西甲联赛第三名。

这场比赛结束后，调整了一两天，皇马将士启程前往里斯本，入驻里斯本光明大道的蒂沃利酒店，备战对阵马竞的欧冠决赛。C罗对这里的一切再熟悉不过了，不过年少时，C罗住不起蒂沃利这样的豪华酒店，16岁时，他曾经住过距离蒂沃丽酒店300米远的唐若泽旅社。

来到里斯本参加欧冠决赛，C罗非常渴望能够获得欧冠冠军，而皇马已经12年没有染指过这项桂冠了，上一次皇马夺得欧冠还是2002年5月，当时齐达内一脚惊世骇俗的凌空打门载入史册，最终皇马战胜勒沃库森夺冠。

2014年5月24日，欧冠决赛皇马对阵马德里竞技，大战一触即发，整个光明球场，座无虚席，可谓扬尘拨土，倒树催林，阵阵声浪如虎啸，锣鼓喧天似龙吟。伴着加油呐喊声，皇马和马竞球员步入球场，C罗的面色十分冷峻，眼睛显得格外坚定。

这场比赛，双方踢得非常激烈，开场9分钟，迭戈·科斯塔就受伤下场了，而且马竞整体阵形回收得非常深，这让C罗没有获得特别多的机会。率先进球的是马竞，比赛第36分钟，戈丁头槌破门。此后，皇马展开了猛烈的攻势，但都被马竞的钢铁防守所化解，常规时间90分钟战罢，皇马仍旧0比1落后。正当大家都以为这场比赛马竞要赢球的时候，奇迹在第93分钟发生了。莫德里奇开出角球，拉莫斯一记头槌，真好似东海卷起万顷浪，南山扳倒摩天峰，球弹地之后钻入网内，1比1，皇马将比分扳平。这个进球，把皇马从悬崖边上拉了回来，也让胜利的天平开始往皇马倾斜。马竞球员在常规时间消耗了太多的体能和精力，这个丢球，导致他们的心态发生了微妙变化。

加时赛开始后，马竞明显有些力不从心。比赛第108分钟，迪马利亚左路连续盘带晃过三人，一脚低射，虽然库尔图瓦伸出一脚将球挡出，但是后排插上的贝尔，好似齐天大圣孙悟空，轻轻一跃，脚踩筋斗云，手举金箍棒，那是铁棒赛飞龙，神锋如舞凤，一记头槌破网，皇马2比1反超比分。贝尔的进球彻底改变了场上形势，马竞的心理防线彻底被击垮了。在第118分钟，马塞洛一脚低射再进一球，3比1。在最后时刻，C罗突入禁区造成戈丁犯规，获得点球，C罗一蹴而就，将比分锁定在4比1。进球之后的C罗非常兴奋，疯狂地脱掉上衣，张开手臂，秀出了满身肌肉。他眼含热泪，像绿巨人一般嘶吼，镜头记录下了这一经典庆祝动作，而这个动作也收录在C罗个人传记电影中。C罗凭借这个进球创造了欧冠单赛季的进球纪录，一共17球，同时，他在欧冠的总进球数达到了68个，距离劳尔的71球只差3个。

皇马时隔12年再度获得欧冠冠军，这是皇马的第十座欧冠冠军奖杯，C罗带领皇马夺得了这一荣誉，这也是C罗职业生涯的第二个欧冠冠军，上一次是2008年5月21日，当时C罗身着红色的曼联战袍，在莫斯科卢日尼基球场举起了冠军奖杯，而这一次则是白色的皇马战袍。这次夺冠，对C罗来说意义更加不同。这次欧冠决赛是在里斯本光明球场进行的，这座城市见证了C罗的成长，而且在2004年欧洲杯决赛中，正是在光明球场，葡萄牙饮恨输给希腊，没能拿到欧洲杯冠军，赛后，C罗泪流满面。不过10年后，还是在光明球场，C罗证明了自己，率领皇马夺得了欧冠冠军，从10年前初出茅庐的新人到10年后皇马的绝对核心，C罗成长了太多。对于C罗来说，决赛踢进点球后嘶吼着疯狂庆祝，不仅仅代表着胜利，更是一种压力的宣泄。这就是C罗，在他身上，总能看到不断突破自我极限，以及对胜利和荣誉的饥渴感，这种精神感染着每一个人。

纵观C罗整个赛季在欧冠中的表现，真可谓神佛难挡。C罗的进球就好像霸王盘龙戟一样犀利锋刃，有道是：能工巧匠费经营，老君炉里炼成兵。造就一杆盘龙戟，定国安邦数英雄。黄幡展三军害怕，豹尾动战将心惊。冲行营犹如大蟒，踏帐寨胜过飙风。只闻鬼哭又狼嚎，多少儿郎丧残生。全凭此宝安天下，画戟长幡定太平！

第三十五回

C罗尽显领袖气质，葡萄牙再战世界杯

2014年5月24日，欧冠决赛皇马4比1战胜马竞，时隔12年再度捧得欧冠冠军奖杯，这是皇马的欧冠第十冠。C罗也创造了欧冠单赛季的进球纪录——17球。这场比赛赛后，C罗径直走到皇马球迷看台，邀请一位男球迷进场，将球衣塞给了他，两人紧紧地拥抱在一起。当时，很多球迷都通过直播目睹了这一幕，不免心生疑惑：C罗为什么要这么做？这个男球迷是谁？他和C罗到底是什么关系？

书中暗表，这个幸运的球迷叫阿尔伯特·范特劳。小时候，范特劳和C罗曾经是梯队队友，当时，葡萄牙体育曾经前往C罗所在青训梯队挑选足球苗子，但只选一个小球员，就是比赛进球最多的那个。当时，C罗和阿尔伯特·范特劳所在的球队3比0击败了对手，其中，C罗梅开二度，范特劳打进一球。其实，范特劳完全有机会打进两球，比赛最后阶段，范特劳获得单刀机会，他非常冷静，用脚一扣，将门将扣过。此时已经是空门，范特劳要做的就是轻轻推射，球必然进网，但他并没有这么做，而是无私地将球横敲给C罗，C罗将球打进，上演了梅开二度，并成为比赛进球最多的球员，就这样，C罗被葡萄牙体育挑中。赛后，C罗问范特劳："你为什么这么做？"范特劳回答道："原因很简单，因为你比我强。"

关于这件事，有媒体记者专门前往范特劳的家采访过他，询问此事真伪，范特劳说是真的，记者又问他："你现在还踢球吗？"他说："没有，自从那场比赛后，我就没再踢球了，现在也没有工作。"记者听后非常吃惊，问他："但你家看起来很漂亮啊，房子这么大，还有这么好的车，而且家人也需要养，这都是哪里来的？"范特劳自豪地说道："这都是C罗给的！"这就是C罗，一个懂得感恩的人，帮助他的人，他都会铭记在心。所以在欧冠决赛后，C罗会将自己的球衣送给范特劳。当然，C罗也没有忘记队友和教练，欧冠夺冠后，C罗在意大利给每个皇马队员和教练买了一块宝格丽手表，并且把球员名字和第十冠的西班牙语刻在上面，每块手表价值8000欧元。

再说回来，欧冠决赛中，C罗虽然表现不错，但他一直都是带伤出战，左膝髌腱炎一直没有好利索。皇马队医一直劝说C罗，赛季结束一定要好好休息，不能再带伤出战了，但C罗没有听从建议，因为接下来还有对他和葡萄牙非常重要的2014年巴西世界杯，他不想错过这项举世瞩目的赛事。

在葡萄牙著名理疗师加斯帕尔带领下，C罗每天都做着康复练习，C罗的伤情一直牵动着葡萄牙教练、队员和球迷的心，大家都盼望那个健康的C罗能够回归。然而事实上，这非常难。

为了能打欧冠和收官阶段的联赛，C罗一直强忍着疼痛在作战，这加重了髌腱炎伤情，要知道，"外星人"罗纳尔多就是因为这个伤病才无法坚持比赛，选择退役挂靴。如果没有及时根治，髌腱炎可能会转为慢性炎症，这将更加麻烦。此外，做手术也不是明智的选择，因为手术成功的概率只有10%，成功率太低了，运动员们不敢冒这个险。一旦患有髌腱炎，球员每次发力射门都会伴随巨大的疼痛，从而影响技术动作。在这种情况下，C罗还依旧参加世界杯，真的冒了非常大的风险，可以说是下了一个赌注，一旦炎症加重，后果不堪设想。为了葡萄牙国家队，为了心中的梦想，C罗再一次踏上了战场。

C罗表面看起来云淡风轻，在接受媒体采访时也说道："我的身体已经没有不适。"事实上，C罗的髌腱炎依旧存在，只是有所好转，过度劳累依旧会痛，但他不希望外界担心，他希望给球队注入更多的信心和力量，这就是精神领袖。C罗在发布会曾经说过这样一段话："我希望完全不带伤痛去比赛，但这是不可能的。自我踢球以来，我已经想不起来哪场比赛是完全不带着伤痛去踢的，这就是球员生涯的一部分。"C罗已经将伤痛视为一种习惯，将伤痛化为身体的一部分，这就是真正的勇士和战士。

2014年6月，巴西世界杯小组赛第一场葡萄牙对阵德国，C罗首发出场，但能明显看出C罗受到了伤病影响，他的动作不是很自然流畅。不过C罗依旧满场飞奔，最终，德国4比0大胜葡萄牙。这意味着第二场小组赛对阵美国，对于葡萄牙来说非常关键。对阵美国，C罗有着怎样的表现呢？

第三十六回

拖病体回天乏术，葡萄牙饮恨巴西

2014年6月巴西世界杯，葡萄牙小组赛第一场比赛0比4不敌德国，C罗因为伤病影响，在场上表现并不是很自如，第二场小组赛，对阵美国，对葡萄牙来说就显得尤为关键。

这场比赛，葡萄牙队取得了梦幻开局，第5分钟，纳尼破门，葡萄牙1比0领先，随后，葡萄牙前锋波斯蒂加受伤不能坚持，被埃德尔换下，这个意外，让葡萄牙队的进攻端受到了一定影响。美国队开始起势，下半场，美国队的琼斯和邓普西连入两球，将比分反超，葡萄牙队已经站在了悬崖边缘，以这个比分结束，葡萄牙将被淘汰。

此时，比赛时间已经所剩无几，葡萄牙球迷感到了绝望。就在伤停补时第5分钟，C罗站了出来，他在右边路起脚传中，球划出了美妙的弧线，准确送到了禁区中路，瓦雷拉后排插上鱼跃头球破门，2比2，C罗的助攻，让葡萄牙队最后时刻起死回生。葡萄牙队还有机会从小组出线，不过主动权已经不在自己手里，因为葡萄牙前两场只拿到1分，最后一轮对阵加纳，就算葡萄牙战胜加纳，也要看同小组德国和美国的战绩，所以非常困难。

加纳这届世界杯很奇葩，赛前因为出场费等问题引发了球员罢训，无奈之下，加纳足协出动了总统专机将300万美元现金从国内紧急运到巴西，这才解了燃眉之急。不过，加纳队的博阿滕因为对教练出言不逊以及蒙塔里无端攻击加纳足协工作人员，被踢出国家队。与葡萄牙赛前，加纳队自损两员大将，导致实力大打折扣。

这场比赛，加纳队的博耶自摆乌龙，之后吉安将比分扳平。比赛第80分钟，C罗禁区内左脚劲射破门，C罗成为首位连续三届世界杯都破门的葡萄牙人，此外，C罗连续六届大赛（世界杯和欧洲杯）都完成了破门，此前只有克林斯曼完成了这一壮举。最终，葡萄牙2比1战胜加纳，赛后C罗获得了最佳球员。然而葡萄牙因为净胜球比美国少，遗憾从世界杯出局。

这届世界杯，C罗拼尽了全力，特别是在自己左膝受伤，队医们都劝他休息之时，他坚持选择为国出战。C罗之后曾说："我这是拿我在皇家马德里和葡萄牙国家队的未来做赌注。"这就是C罗，面对再大的苦难，他也选择咬牙坚持。此外，这次世界杯上，C罗特别留了一个刀疤发型，之所以剪了这个发型，也有特别的意义。C罗帮助了一位脑部畸形的小患者，他的头部在手术中留下了疤痕，于是，C罗就在自己的头发上留下了与孩子一样的疤痕，来鼓励这个孩子，可以说，C罗真的非常有爱心。

巴西世界杯结束后，C罗开始安心治疗左腿膝盖，像拜仁队医沃尔法特、治疗过纳达尔髌腱炎的医生桑切斯，还有门德斯的御用医生诺罗尼亚等都曾经给C罗的膝盖做过诊断，C罗也尝试了很多疗法，其中还包括臭氧疗法。

再说皇家马德里俱乐部，2014年夏天，皇马在转会窗口变化很大，引进了2014年世界杯金靴J罗以及克罗斯、纳瓦斯等球星，沙欣回到多特，莫拉塔加盟尤文图斯，阿隆索来到拜仁，迪马利亚则转会曼联。

其中，迪马利亚转会曼联引起了极大的关注。从C罗角度来说，他特别希望迪马利亚留下，两人私交甚笃，在球场中，迪马利亚总能给C罗送出精妙传球，与C罗共事的4年时间里，在正式比赛迪马利亚一共给C罗送出了22次助攻。其实，在2013年夏天，皇马主席弗洛伦蒂诺就曾想把迪马利亚卖掉，当时C罗据理力争，跟弗洛伦蒂诺强烈要求留下迪马利亚，因为当时C罗还没有完成续约，所以多少影响了弗洛伦蒂诺的决策，最终迪马利亚在皇马又留了1年，不过到了2014年，皇马还是决定将他卖走。

在2014年世界杯期间，还曾经发生过这样一个小故事。2014年世界杯四分之一决赛阿根廷对阵比利时，迪马利亚拉伤了大腿，伤情不允许他出场，但他一直憧憬登上世界杯决赛舞台，想带伤出战。就在这时，皇马给他寄了一封信，大致内容是不希望迪马利亚带伤出战。迪马利亚当时已经知道皇马准备将他出售，他直接将信撕掉了，迪马利亚哭着找到阿根廷时任主教练萨维利亚，表达了出战的意愿。但出于对迪马利亚的保护，萨维利亚没有让迪马利亚出场，最终阿根廷没能拿到世界杯冠军，迪马利亚一直对没能出战世界杯决赛而感到遗憾。

2014年夏天迪马利亚离开了皇马，离别时，他发表了一封公开信，表达了对C罗的感谢。他说："C罗是我最亲密的朋友，我和他有着伟大的友谊。感谢C罗，我才继续在皇马又待了一个赛季。"迪马利亚还曾谈到C罗对他的鼓舞，2014年欧冠决赛，皇马一直落后马竞，在第88分钟左右，迪马利亚垂下了头，似乎觉得已经没了希望，这时，C罗对他说："时间还有，相信我，还有机会扳平。"正是C罗一直以来给予的精神力量，让迪马利亚不断前进。

在2014年8月皇马对阵佛罗伦萨的热身赛中，迪马利亚给C罗送出了最后一次助攻，之后，他就离开了皇马，转会到了曼联。

第三十七回

全新赛季伤愈归来，C罗爵爷师徒情深

2014年巴西世界杯之后，C罗获得了难得的休整时间。一开始，队医们都认为，C罗赶不上2014年8月12日进行的欧洲超级杯，但出人意料的是，C罗的康复速度快得惊人。赛季开始前在美国举办的国际冠军杯皇马对阵曼联的比赛，C罗替补登场伤愈归来。当时，安切洛蒂为了让C罗提前感受一下比赛节奏，给了他15分钟的出场时间。

书说简短，2014年8月12日欧洲超级杯，欧冠冠军皇马对阵欧联杯冠军塞维利亚，比赛在威尔士加的夫进行。这场比赛，C罗表现非常抢眼。比赛第30分钟，贝尔左路得球，一记斜长传吊到禁区后点，C罗高速插上，塞维利亚的后防球员完全没想到，C罗那么快。C罗就像幽灵一般突然出现在小禁区附近，一记滑铲，真可谓：扬尘拨土呼嚎，搅海翻江山倒，催云卷雾岂相饶，无影无形真巧！C罗铲射破门，打进伤愈复出之后的第一球。

此后，皇马的进攻一浪高过一浪，塞维利亚只能疲于防守，在新援克罗斯和J罗的串联下，皇马的攻势非常有层次。下半场第54分钟，C罗又来了，中路本泽马分球，C罗拿球后紧接着左脚一脚劲射！势大力沉！真可谓：力打泰山千钧力，穿身取肋敌命亡。门将虽然扑到球，但没能阻止入网，C罗上演了梅开二度，欧战进球来到了70个，和因扎吉并列欧战总射手榜第二位。最终，皇马2比0战胜塞维利亚，夺得了2014年欧洲超级杯冠军，这也是皇马历史第二次夺得该项赛事的冠军。赛后，C罗获评赛事最佳球员。颁奖典礼上，队长卡西利亚斯高高举起欧洲超级杯的冠军奖杯，所有皇马球员们脖子上挂着金牌，沉浸在欢乐的海洋之中。

庆祝完后，C罗走下领奖台，突然，耳边传来熟悉的声音："克里斯蒂亚诺。"C罗抬眼一瞧，竟然是昔日恩师弗格森爵士。C罗又惊又喜，赶忙上前拥抱了恩师，两人握手热情寒暄了几句。而之后，弗格森又在新闻发布会上亲自为C罗颁发了欧洲超级杯最佳球员的奖杯，C罗在接过奖杯时，面带羞涩，平常在球场中霸气的C罗，这一刻好似是邻家男孩，在弗格森面前C罗永远是孩子，两人的感情远超普通的师徒情。看到这一幕，也让人感叹时光飞逝。而欧洲超级杯举办的时间，2014年8月12日，对弗格森和C罗来说也是一个极具纪念意义的日子。因为在整整11年前，2003年8月12日，时任曼联主教练弗格森从葡萄牙体育签下了年仅18岁的C罗。整整11年之后，C罗成长为世界级球星。当然，这离不开弗格森教练的慧眼识珠和培养提携。赛后，弗格森一如既往地夸赞C罗，他说道："这是一场球星云集的比赛，成为世界最佳很难，但克里斯蒂亚诺让一切变得简单。"C罗也感谢了弗格森。"这个奖对我来说意义非凡，我要感谢弗爵爷在曼联教会我的一切。"C罗还说道，"我加盟曼联时只有18岁，弗格森就像是我的父亲，在足球上给了我很多机会，我记得很清楚，起初我想穿28号球衣，但是弗格森让我穿7号球衣，这给了我很大压力。但他告诉我，我配得上这件战袍。他教会我如何成为一个优秀的球员、一个好人。"言谈之间都显示出，C罗对弗格森的感恩之情和敬重之意。

咱们再说回来，在欧洲超级杯结束之后，皇马下一项赛事是两回合的西班牙超级杯比赛，上赛季西甲冠军马竞对阵国王杯冠军皇马。2014年8月19日，两支球队首回合较量在伯纳乌展开，赛前两队为去世的迪斯蒂法诺默哀。此外，网球明星纳达尔也来到现场观战，不过这场比赛，C罗只踢了半场，因为左腿不适，下半场被J罗换下。最终皇马与马竞首回合战成了1比1平，为皇马进球的是J罗，这个进球是他代表皇马打进的处子球。

2014年8月23日，双方第二回合在马竞主场展开争夺，安切洛蒂保险起见，没有让C罗首发，开场刚刚81秒，马竞中锋曼朱基奇就完成了破门，这是他代表马竞的处子球。之后，双方陷入了胶着状态，下半场，安帅安排C罗替补上阵，不过，C罗获得的机会不多。最终皇马0比1落败，两回合1比2不敌马竞，没能拿到西班牙超级杯冠军。

两天之后，2014年8月25日，西甲联赛第一轮就开始了，皇马主场对阵科尔多瓦，本泽马率先破门，比赛最后时刻，C罗一记远射，中间有个弹地，干扰了门将的判断，球应声入网！C罗打进新赛季西甲联赛第一球，最终皇马2比0战胜科尔多瓦，取得开门红。

不过西甲第一轮过后，C罗的膝伤又开始反复。西甲第二轮对阵皇家社会，C罗缺席，皇马2比4不敌对手。

第三十八回

反重力头球破门技惊四座，C罗率“银河战舰”愈战愈勇

2014/2015赛季西甲联赛第三轮皇马对阵马竞，C罗伤愈复出。这场比赛，C罗创造一个点球并亲自将点球罚进，不过球队还是1比2输给了马竞。前三轮西甲过后，皇马只取得了一场比赛的胜利，球队士气受到了很大的影响。

2014年9月17日进行的欧冠联赛，皇马主场对阵巴塞尔，这场比赛皇马一扫阴霾，5比1大胜对手，C罗打进一球。凭借这场大胜，皇马再接再厉。2014年9月21日西甲第四轮，客战拉科鲁尼亚的比赛中，皇马一口气打进8球，8比2血洗对手。其中C罗上演了帽子戏法，夺人眼球，特别是第28分钟那记逆天头球让人惊叹。在点球点附近，C罗纵身一跃，最高点距离地面的高度达到了2.6米，比球门横梁还要高出0.16米。C罗身高1.85米，起跳后的腾空高度达到了0.75米，这个数据只有个别NBA球星才能超过。此外，C罗头球时距离球门的位置达到了11.4米，这么远的距离还能

将球顶入网内，可以看出C罗本人的腰腹力量是多么惊人，可谓是反重力式头球破门。

接下来，C罗越战越勇，2014年9月25日，西甲联赛第五轮，皇马5比1大胜埃尔切，C罗上演了大四喜。这场比赛一开始，C罗解围时不慎踢到埃尔切球员莫斯克拉腿部，被判点球。埃尔切队长阿尔瓦卡尔主罚点球破门，不过5分钟之后，贝尔就扳平了比分。此后，就进入了C罗时间。第27分钟，马塞洛创造点球，C罗一蹴而就；第32分钟，马塞洛左路传中，C罗冲顶破门；第80分钟，C罗创造点球，再次罚中；第92分钟，C罗中路低射破门。这是C罗西甲生涯第3次上演大四喜，队史上仅次于西甲4次大四喜的迪斯蒂法诺。C罗两轮比赛打进7球，西甲生涯斩获186球，超越184球的比利亚，排名历史第11位。

2014年9月29日，西甲第6轮，皇马客战比利亚雷亚尔。莫德里奇先拔头筹，之后本泽马回敲，禁区内，C罗跟进直接打门，球应声入网。最终皇马2比0战胜比利亚雷亚尔。

10月，首先迎接皇马的是欧冠联赛，客战卢多戈雷茨。皇马开场6分钟先丢一球，但他们很快就重整旗鼓，发起一波又一波的进攻。比赛第10分钟，皇马获得点球机会，C罗选择半高球打向球门左侧，没想到被卢多戈雷茨门将斯托亚诺夫神勇化解。仅仅过去3分钟，C罗又在禁区内接队友传球，一脚打门，球应声入网，但边裁举旗示意越位在先进球无效。通过回放可以清晰地看到，C罗并没有越位，这是一个误判。之后，皇马继续加强进攻，比赛第25分钟，C罗创造了一个点球，他再次面对卢多戈雷茨门将斯托亚诺夫。这次，C罗依旧选择打向球门左侧，不过不是半高球，而是一次低射。斯托亚诺夫再次扑对方向，但C罗的球速极快，球进入网内，1比1，C罗扳平比分。之后，双方开始了拉锯战，都获得了一些良机。这场比赛不得不夸赞一下卢多戈雷茨门将斯托亚诺夫，要不是他高接低挡如有神助，皇马可能早就将比分再次改写了。比赛77分钟，马塞洛左路传中，本泽马完成了致命一击，最终，皇马2比1在客场小胜卢多戈雷茨，获得了欧冠赛场的胜利。

4天之后的西甲联赛第7轮，皇马在主场对阵毕尔巴鄂竞技。这场比赛开始之前，双方球员都穿着白色T恤衫，上面印着一个年轻人的头像和他的名字。这是为了帮助一个家庭寻找失踪了一年半的23岁小伙子，希望以这种方式找到他。

这场比赛开场仅仅2分钟，皇马就取得领先。贝尔传球，C罗头球破门，1比0！C罗连续7场比赛都有进球，5场联赛，2场欧冠，而在主场伯纳乌，C罗更是连续14场比赛都有进球。他也成了西甲历史上第三位在主场连续14场比赛都有进球的球员。之后，本泽马扩大比分，皇马2比0。比赛第55分钟，又是贝尔的助攻，C罗再下一城，两人又一次完成了连线。之后，C罗助攻本泽马得分，皇马4比0。比赛88分钟，禁区内混战，C罗一脚捅射破门，上演了帽子戏法。近4场比赛，C罗三次上演帽子戏法，这个效率实在恐怖，而C罗西甲赛场上演了22次帽子戏法，这也追平了迪斯蒂法诺和萨拉的纪录。

这场比赛结束后，便是国家队比赛日，C罗跟随葡萄牙国家队准备征战欧洲杯预选赛，在欧预赛之前，葡萄牙首先进行一场友谊赛，对手是法国队。这也是葡萄牙新帅费尔南多·桑托斯执教葡萄牙的首秀。因为上个月，在与阿尔巴尼亚的欧预赛中，葡萄牙0比1爆冷输球，主教练本托被解雇，那场比赛C罗也因伤缺阵。面对法国，C罗再次回归，他也将直接跟俱乐部队友本泽马和瓦拉内对话，这场比赛会有怎样的呈现呢?

第三十九回

桑托斯首秀惜败法国，皇马破巴萨不败金身

2014年10月12日，葡萄牙对阵法国的友谊赛一触即发。这场比赛是葡萄牙新帅费尔南多·桑托斯的执教首秀。面对法国，C罗将直接跟俱乐部队友本泽马和瓦拉内对话。然而这场比赛，C罗并不走运，几次射门都被法国门将曼丹达化解。此外，俱乐部队友瓦拉内也很好地限制住了C罗，比赛第75分钟，C罗被换下。他被换下不久，葡萄牙就获得了点球，夸雷斯马将球打进，而法国队这边，本泽马和博格巴破门，最终法国2比1战胜葡萄牙。

葡萄牙主帅桑托斯执教首秀没能取得开门红。简单调整几天后，葡萄牙迎来了2016年欧洲杯预选赛客战丹麦的比赛。此前，葡萄牙还没有在欧预赛中拿分，这场比赛尤为关键。赛前，双方气氛非常友好。合影时，C罗还将胳膊搭在了丹麦门将小舒梅切尔的肩上，但随着比赛进行，葡萄牙队越发着急，因为几次有威胁的进攻全被小舒梅切尔神勇化解，特别是下半场，C罗一次单刀机会，也被挡出。此时，C罗的脸上也流露出焦急之情。比赛进入伤停补时，大家都觉得这场比赛将以平局告终，

但就在这时，C罗再一次挺身而出，第95分钟，若昂·马里奥右路传中，C罗禁区内高高跃起，一记头球！单钩探海虎摇尾，犀牛望月秋风扫！球进入网内！绝杀！所有葡萄牙球员都奔向C罗，一同庆祝着。就这样，葡萄牙1比0险胜丹麦，获得了2016年欧预赛的第一场比赛胜利。

三天后，C罗马不停蹄征战西甲联赛第8轮，皇马客场挑战莱万特。本场比赛，C罗先是点球破门。之后下半场，C罗连续盘带晃过两人，打远角得手，上演梅开二度。西甲联赛前8轮，C罗打进15球，打破了1943年埃切瓦里亚14球的西甲纪录。最终，皇马在客场5比0大胜莱万特。

4天之后，皇马迎来了2014/2015赛季欧冠联赛小组赛第三轮比赛，客战红军利物浦。这场比赛之前，皇马和利物浦共有三次交手，“银河战舰”全部败北，特别是2008/2009赛季欧冠八分之一决赛，两回合，皇马丢了5个球，被红军横扫出局。

这场比赛，皇马将士们都憋着一股劲。比赛第23分钟，皇马打破僵局，C罗在中路将球分给J罗。J罗顺势用脚一搓，将球传到禁区。洛夫伦想倒钩解围，并没有踢到球。C罗趁势直接捅射，游龙一掷！球应声入网！1比0。C罗连续10场俱乐部比赛破门，同时也是职业生涯首次攻破安菲尔德球场的大门。另外，C罗的欧冠进球总数已经达到70球，距离欧冠历史射手王劳尔的71球纪录只差1球。之后，本泽马梅开二度，最终，皇马3比0战胜利物浦。欧冠小组赛3战全胜积9分距离出线近在咫尺。

欧冠过后，马上上演国家德比，西甲联赛第9轮，皇马在主场对阵巴萨。这场比赛率先进球的是巴萨，内马尔低射破网。之后，皇马获得点球机会，C罗将球打进。这粒进球是C罗那个赛季第16粒联赛进球，也是巴萨2014/2015赛季联赛的首粒失球。下半场比赛，佩佩、本泽马连进两球。最终，皇马3比1击败巴萨跃居联赛第二名，他们与巴萨的差距缩小至1分，而本场比赛输球后，巴萨的联赛不败金身告破。

国家德比之后没多久，2014年10月28日，西甲联盟颁发了2013/2014赛季西甲联赛各项最佳，其中，C罗获得了三个奖项：最佳进球奖、最佳前锋以及最有价值球员。C罗可谓实至名归，作为2013/2014赛季西甲联赛金靴奖得主，C罗联赛中打进31球，与英超金靴得主苏亚雷斯共享欧洲金靴奖的荣誉。值得一提的是，C罗打入这31球只用了30场比赛，场均进球数高达1.03个，效率极高。

带着三项荣誉，2014年11月2日，C罗迎来了西甲联赛的下一个对手格拉纳达，这是C罗职业生涯的第700场比赛，开场仅仅99秒，C罗就完成了闪电破门，这是他2014年打进的第50个正式比赛进球。之后，C罗又两次助攻队友得分，最终，皇马4比0战胜格拉纳达，皇马豪取正式比赛十一连胜。C罗带领着“银河战舰”可谓势不可当。

第四十回

双骄决战英伦岛，C罗重返梦剧场

2014年11月5日，皇马迎来了欧冠小组赛第四轮比赛，主场对阵利物浦。这场比赛，C罗第262次代表皇马出战，追平了普斯卡什的场次，不过遗憾的是，这场比赛C罗并没有取得进球，未能在本轮比赛追平劳尔71球的欧冠进球纪录。这场比赛，本泽马打进全场比赛唯一进球，最终，皇马1比0小胜红军利物浦，提前两轮欧冠小组出线。

很快，2014年11月8日，西甲联赛第11轮开战，皇马在主场对阵巴列卡诺。赛前，C罗在伯纳乌球场展示了自己2013/2014赛季的欧洲金靴奖奖杯。

这场比赛，C罗状态确实出色。第56分钟，C罗在右路得球后，连续摆脱。在防守球员的干扰下，C罗失去了对球的控制，但最后一刹那，他还是将球捅到禁区之外。队友克罗斯用脚一兜，一记贴地斩，这球角度极为刁钻，门将丝毫没有办法，球应声入网。这个进球是克罗斯在皇马的处子球。第59分钟皇马再进一球，佩佩后场插上分球给C罗，后者右路横扫门前。本泽马近距离脚后跟巧射得手，C罗完成了助攻梅开二度。比赛第83分钟，C罗终于取得进球。C罗得球后，快速杀到禁区，右脚直接打门，球从门将双腿间穿过滚进球门。这是C罗本赛季西甲联赛第18球，连续10场西甲联赛完成破门。再加上贝尔和拉莫斯的进球，最终皇马5比1大胜巴列卡诺。值得一提的是，本场比赛，拉莫斯的进球是西甲历史第66666球。

这轮西甲联赛结束后，接下来是国家队比赛日。2014年11月15日，葡萄牙迎来2016年欧洲杯预选赛又一个对手亚美尼亚。C罗打进全场比赛唯一进球。第72分钟，葡萄牙队边路误打误撞打出配合，夸雷斯马小角度射门，被门将别列佐夫斯基勉强扑出，纳尼机敏断球传到门前，C罗近距离右脚射门得分，最终葡萄牙1比0战胜亚美尼亚。在C罗诸多进球中，此球虽然算不上精彩，但具有标志性意义。C罗在欧洲杯正赛和预选赛的总进球数达到23个，升至历史第一。C罗在欧洲杯第一个进球来自2004欧洲杯正赛A组首轮，东道主葡萄牙1比2负于希腊，年仅19岁的他在下半时替补出场，在伤停补时阶段为球队攻入挽回颜面的进球。

2016年欧洲杯预选赛首轮，C罗因伤缺席，葡萄牙主场爆冷0比1负于阿尔巴尼亚。1个月前的预选赛第2轮，葡萄牙在客场1比0力克丹麦，在全场比赛伤停补时第5分钟，C罗回头望月顶进全场唯一进球。葡萄牙在3轮预选赛只有两个进球，由C罗包办。

在对阵亚美尼亚比赛结束后，2014年11月19日，葡萄牙在老特拉福德球场迎来了一场重量级热身赛，对手阿根廷，C罗和梅西再次相遇，这是两人的第28次对决。葡萄牙在老特拉福德球场迎战阿根廷，这对于C罗而言相当于大半个主场。重返“梦剧场”，C罗获得了球迷的热烈欢迎。C罗说：“对我来说，能够重新回到老特拉福德是很特殊的。我希望葡萄牙能够表现出色。”这场比赛，C罗全场的唯一射门出现在第29分钟，在禁区内，C罗两个假动作晃晕比格利亚，可惜最终的射门高出横梁，这让老特拉福德的球迷纷纷叹息。在完成射门后不久，C罗被阿根廷中卫安萨门迪迎面放铲踢倒。每当C罗拿球时，老特拉福德球场欢呼一片，因为这毕竟是葡萄牙人从新星蜕变为世界足球先生的地方。有的拥趸更是在球场打出“欢迎国王C罗回家”的标语。由于是热身赛，出于保护球员的目的，C罗半场后即被换下，同样，梅西也在半场被换下，“绝代双骄”的对决只有45分钟。但葡萄牙与阿根廷的比赛依然很激烈。全场补时第1分钟葡萄牙上演绝杀，夸雷斯马禁区右侧传中，格雷罗小禁区前俯身头球破门。最终，葡萄牙凭借此球1比0击败阿根廷。阿根廷42年对阵葡萄牙的不败纪录被打破，葡萄牙取得三连胜。这场热身赛结束后，C罗和梅西重返俱乐部准备西甲第12轮联赛比赛。

第四十一回

安切洛蒂破纪录，BBC状态火热

2014年11月22日，西甲联赛第12轮开战，皇马客场挑战埃瓦尔。这场比赛，C罗表现非常出色，上半场先在底线附近助攻J罗头球破门。之后，卡瓦哈尔禁区内回传，这球传得稍微有些靠后，但C罗调整能力极强，用脚一勾，可谓神来之笔，球应声入网！之后，C罗又点球破门再下一城。最终，皇马客场4比0大胜埃瓦尔。

紧接着就是欧冠小组赛第五轮，皇马客战巴塞尔，比赛第35分钟，本泽马强突禁区左侧底线附近传中，C罗近距离推射空门入网，1比0，这是C罗欧冠联赛的第71个进球，追平了劳尔的纪录，同时，这个进球也是全场比赛唯一进球。皇马1比0战胜巴塞尔，欧冠小组赛5场全胜提前锁定头名。

西甲联赛第13轮，皇马客战马拉加。比赛第19分钟，皇马首开纪录。C罗禁区左侧踩单车连过两人送出横传，本泽马中路包抄左脚推射轻松得手，1比0。第83分钟，皇马扩大比分。马塞洛后场送出长传，C罗头球摆渡，贝尔高速奔跑后插上，禁区右肋左脚劲射得手，2比0，C罗完成助攻梅开二度。之后，马拉加扳回一球。皇马客场2比1战胜马拉加。皇家马德里在安切洛蒂带领下，各项赛事中斩获了十六连胜，打破穆尼奥斯和穆里尼奥共同保持的十五连胜队史最长纪录。

简单调整不到一周的时间，西甲第14轮开始，皇马在主场对阵塞尔塔。这场比赛，C罗制造点球后轻松将点球打进。第65分钟，皇马扩大比分。克罗斯传球交给C罗，两名塞尔塔球员解围失误，C罗禁区右侧12米处凌空抽射右下角入网，2比0，C罗梅开二度。第81分钟，贝尔传球，马塞洛禁区左侧传中远点，无人防守的C罗小禁区前扫射近角入网，3比0，C罗上演帽子戏法！战胜塞尔塔后，皇马各项赛事夺得十八连胜。

3天后，皇马再次来到欧冠赛场。这是欧冠小组赛最后一场比赛，皇马主场对阵保加利亚球队卢戈多雷茨。C罗先是点球破门，这是葡萄牙射手在欧冠正赛中的第72粒进球，超过了71球的劳尔。之后，贝尔、阿韦罗亚、梅德兰破门，皇马4比0大胜对手，欧冠小组赛6战全胜，以各项赛事十九连胜的成绩创造了西班牙足坛的最长连胜纪录。

2014年12月14日西甲第15轮，皇马客战阿尔梅里亚。第81分钟本泽马左路低传门前，C罗10米处右脚轻松推射破门，这是C罗本赛季西甲第24球，进球之后C罗亲吻本泽马，表示感谢。第89分钟卡瓦哈尔右路突入禁区回传，C罗11米处推射破门，这是C罗本年度第61球。再加上此前伊斯科和贝尔的进球，皇马客场4比1战胜阿尔梅里亚，以三线作战二十连胜的成绩刷新了西班牙足坛最长连胜纪录。

这场比赛之后，C罗提前派送给皇马队友们一份“圣诞礼物”——每人一块名表，感谢他们对自己的帮助。C罗送出的是宝格丽手表，价值6500英镑左右，表上刻有“CR7”字样，而“La Decima”则是为了纪念皇马夺取队史第十座欧冠冠军奖杯。皇马队友阿韦罗亚在个人社交媒体上展示了礼物，送出礼物的C罗在他身边也显得很开心。C罗此举和两年前德罗巴回切尔西“送礼”有些类似。“魔兽”在2012年年底回到切尔西，送给每名蓝军队友一枚钻戒，礼物总值超过80万英镑，钻戒正面镶有钻石和蓝宝石，侧面有每个切尔西球员的名字、头像、号码和生日，还有“切尔西VS拜仁”“4比3”以及欧冠冠军奖杯图案，来纪念切尔西问鼎2012年欧冠。

结束西甲第15轮比赛后，皇马全队飞抵摩洛哥参加世俱杯半决赛，对手是墨西哥劲旅蓝十字，凭借拉莫斯、本泽马、贝尔、伊斯科的进球，皇马4比0大胜中北美冠军墨西哥蓝十字，并追平了世俱杯单场净胜球纪录。这是“银河战舰”正式比赛的二十一连胜。这场比赛皇马的第3个进球由C罗、本泽马和贝尔组成的“BBC组合”联手打进。这场比赛赛后，皇马在官网展示了“BBC组合”的数据，三人共打进56球，还有25次助攻，数据极为恐怖。4天后，2014年12月21日，世俱杯决赛在摩洛哥马拉喀什球场进行，皇马对阵圣洛伦索。上半场，克罗斯角球助攻，拉莫斯头球破门。下半场，伊斯科助攻贝尔破门，最终皇马2比0击败圣洛伦索，各项比赛取得二十二连胜，这也是皇马2014年正式比赛的第51胜，打破了巴萨在2012年的49胜纪录。同时，这是皇马队史首度问鼎世俱杯，也是俱乐部2014年收获的第四座冠军奖杯。四座奖杯分别是西班牙国王杯、欧冠冠军、欧洲超级杯以及世俱杯奖杯。皇马拿下的这座世俱杯也让他们追平AC米兰，两队并列成为获得洲际冠军最多的球队，都为3次（2次丰田杯、1次世俱杯）。

第四十二回

皇马新年开局不利，四球败走卡尔德隆

2014年除了各项奖项外，皇马还各种刷数据、各种破纪录。全年63场比赛打入178球，超越了巴萨在2012年创造的175球纪录。C罗年度打入50粒进球。世俱杯中赢下圣洛伦索，皇马的各项赛事连胜达到了22场，进81球失10球，零封场次达到13场。可以说2014年，无论是皇马俱乐部，还是C罗本人都取得了非常梦幻的成绩，表现出色。因为参加世俱杯，再加上圣诞节，皇马与塞维利亚的西甲第16轮比赛推迟到2015年2月举行。这个圣诞假期，皇马将士们得到了难得的调整和休息。

圣诞节结束后，2014年12月31日，皇马前往迪拜参加第六届迪拜挑战杯，对手是AC米兰，这场热身性质的比赛，C罗打进一球，不过球队最终2比4输球。

转过年来，2015年1月4日，西甲联赛第17轮开战，皇马客场挑战瓦伦西亚，这是“银河战舰”2015年新年首场正式比赛。经历梦幻的2014年之后，C罗和皇马的2015年却用失利来开头。1比2，皇马败北，22场正式比赛连胜纪录被瓦伦西亚终结。这场比赛，C罗打进一粒点球。

2015年1月7日，2014/2015赛季西班牙国王杯八分之一决赛首回合的较量在卡尔德隆球场上演，马竞主场对阵皇马。上半场两队均未得分，下半场劳尔·加西亚点球打破僵局，希门内斯头球建功。最终马竞主场2比0完胜皇马，安切洛蒂的球队在2015年遭遇两连败，这是皇马球员和球迷始料未及的。

带着两场失利，2015年1月10日，西甲第18轮，皇马主场对阵西班牙人，这是2015年皇马第一次在伯纳乌球场亮相，凭借着J罗、贝尔和纳乔的进球，皇马3比0战胜西班牙人，遗憾的是，这场比赛C罗只有一次助攻，没有取得进球，连续17个西甲主场进球纪录戛然而止。

2015年1月15日，国王杯八分之一决赛第二回合，皇马主场对阵马竞，比赛第54分钟，马塞洛左翼直塞，贝尔下底传中，C罗中路插上头球冲顶破门，C罗攻入马德里德比战个人第15球，追平桑蒂利亚纳，并列队史第二，仅次于迪斯蒂法诺的17球。不过这场比赛的最终比分为2比2，皇马两回合总分2比4被淘汰。2015年一开始，对皇马和C罗来说是苦涩的。

2015年1月18日，西甲第19轮，皇马客场对阵赫塔菲，比赛第62分钟，本泽马禁区左侧底线处下底回传，C罗小禁区前推射破门，这是C罗西甲客场打进的第88球，超越劳尔的87球，成为皇马西甲历史上客场进球最多的球员。第79分钟，J罗左路传中，C罗6米处俯身头球冲顶破门，梅开二度。C罗本赛季西甲半程打进28球，追平2012/2013赛季梅西半程28球的西甲纪录。再加上贝尔的进球，皇马客场3比0战胜赫塔菲，少赛一轮依然成为西甲联赛半程冠军。

2015年1月24日，西甲第20轮，科尔多瓦对阵皇马，这场比赛，对C罗来说有着不好的回忆。比赛进行到第82分钟，C罗禁区内对科尔多瓦球员埃迪马尔实施报复性犯规，随后拳击克雷斯波，脚上也有动作。结果引发场上混乱，裁判直接红牌罚下C罗。这是C罗在皇马领到的第4张红牌。虽然球队核心不在，但最终皇马还是有惊无险地在客场2比1战胜科尔多瓦。不过因为这场比赛C罗拿到红牌，因此缺席了西甲第21轮皇马对阵皇家社会的比赛。

2015年2月7日西甲第22轮，皇马在客场再次遭遇马德里竞技，虽然C罗解禁复出，但球队的表现非常糟糕，被马竞连进4球，皇马以0比4的大比分输给了同城对手。这是皇马近161场联赛中首次以4球以上的分差惨败，上一次还是2010年年末0比5不敌巴萨。同样，这也是最近5年来，首次有西甲领头羊联赛中以4球差距落败。这场比赛也是西甲联赛中的马德里德比战第3次出现马竞4比0大胜。1985年4月和1987年11月，马竞两次在伯纳乌4球横扫皇马，在卡尔德隆球场则是首次4比0大胜同城死敌。赛后，皇马主教练安切洛蒂主动揽责：“这是我执教生涯无法忘记的一场失败，或许是我当上教练以来最糟糕的比赛，我会承担责任。我们要为这场失利反省，要改变态度，避免这样的情况再次发生。”对于皇马和C罗来说，接下来的西甲联赛不容有失，而且欧冠联赛的脚步越发近了。

第四十三回

皇马十连胜追平纪录，联赛惜败巴萨引众怒

2015年2月7日西甲联赛第22轮，皇家马德里在客场0比4惨败给马德里竞技。此时的皇马和C罗压力很大，接下来的西甲第23轮皇马主场对阵拉科鲁尼亚的比赛就显得尤为关键了。这场比赛上半场第13分钟，皇马制造威胁，C罗禁区边缘面对两人防守果断左脚劲射，球击中横梁弹回。不过很快，皇马就取得领先。第22分钟，贝尔右路传中，本泽马远点小角度传球滑门而过，C罗门线前错失良机，但阿韦罗亚底线前追上球回传，伊斯科禁区边缘内弧线球射远角入网。下半场第73分钟皇马扩大比分，阿韦罗亚传球，C罗及时捅球。本泽马门前11米处单刀挑射入网，最终皇马2比0战胜拉科鲁尼亚。带着一场西甲联赛胜利，周中，2015年2月19日，2014/2015赛季欧冠八分之一决赛首回合，皇马做客沙尔克球场对阵德甲沙尔克04。上半场第26分钟，卡瓦哈尔传中，C罗杀入禁区，像燕子般轻轻一跳，轻松头球破门，这是他的第76个欧冠进球。下半场第79分钟，C罗内切传球，马塞洛右脚抽射入右上死角，2比0，皇马豪取欧冠十连胜，追平拜仁保持的连胜纪录。

休息3天之后，皇马迎来了西甲联赛第24轮，客战埃尔切。这场比赛，C罗打进一球。第69分钟，伊斯科左路下底传中，C罗头球破门！这是他本赛季第38个进球，其中联赛打进29球。再加上本泽马的进球，皇马2比0客场取胜。之后，西甲联赛第25轮对阵比利亚雷亚尔，C罗点球破门，皇马1比1战平对手。而第26轮联赛，皇马则0比1不敌毕尔巴鄂竞技。

之后，皇马又迎来欧冠八分之一决赛第二回合比赛，主场对阵沙尔克04，首回合，皇马2比0战胜对手。赛前，大家都觉得皇马在主场拿下对手应该不成问题，但没想到，这场比赛，沙尔克04踢得风生水起，共进了4球，差点逆转皇家马德里。好在皇马还有C罗，他上演了梅开二度。克罗斯开出角球，甩开马蒂普的C罗点球点附近高高跃起头球破门。之后，科恩特朗左路传中，C罗远点小禁区边缘甩开马蒂普冲顶入网。这是C罗赛季第41个进球，其中欧冠打进8球，欧冠历史总进球达到75个，连续5个赛季，C罗在皇马的进球数都超过40粒，继续刷新自己的纪录。这场比赛，皇马3比4不敌沙尔克04，虽然输球，但皇马两回合以总比分5比4晋级欧冠四分之一决赛。

三场不胜的皇马迎来西甲联赛第27轮，对手是莱万特。这场比赛凭借贝尔的梅开二度，皇马2比0战胜对手拿到3分。接下来，西甲联赛第28轮迎来了国家德比，巴萨对阵皇马。这场比赛，C罗和梅西都有着精彩发挥。巴萨第19分钟取得领先，梅西左路任意球传中，马蒂厄小禁区前抢在拉莫斯之前头球破门，梅西完成一次助攻。12分钟之后，皇马扳平比分，莫德里奇直传，本泽马脚后跟妙传，C罗点球点附近抢在阿尔维斯之前捅射左下角入网，场上比分变为1比1。下半场，苏亚雷斯取得进球，这是他的国家德比处子球。最终，巴萨2比1战胜皇马，巴萨领先皇马4分，排在西甲积分榜第一位。这场比赛后，皇马全队压力变得很大，皇马球迷对俱乐部的表现并不满意，甚至当皇马大巴车回到马德里市时，还有球迷攻击皇马大巴车。

此时的皇马陷入低谷，同时也攒着一股子愤懑之情，需要找一个对手发泄，这个倒霉蛋就是格拉纳达，这场比赛到底发生了什么？

第四十四回

九球“血洗”格拉纳达，皇马打消球迷质疑

西甲联赛第29轮，皇家马德里主场对阵格拉纳达，在伯纳乌，皇马球员们准备用一场大胜回击流言蜚语和质疑谩骂。从比赛第一秒开始，皇马全队就铆足了劲。比赛第25分钟，贝尔摆脱防守，带球趟过门将奥耶尔，小角度推射空门得手，1比0。第30分钟，克罗斯传中，本泽马停球被断，J罗禁区左侧直传，C罗小角度射远角得分，2比0。第36分钟，C罗左路分球，马塞洛传中被门将扑出，C罗小禁区前凌空抽射破门，3比0，C罗梅开二度。第38分钟，贝尔分球，C罗禁区前大力抽射，虽然球被奥耶尔扑了一下，但由于力量极大，球仍然折射进入球门，4比0，C罗上演帽子戏法，而且仅仅用时7分50秒，追平了自己在2013年面对赫塔菲8分钟内打进3球的纪录，这也是C罗西甲生涯中第3次10分钟内上演帽子戏法。同时，这还是那个赛季西甲第二快帽子戏法，2014/2015赛季第一快帽子戏法是巴列卡诺前锋布埃诺完成的，用时6分8秒。而皇马队史上一个更短时间的帽子戏法，是1992年由耶罗完成，用了6分钟打进3球。皇马上一个时间更短又没有点球的帽子戏法，要追溯到遥远的1960年，当

时由佩皮略创造。

上半场，皇马取得4比0的领先，下半场易边再战，进球仍在继续。第52分钟，J罗左侧角球传中，本泽马禁区右侧停球后弹射破门，5比0。第54分钟，贝尔右侧底线传中，C罗俯身冲顶将球撞进球门，6比0，C罗上演大四喜。第56分钟，阿韦罗亚分球，本泽马禁区右侧低射打入网，7比0。第74分钟，格拉纳达扳回一球，7比1。第83分钟，格拉纳达乌龙球，皇马8比1。第90分钟，莫德里奇右路任意球传中，C罗后点头球攻门得分，9比1，C罗完成五子登科！这场比赛，C罗创造多项纪录，这是C罗在皇马生涯各项赛事的第28次帽子戏法，追平迪斯蒂法诺并列队史第一。C罗在西甲联赛中一共对阵16支球队单场打进3球以上，超过塞萨尔、萨拉和迪斯蒂法诺对阵15队的纪录，成为历史第一。此外，这是C罗西甲职业生涯中第4次单场打进4球以上，追平迪斯蒂法诺的纪录，同时这也是C罗职业生涯首次单场打进五球，上演五子登科。那C罗在场上就好像是古代阵中的大将军，亮银冠，珍珠嵌。雉鸡尾，真好看。龙鳞甲，似秋霜。胭脂袍，团花现。唐猊铠，避刀枪。八宝带，水镜錾。宝雕弓，如弯月。走兽壶，斜插箭。赤兔马，火炭红。画杆戟，神鬼战。少年英俊风流将，闭月羞花芙蓉面。真可谓：白袍大将是C罗，万马营中有名气，报国立功来杀敌，勒马横枪沙场立！

这就是C罗，谁见到不禁都得打个寒战，真是又帅又能打。而皇马则打出了那个赛季西甲最大比分胜利的比赛，也送给格拉纳达征战西甲以来最惨痛的失败。皇马取得队史48年来最大比分联赛胜利，上一次进9球的大胜还是在1967年，当年皇马以9比1的比分战胜了皇家社会。西甲上一次一支球队单场打进9球，要追溯到1979年，那一年巴萨9比0血洗巴列卡诺。皇马通过这场大胜，打消了球迷的质疑，同时，全队士气如虹！

第四十五回

C罗状态持续走高，皇马欧冠闯进四强

皇马9比1“血洗”格拉纳达，C罗第一次上演五子登科，一人独进五球，其中，8分钟内完成了帽子戏法，创造了一系列纪录。这场比赛之后，皇马彻底解压了。毕竟之前国家德比输给巴萨，让皇马十分被动，球迷都在声讨俱乐部。而在大胜格拉纳达之后，皇马一扫之前的所有阴霾。

西甲联赛第30轮，皇马迎来了下一个对手——巴列卡诺。这场比赛第68分钟，卡瓦哈尔摆脱埃姆巴巴后切入禁区右侧传中，无人防守的C罗冲顶入网，这是C罗那个赛季的第37个联赛进球，同时也是C罗在皇马的个人第300个进球。

5分钟后，C罗又助攻J罗得分，最终，皇马客场2比0取胜。不过在这场比赛中，出现了争议一幕。比赛中，C罗在禁区内摔倒，当值主裁判认为C罗是假摔，向C罗出示了黄牌，而这是C罗那个赛季的第五张黄牌。按照西甲规则，他将因为累积黄牌自动停赛一场，但是通过回放可以看出这是一个误判。赛后，皇马俱乐部上诉，西甲竞技委员会经过调查后宣布，C罗的这张黄牌将取消，可以出战西甲第31轮主场对阵埃瓦尔的比赛。

面对埃瓦尔，C罗依旧有着不错的发挥。比赛第21分钟，C罗直接任意球破门，这是他那个赛季第49个进球，其中联赛打进38球。这也是他个人第43个任意球破门，其中25次为皇马打进，同时这还是C罗在皇马安切洛蒂时代的第100球。本场比赛，“小豌豆”埃尔南德斯和赫塞扩大比分，皇马3比0战胜埃瓦尔。由于当轮巴萨战平对手，皇马与巴萨的西甲联赛分差缩小到2分。

紧接着，2014/2015赛季欧冠联赛四分之一决赛就来了，马竞对阵皇马。这场比赛，皇马攻势如潮，无奈马竞门将奥布拉克表现神勇，连续扑出C罗、J罗、贝尔多脚打门，最终双方均无建树，0比0战平。

接下来就是西甲联赛第32轮，皇马对阵马拉加。这场比赛，C罗完成两次助攻，同时在伤停补时阶段打进一球，帮助皇马3比1战胜马拉加。C罗完成了赛季第50球，从2010/2011赛季的54场53球开始，C罗连续5个赛季进球超过50球。而马拉加也是C罗喜爱的对手之一，在个人皇马的302球中，马拉加的大门14次被C罗攻破。

皇马稍做调整，4天后，欧冠四分之一决赛第二回合开战，皇马再次对阵马竞，C罗又一次主导比赛。比赛第88分钟，J罗直塞，C罗禁区右侧带球内切及时横敲，埃尔南德斯扫射空门得分，皇马绝杀，两回合1比0的比分淘汰马竞，晋级欧冠半决赛。皇马连续5年闯入欧冠四强，主教练安切洛蒂执教生涯第7次杀进欧冠四强，追平弗格森的纪录。C罗也在本场比赛收获了那个赛季个人的第19次助攻，创造职业生涯新高。此外，近3个赛季欧冠，C罗一共以进球和助攻方式，直接为皇马制造43球，排名全欧洲第一。

进入欧冠四强的皇马状态更好了，回到联赛，西甲第33轮，皇马4比2

战胜塞尔塔，C罗完成一次助攻，皇马五连胜后继续以2分之差紧追巴萨。西甲第34轮，皇马再度取胜，3比0战胜阿尔梅里亚，C罗没有进球。西甲第35轮，塞维利亚客场2比3输给皇马，C罗又一次天神下凡，上演帽子戏法。比赛第36分钟，伊斯科左路下底传中，C罗远点头球破门。第37分钟，J罗右路传中，埃尔南德斯头球摆渡，C罗小禁区内捅射破门，C罗两分钟内打进两球。第69分钟，贝尔右路传中，C罗小禁区左侧边缘头球吊入远角，一人独进三球。C罗可谓塞维利亚的克星，从2010/2011至2014/2015这5个赛季，C罗在对阵塞维利亚时都有帽子戏法产生，2010/2011赛季6比2横扫对手时，C罗还上演大四喜。接下来，2015年5月6日，皇马将要面对欧冠半决赛的对手尤文图斯。

第四十六回

皇马双线崩盘，C罗豪夺金靴

2015年5月6日，皇马迎来了本赛季欧冠半决赛首回合较量，客场对阵意甲豪门尤文图斯。这场比赛，尤文表现得更加稳健，先是皇马旧将莫拉塔为“斑马军团”取得进球，莫拉塔成为第7名在欧冠攻破皇马球门的皇马前球员。之后，C罗接J罗的助攻头槌扳平比分，这是那个赛季C罗欧冠第9球，C罗近4个赛季欧冠半决赛至少打进1球。这也是他欧冠第13次头球破门，仅次于打进14球的莫伦特斯。不过在比赛第56分钟，尤文获得点球，特维斯一击致命，尤文2比1战胜皇马，“斑马军团”拿到首回合胜利。

对皇马来说，更糟心的是，接下来的西甲联赛第36轮争冠关键战，他们没能拿下蝙蝠军团瓦伦西亚，比分2比2与对手战平。全场皇马三次击中门框，C罗罚丢了点球，佩佩和伊斯科先后破门。这场比赛之后，皇马落后巴萨4分，基本宣告无缘联赛冠军。糟糕的事情还没结束，4天之后的欧冠半赛季第二回合，皇马在主场也没拿下尤文，最终比分1比1，皇马总比分2比3不敌尤文图斯，无缘欧冠决赛。比赛中，C罗打进1个点球，那个赛季欧冠进球数达到10球。C罗已连续4个赛季欧冠进球达到两位数，成为历史第一人。C罗职业生涯在欧冠半决赛一共打进10球，5次攻破尤文图斯球门，均排名历史第一。C罗的皇马职业生涯总进球达到307球，追平迪斯蒂法诺并列第二，仅次于劳尔的323球。欧冠生涯C罗打进77球，贡献23次助攻，成为欧冠历史上首位制造100球的球员。回到西甲赛场，联赛第37轮，皇马4比1客场战胜西班牙人，但本轮另一场比赛，巴萨战胜对手，从而提前一轮获得西甲冠军，皇马屈居亚军。

对阵西班牙人的比赛，第59分钟C罗突入禁区左脚推射破门。第83分钟，皇马后场长传，J罗突入禁区铲传，C罗在门前抢射得分。伤停补时第1分钟，J罗左路挑传助攻，C罗后门柱头球破门，完成帽子戏法。这是C罗效力皇马的第30个帽子戏法，C罗也将西甲球员客场帽子戏法纪录改写为9个。西甲最后一轮，皇马7比3大胜赫塔菲，C罗又一次上演帽子戏法。比赛第13分钟，马塞洛左路传中，C罗强力头球破门。第32分钟，J罗赢得任意球，C罗主罚任意球直攻进左下死角。第35分钟， 皇马获得点球机会，C罗一蹴而就。这是他本赛季第61个进球，其中联赛打进48球，成为他职业生涯以来的单赛季进球新纪录。这也是他本赛季第8个帽子戏法、效力皇马的第31个帽子戏法。200场西甲联赛他一共上演27次帽子戏法，位列西甲首位。

就这样，2014/2015赛季西甲联赛落下帷幕，C罗本人以48球荣膺西甲金靴，这是他第3次获此殊荣，同时，C罗也获得了欧洲金靴，这是他职业生涯中拿到的第四座欧洲金靴奖（2008年31球、2011年40球、2014年31球），C罗成为欧洲金靴奖将近50年的历史上唯一四夺奖杯的球员。此外，西甲48球打破了他本人在西甲的单赛季进球纪录，此前的纪录是46球。那个赛季，C罗各项赛事打进61球，打破了个人单赛季各项赛事总进球纪录。

第四十七回

金童玉女分道扬镳，C罗随队六度来华

2014/2015赛季，虽然C罗48球获得了西甲金靴，但皇马并没有获得西甲冠军，屈居亚军。整个2015年上半年对C罗来说并不友好，因为2015年年初，C罗与相恋5年的女友伊莲娜分手了。分手后，据C罗姐姐艾尔玛表示，C罗非常痛苦，两人之前分分合合六次，每次都折磨着他俩，不过这一次真的分手了。2010年年初，C罗和伊莲娜在某品牌春夏季时装发布会上相识。C罗是这家品牌的男士内衣形象代言人，伊莲娜是女士内衣形象代言人，两人一见钟情，爱情就从这里开始，但终归没能走到一起，有缘的邂逅，无缘的结合，片刻的欢欣，无限的惘然。

2014/2015赛季结束之后，安切洛蒂离开了皇马。总体来说，安切洛蒂的皇马执教生涯可圈可点，特别是带领皇马拿到了第十个欧冠冠军，而且安切洛蒂和球员相处非常融洽，特别是C罗。两人互相信任，互相理解，在安切洛蒂离任之前，C罗还在社交媒体上发文公开力挺安切洛蒂。安切洛蒂在接受采访时曾公开表示，自己合作最好的球员就是C罗。安切洛蒂离开皇马后，接任的是贝尼特斯，他和球队签约3年。这个夏天，皇马引进了科瓦契奇、达尼洛、阿森西奥、巴斯克斯等球员，卡塞米罗也从波尔图租借回归球队。

2015年夏天的国际冠军杯，皇马来到中国。这是时隔4年，皇马再度来华，一共踢了两场比赛。第一场，皇马3比0战胜国际米兰，另一场，皇马与AC米兰常规时间战成0比0，点球大战，皇马10比9战胜AC米兰。两场比赛，C罗都出场了。

C罗再一次展现亲和力，与中国粉丝互动很多，尽量满足了大家的合影请求，这也是C罗第四次来到中国。第一次来中国是2005年7月，当时C罗还是足坛新星，效力于英超豪门曼联，同时也是中国球员董方卓的队友。那一年，C罗跟随曼联队和中超北京国安有过交手，那场比赛，曼联3比0战胜国安，C罗下半场替补出场，助攻韩国球星朴智星打进1球。

2007年夏天，C罗第二次来到了中国。这个时候的C罗已经成名。在英超2006/2007赛季的比赛中，C罗打进17球，还有15次助攻，获得了英超最佳球员与英超最佳青年球员奖。这次来华，C罗跟随曼联和深圳队进行了一场友谊赛，曼联6比0大胜深圳，C罗打进1球还有1次助攻。

2011年7月，C罗第三次来到中国，当时C罗已经是皇马绝对主力。那一年，C罗跟随皇马，与中超广州恒大、天津泰达有过交手。最终结果分别是，皇马7比1战胜恒大，皇马6比0战胜泰达。在与恒大比赛中，C罗有过脚后跟助攻与脚后跟破门的精彩表现。在对阵泰达比赛中，C罗出场仅4分钟就打进一记世界波，后来又助攻本泽马破门。然后就是2015年夏天他第四次来到中国，之后，2017年夏天，C罗第五次来到中国。不过那次C罗是以个人名义来的，出席了某品牌的活动。当时C罗观看了上港与恒大的比赛，此外，C罗还与中国球员武磊互换了球衣。2018年7月，C罗第六次来到中国。这时候的C罗已经转会来到意甲豪门尤文图斯。当时C罗去了趟故宫，并大秀球技，引起了球迷一片点赞。此外，C罗还与中国门将王大雷互换了球衣，在北京奥体中心鼓励了一些踢球的小朋友。

总之，C罗跟中国一直有着很深的缘分，而且跟中国俱乐部的比赛中都有亮眼发挥，C罗本人也非常喜欢中国，对中国球迷非常友好。说回来，2015年夏天的热身赛结束之后，新帅贝尼特斯率领的皇马在2015/2016赛季的表现如何？C罗又有怎样的发挥呢？

第四十八回

C罗牵线马图尼斯，贝尼特斯挂帅皇马

2015年夏天，C罗跟随皇马来到中国参加了两场国际冠军杯的比赛。也就是在2015年7月份，葡萄牙体育签下了一名17岁印尼球员马图尼斯，前文书也讲到过这位少年。他是2004年印度洋海啸的幸存者，曾穿着葡萄牙队球衣在海上漂流了21天。当时年仅7岁的马图尼斯在一个荒无人烟的海滩上被加拿大搜救队发现，被发现时，马图尼斯身披着葡萄牙国家队10号球衣，当时这件球衣的主人是鲁伊·科斯塔。在接受采访时这个孩子表现出了罕见的坚强："当时我并不害怕，因为我想活着见我的家人，还有我要成为一名足球运动员。"经过媒体报道，葡萄牙足协非常感动，捐献了4万欧元帮助他重建家园。

当时19岁的C罗也对这个孩子印象深刻，他第一时间飞赴印尼与马图尼斯见面，并向其赠送了葡萄牙国家队的战袍。为了他的足球梦，C罗默默守护了他11年，C罗一方面给马图尼斯一家提供必要的生活开销，一方面又支付了马图尼斯的学费。C罗还帮助他加入了皇马在印尼开办的足球学校。C罗曾说："我认为，可能很多成年人都没有能力面对他所遇到的情况，我们必须尊重这个孩子，他有梦想，也愿意坚持不懈。”

据葡萄牙体育俱乐部官网称，正是C罗为马图尼斯牵线搭桥，帮助他加入了自己曾经的母队葡萄牙体育。在马图尼斯加盟发布会上，这个印尼小伙非常激动。马图尼斯说：“实在太棒了，这个机会让我难以抑制自己的情绪，我必须说葡萄牙体育万岁。”马图尼斯入队后选择的号码是28号，这恰恰是当时C罗在葡萄牙体育时身披的号码，马图尼斯球衣上印的名字则是“Martunis CR”，“CR”当然指的是C罗。C罗一直致力于慈善事业，熟悉C罗的朋友都清楚。C罗从不文身，原因是C罗会定期献血，而文身针可能会传染病毒，还有可能引起其他血液疾病。关于C罗做慈善的事迹非常多，之前曾经讲过一些，当然，也有一些人说C罗这样做是因为他有钱，为了作秀，但C罗对此的回应掷地有声：“如果帮助别人是一场秀，我愿意这场秀永不停止！”

再说回竞技赛场，2015年6月，贝尼特斯走马上任，挂帅皇家马德里，他将带领皇马征战新赛季。时间来到了2015年8月23日，新赛季西甲联赛第一轮拉开战幕，皇马客战希洪竞技，这是贝尼特斯执教皇马后的第一次正式比赛首秀，全场比赛，皇马机会不少，但都没能转化成得分，最后0比0与对手握手言和。西甲联赛第二轮，皇马主场5比0大胜贝蒂斯，获得新赛季首胜，这也是贝尼特斯执教皇马后的首胜，不过本场比赛，C罗未能破门。两场西甲联赛没有取得进球，C罗有些郁闷。C罗的双脚早已饥渴难耐，他特别渴望在赛场中释放自己的情绪。很快，他的机会就来了。2015年9月12日西甲联赛第三轮，皇马客场对阵西班牙人，这场比赛，C罗大杀四方，技惊四座！

第四十九回

C罗独中五元，“血刃”西班牙人

2015/2016赛季西甲联赛前两轮，皇马1胜1平，C罗一球未进。加上2015年9月8日进行的2016年欧洲杯预选赛小组赛葡萄牙客场1比0险胜阿尔巴尼亚，C罗也没有进球。再加上之前的热身赛，C罗在俱乐部和国家队已连续7场不进球，9场比赛只进1球，要知道，他在西甲只有2010/2011赛季开局前3轮未能进球。

所以C罗憋着一股劲，誓要在下一场比赛中破门。2015年9月12日西甲联赛第三轮，皇马客战西班牙人。这场比赛C罗横扫六合，剑荡八方，把西班牙人队杀得溃不成军，一个人独中五元，还完成一次助攻。比赛第7分钟皇马取得领先，莫德里奇后场50米长传，C罗突进禁区小角度推入远角得分，1比0。比赛第17分钟，皇马获得进球，C罗轻松命中，2比0。第20分钟，贝尔左路传中，C罗在门前5米处左脚凌空垫射破门，3比0。C罗上演帽子戏法，这是他2015年在西班牙人主场第二次上演帽子戏法，将自己保持的西甲帽子戏法纪录增加到28个，还保持着10个西甲客场帽子戏法的纪录。这也是C罗在皇马正式比赛的第32个帽子戏法，职业生涯总共36个帽子戏法。C罗开场20分钟就完成帽子戏法，在西甲历史上开场最早帽子戏法并列第5位，西甲纪录是15分钟，纪录保持者有两位，一位是1929年贝斯蒂特，另一位是1941年穆恩多。在皇马历史上，这是1960年19分钟完成帽子戏法的佩皮略以来最早帽子戏法。同时，这是C罗西甲联赛客场第100球，C罗成为西甲历史上最快达到客场百球的球员，只用了103场。

C罗的好戏还在继续，上演帽子戏法之后，C罗简直杀疯了，第28分钟， C罗禁区左侧传中，助攻本泽马破门，皇马4比0领先。第62分钟，C罗再下一城，完成大四喜，皇马 5比0。第81分钟，贝尔右路低传，卢卡斯·巴斯克斯晃过后卫回传，C罗在门前10米处推进右下角得分，6比0，C罗一人独中五元。这是C罗第2次在西甲独中五元，也是C罗首次客场打进5球。此外，他也是西甲第3位客场独中五元的球员，C罗还成为西甲联赛首位在西班牙人主场打进5球的球员。他连续2个赛季单场西甲独中五元，此前仅有两人做到（1940/1941和1941/1942赛季坎帕纳尔；1941/1942和1942/1943赛季萨拉）。克里斯蒂亚诺·罗纳尔多也是21世纪五大联赛中唯一两次独中五元的球员。最终，皇马6比0大胜西班牙人。这场比赛结束后，C罗在2015年代表皇马正式比赛取得的进球数来到了34球。在西甲总进球榜上，以230球超越劳尔（228球）和迪斯蒂法诺（227球），升至第4位，也超越劳尔成为皇马球员西甲射手王，而且，C罗所用的场次比劳尔少了347场。C罗只用了203场，劳尔则用了550场。C罗也是西甲打进230球的球员中所用场次最少的。在皇马正式比赛进球榜上，C罗以318球仅次于劳尔323球。此外，C罗在曼联和皇马总共打进314个联赛进球，超越迪恩310球，在五大联赛进球榜上升至第4位。面对西班牙人，C罗打进5球，彻底打开了他的任督二脉。在接下来的2015/2016赛季欧冠联赛小组赛对阵顿涅茨克矿工的比赛中，C罗继续延续着自己的好状态。

第五十回

C罗两场进八球，皇马将帅疑不和

C罗在经历了连续7场不进球之后，终于在2015/2016赛季西甲联赛第3轮对阵西班牙人的比赛中打破了球荒，而且一下子进了5个，彻底复苏了。从此C罗一发不可收拾，接下来的2015/2016赛季欧冠小组赛第一轮皇马主场迎战顿涅茨克矿工，C罗延续了自己的好状态。这场比赛本泽马率先破门，之后的时间全都由C罗一个人主宰，先是连续罚中两个点球，紧接着头球破门，上演帽子戏法。这是C罗在皇马的第33个帽子戏法，西班牙足坛排名第一；C罗的欧冠进球数来到了80球，欧冠历史第一；在皇马队内，C罗的总进球数达到了322个，距离劳尔的皇马队史进球纪录323个只差一球。最关键的是，连续两场比赛，C罗打进8个球，进攻火力确实恐怖！赛后，C罗心情非常好，破天荒地接受了记者采访。上一次赛后C罗接受采访还是在2015年3月，欧冠八分之一决赛第二回合对阵沙尔克04的时候。采访中，C罗感谢了队友的支持，同时也回应了质疑："我不知道为什么，之前你们说我是差球员，现在打进8球就是好球员了。"确实，在C罗陷入7场不进球的球荒时，有很多质疑的声音，特别是在C罗参加商业活动，推出个人品牌香水以及拍摄写真之后，更多负面舆论纷至沓来，其中圣马力诺国家队更是在社交媒体上公开调侃C罗。

2015年9月9日，在欧预赛圣马力诺客场1比2输给立陶宛的比赛中，圣马力诺打进了14年来正式比赛中的首个客场进球。赛后圣马力诺国家队在社交媒体上写道："圣马力诺9月份进球1个，C罗9月份进球0个，圣马力诺＞C罗。"这让C罗心里也憋着一股狠劲，一定要找机会回击这些质疑，而最终C罗做到了。在C罗陷入负面舆论时，公开支持C罗的圈内人士是刚刚离开皇马帅位的安切洛蒂，他表示相信C罗这赛季能进50个球。

与此形成鲜明对比的是，时任皇马主帅贝尼特斯，赛季之初，似乎对C罗并不是十分感兴趣，不知道这是否是一种激将法。在贝尼特斯刚接手皇马后，他最关心的球员不是C罗，而是J罗和贝尔。贝尼特斯不仅去看了两人在国家队的比赛，还对两人给予了极高的评价和肯定。尤其是贝尔，贝尼特斯一度表示，皇马要打造威尔士人为球队核心。对于C罗，贝尼特斯并没有观看他的国家队赛事，也没有和他通电话，在接受媒体采访时也很少提及C罗，这让C罗很不高兴。就算C罗对阵西班牙人打进5球，在欧冠面对顿涅茨克矿工的赛前，有记者问贝尼特斯："克里斯蒂亚诺·罗纳尔多是你执教过的最强球星吗？"关于这个问题，贝尼特斯回答道："他很棒，是最强之一，但我不能说他是我执教过的最强球星，因为我执教过其他一些同样非常棒的球星。"这一系列言论和行为，都在刺激着C罗，也把C罗的"小宇宙"彻底激发出来了。对阵顿涅茨克矿工，C罗上演帽子戏法。赛后，贝尼特斯马上改口道："毫无疑问克里斯蒂亚诺·罗纳尔多是世界上最棒的球员，我非常尊重他。我很清楚他的水平和价值。我也奇怪我的一些言论为什么会引起这么多的回应。"除了外部舆论给了C罗极大刺激，让他的能量彻底爆发，还有技战术层面的调整。在技战术层面，皇马有哪些调整？

第五十一回

贝尼特斯释球权，C罗纪录超劳尔

2015/2016赛季西甲联赛第3轮皇马对阵西班牙人，C罗一人独中5球，接下来的2015/2016赛季欧冠小组赛第一轮皇马对阵顿涅茨克矿工，C罗上演帽子戏法，两场比赛，C罗总共打进8球，惊为天人。

C罗之所以会大爆发，一方面源自舆论对他的质疑，让他保持愤怒，进而“小宇宙”迸发。另一方面是主教练贝尼特斯，他对C罗位置的调整。过去几个赛季，C罗自由度很大，在皇马基本踢的都是边锋位置，特别是他在左路非常活跃，不管是下底还是内切，全由自己掌控。不过贝尼特斯入主球队之后，他希望C罗能够出任球队中锋，让贝尔去打更熟悉的左边锋。这让C罗并不适应，所以新赛季开始之后前两场西甲联赛，C罗一球没进。但是对阵西班牙人，C罗不再顶在最前面，而是回到他熟悉的边路活动。这让C罗找回了原来进攻的感觉，整个人都好了起来。尤其是本泽马出现在中锋位置后，C罗踢得明显更舒服了，进球也就水到渠成了。

此外，赛季之初阵形的改变，也让C罗踢得没有原来那么从容。安切洛蒂时代，皇马踢得最多的是4-3-3阵形，3个中场不会抢占太多进攻空间。这样的阵形下，C罗和贝尔拉到边路，本泽马中锋，再给予C罗充分的空间自由和球权，C罗的进攻威胁大大增加。但贝尼特斯到来后，他选择的是4-2-3-1阵形，也就是说，前场进攻端多了1个人，这导致中前场有些拥挤，C罗的球权也因此被稀释掉一部分，所以相应地，C罗的进攻威胁降低了。

接下来的西甲联赛第4轮，皇马1比0战胜格拉纳达；第5轮，皇马客场2比1战胜毕尔巴鄂竞技；第6轮，皇马0比0战平马拉加。连续三场比赛，C罗都没有取得进球。直到2015年10月1日欧冠小组赛第二轮，皇马客战瑞典球队马尔默，C罗才再度取得进球。这场比赛第29分钟，伊斯科停球转身左脚传球，C罗射球门远角得分，1比0。这是C罗俱乐部和国家队753场比赛中的第500球，C罗57场欧冠比赛中取得进球，超过劳尔56场欧冠进球纪录，独居第一位。比赛第90分钟，卡瓦哈尔右路直传，巴斯克斯底线横扫，C罗前点距门3米处左脚捅射破门，皇马2比0领先对手，C罗梅开二度！C罗参与皇马近14个欧冠进球中的12个，其中10个进球，2次助攻，效率惊人。

此外，C罗将自己保持的欧冠客场进球纪录扩大到43球，创造22次欧冠梅开二度新纪录，将欧冠进球纪录扩大为85球，追平了劳尔代表皇马正式比赛进球纪录323球。值得一提的是，C罗所用场次是308场，不到劳尔741场的一半。休息4天后，西甲联赛第7轮如期打响，皇马客场与皇马1比1握手言和，本泽马破门。2015年10月17日，联赛第8轮，皇马主场迎战莱万特。这场比赛赛前，C罗在伯纳乌给球迷们展示了他的第4座欧洲金靴奖奖杯。此外，开场前全体球员默哀1分钟，悼念去世的皇马前球员索科。

这场比赛第30分钟，克罗斯右肋低传，C罗禁区弧顶大力抽射得分。

C罗以324球超越劳尔，创造皇马球员进球纪录，加冕皇马队史射手王。这场比赛，皇马3比0取胜。简单调整5天之后，2015年10月22日，欧冠小组赛第3轮，皇马客战巴黎圣日耳曼，这场比赛的看点也是C罗对阵伊布，但遗憾的是，两人都没能取得进球，两支球队也均无建树，双方0比0战平。皇马和巴黎欧冠小组赛3轮战罢，都取得2胜1平积7分的成绩，不过皇马因为净胜球占优，从而在欧冠小组中领跑。此外，这场比赛第91分钟，一名C罗的球迷冲进球场拥抱了C罗。接下来，皇马在西甲和欧冠中的表现如何？

第五十二回

皇马锁定欧冠小组头名，教练组失误断送国王杯

2015年10月22日，欧冠小组赛第3轮，皇马在客场与巴黎0比0握手言和，双方都没有取得进球。之后皇马再度回归联赛，西甲联赛第9轮，皇马客战塞尔塔。比赛第7分钟，C罗接巴斯克斯的左路低平球，侧身打门首开纪录，之后达尼洛打进代表皇马的处子球，马塞洛也取得一球。塞尔塔的诺利托扳回一球，最终皇马客场3比1战胜塞尔塔。这场比赛，最有戏剧性的一幕是，裁判员1分钟连续向塞尔塔球员出示了1张红牌和3张黄牌。

西甲联赛第10轮，皇马在主场3比1战胜拉斯帕尔马斯，联赛取得三连胜。这场比赛第14分钟，马塞洛左路传中，C罗反越位成功后头球冲顶破门。C罗连续3轮西甲联赛都取得进球，本赛季联赛已打进8球。C罗西甲生涯攻破了所有30支交过手的联赛对手球门，成为现役球员第一人。C罗五大联赛总进球已达317球，追平布鲁默，并列历史第三，仅次于366球的格里夫斯与365球的盖德·穆勒。

稍做调整，2015年11月4日，欧冠小组赛第4轮打响，皇马1比0小胜

巴黎圣日耳曼，纳乔打进全场比赛唯一进球。

2015年11月9日，西甲联赛第11轮，皇马客场2比3不敌塞维利亚，拉莫斯倒钩破门，J罗打进一球，皇马遭遇赛季首败，联赛积分被巴萨超越。

对皇马和C罗来说，更糟糕的是，接下来的西甲联赛第12轮，皇马0比4不敌巴萨，皇马落后巴萨多达6分。此时的皇马，陷入了低谷，贝尼特斯的执教也备受质疑和诟病。

对皇马来说，西甲联赛掉队，欧冠这块阵地绝对不能再丢失了。2015年11月26日，欧冠小组赛第5轮，皇马客场挑战顿涅茨克矿工，比赛第18分钟， 贝尔接应队友斜塞高速插上，面对出击的门将，抢先一步将球挑传到门前，C罗拍马赶到，一记头球将球顶进空门，皇马客场1比0领先矿工。之后，C罗又助攻莫德里奇打进一球，皇马2比0领先。第53分钟，C罗又完成一次助攻，助攻卡瓦哈尔得分，皇马3比0，这也是卡瓦哈尔的欧冠处子球。第70分钟，皇马中场抢断，贝尔左路高速带球到底线附近后倒三角传中，C罗第一下的射门被扑，随后补射空门球进，C罗梅开二度，皇马4比0领先矿工。随后，顿涅茨克矿工在20分钟内连扳三球，吓出了皇马一身冷汗，最终，皇马有惊无险地4比3战胜矿工，取胜的同时也锁定了小组头名。

2015年11月29日，西甲联赛第13轮，皇马客场2比0战胜埃瓦尔，C罗打进一个点球，皇马终结联赛连败。

2015年12月3日，2015/2016赛季国王杯第四轮首回合，皇马客战卡迪斯，这场比赛，C罗、贝尔、拉莫斯等皇马众多主力大将纷纷轮休，比赛中，切里舍夫先拔头筹，伊斯科梅开二度，皇马3比1战胜卡迪斯。虽然皇马国王杯赢球了，却意外提前出局，原因是皇马使用禁赛球员切里舍夫参加比赛，被西班牙竞赛委员会取消了那个赛季国王杯的资格。上赛季切里舍夫租借去了比利亚雷亚尔，他代表“黄色潜水艇”在对阵巴萨、赫塔菲以及皇家社会的国王杯比赛中各吃到一张黄牌，按照规定，国王杯比赛中累积3张黄牌将禁赛一场，但这仅限于禁赛国王杯。之后切里舍夫返回皇马，因此切里舍夫的禁赛也将移到皇马，继续执行。皇马忽视了这个问题，最终酿成了这一后果，国王杯无奈提前出局。接下来，皇马必须将精力集中在西甲联赛和欧冠上。

第五十三回

疯狂“屠戮”难掩痼疾，贝尼特斯深陷危机

2015/2016赛季国王杯赛事，皇马因为使用禁赛球员被西班牙竞赛委员会取消了继续参加国王杯的比赛资格。无比郁闷的皇马急需找一个出口发泄，而这个对象则是欧冠对手——马尔默。2015年12月9日欧冠小组赛第6轮，皇马上演了“大屠杀”，8比0狂胜马尔默。本场比赛，C罗上演大四喜，第39分钟，C罗主罚禁区前偏左位置任意球，直接起脚兜射，球弹地后飞入球门，打进第一球。第48分钟，本泽马中路突破，伊斯科起脚射门被后卫挡下，C罗补射空门梅开二度。第50分钟，达尼洛右路传中，C罗停球摆脱后低射，击中门将弹进球门，上演帽子戏法。第59分钟，伊斯科右翼突进禁区传中，C罗包抄扫射破门，完成大四喜。

C罗6场小组赛打进11球，打破了范尼保持的欧冠单赛季小组赛进球纪录。C罗欧冠职业生涯首次单场攻进4球，他成为欧冠时代皇马第一位单场打进4球的球员。C罗20分钟时间上演大四喜，是欧冠历史第二快，仅次于阿德里亚诺的16分钟。此外，皇马也追平了欧冠最大比分赢球纪录，2007年11月利物浦曾8比0战胜贝西克塔斯，两场主帅都是贝尼特

斯。皇马也成为欧冠史上第三支单场打进8球的球队，前两队是2003年的摩纳哥和2007年的利物浦。8比0的比分同样也是皇马欧冠赛场最大比分胜利，原纪录为2002年6比0击败根克。

虽然欧冠大胜，但西甲联赛皇马却输球了。西甲联赛第15轮，皇马在客场0比1不敌比利亚雷亚尔。此时，皇马主帅贝尼特斯的压力非常大，球迷对他的质疑不断。西甲联赛第16轮，皇马主场迎战巴列卡诺的赛前，当伯纳乌大屏幕出现贝尼特斯的影像时，现场嘘声四起，皇马球迷表达着不满。然而谁都没想到，这场比赛，皇马收获一场超级大胜，10比2大胜巴列卡诺。贝尔上演大四喜、本泽马帽子戏法、C罗梅开二度，BBC组合合力为皇马打进9球。自从1960年11比2狂胜埃尔切之后，皇马55年之后再度迎来10球盛宴。

2015年12月30日，西甲联赛第17轮，皇马3比1战胜皇家社会，这是皇马2015年最后一场比赛，C罗梅开二度。回顾整个2015年，C罗打进37个联赛进球，放眼世界足坛位列第一，领先柬埔寨的瓦萨纳卡36球和乌克兰联赛的特谢拉34球。C罗在2015年57场各项赛事中打进57球。C罗西甲主场进球数达到了133球，仅次于145球的迪斯蒂法诺和141球的劳尔，排名队史第3位。

2016年1月4日，西甲联赛第18轮，皇马做客梅斯塔利亚球场挑战瓦伦西亚。这场比赛，C罗助攻本泽马打破僵局，帕雷霍点球扳平。下半场贝尔头球再度帮助皇马取得领先，但西班牙国脚帕科闪电扳平，最终皇马客场2比2战平瓦伦西亚，没能取得胜利。这一场平局也让皇马高层坐不住了。第二天，2016年1月5日，皇马做出一个非常重要的决定，这个决定影响了皇马和C罗未来三年的时间，这个决定是什么呢？

第五十四回

人心散将帅终分袂，战拉科齐祖首立功

2016年1月4日，西甲联赛第18轮，皇马客场与瓦伦西亚2比2战平，这场比赛之后，皇马在西甲联赛积分榜距离榜首的马竞有 4 分之差，落后少赛 1 场的巴萨 2 分，排名第三，皇马高层对主教练贝尼特斯的执教非常不满意。1月5日，皇马俱乐部召开新闻发布会，宣布贝尼特斯下课。发布会上，贝尼特斯哭了，作为一个土生土长的马德里人，执教皇马是贝尼特斯毕生的梦想，但半年过后，梦碎了，贝尼特斯几乎得罪了全世界的皇马球迷。

此时距离他执教皇马仅仅过去 7 个月时间。在贝尼特斯执教皇马各项赛事 25 场比赛中，他取得了 17 胜 5 平 3 负的成绩。这个成绩难言出色。纵向对比一下，上赛季西甲18轮比赛过后，皇马15胜3负排名联赛第一，胜率为83.3%，打进61球失16球。而本赛季同期贝尼特斯带队只取得了11胜4平3负的成绩，胜率仅为61.1%，打进47球失18球，胜率下降了20%多。

在最关键的国家德比战中，皇马在主场0比4输给巴萨，在主场伯纳乌输给巴萨，而且一下子还输了4个，这让皇马球迷无法接受。更让皇马球迷无语的是，国王杯赛事，两回合的比赛皇马只踢了一场就出局，倒不是因为皇马首回合比赛大比分输球，相反皇马还是胜利的一方。问题是贝尼特斯派上了本应该停赛的切里舍夫，导致皇马因使用违规球员被判罚0比3输球出局。主教练竟然犯这种低级错误，实属不该。

此外，贝尼特斯和皇马球员的关系一直不太融洽，J罗被贝尼特斯按在板凳上，连稳定的上场时间都没有。他刚上任时就回避C罗是否是世界最佳的问题，之后又将战术核心地位从C罗身上转移给了贝尔，这一系列操作彻底惹怒了C罗。据有关报道，C罗曾向弗罗伦蒂诺表示他和贝尼特斯只能留一人。拉莫斯、J罗、本泽马、伊斯科、赫塞和切里舍夫等人都曾公开表达过对贝尼特斯的不满，人心散了，队伍就不好带了。这些原因累加在一起，皇马高层最终决定，解雇贝尼特斯。

接替贝尼特斯的是谁呢？乃是皇马名宿齐达内！齐达内此前并无成年队执教经验，他在安切洛蒂执教时期转型为助理教练。在 2013/2014 赛季，作为助手的齐达内见证了皇马加冕欧冠十冠王的荣誉。上赛季，齐达内正式接手皇马 B 队，也就是卡斯蒂亚。带队首个赛季，他带领卡斯蒂亚取得了西乙 B（第三级联赛）第 6 名的成绩。

很快，2016年1月10日，西甲联赛第19轮，皇马对阵拉科鲁尼亚，齐达内迎来了执教皇马的首秀。伯纳乌现场，皇马球迷对齐达内报以巨大的欢呼声。这场比赛，贝尔上演帽子戏法，本泽马梅开二度，C罗虽然没有进球，但贡献了两次助攻，最终，皇马5比0大胜拉科鲁尼亚，齐达内首秀堪称完美，齐达内创造了皇马自1959年以来的主教练首秀最佳战绩。赛后，西班牙媒体《国家报》这样评价本场比赛：“齐达内让皇马释放火力，他拥有安切洛蒂时代的成功经验，场上出现了一支比起贝尼特斯时代更有活力也更快乐的球队。”齐达内也在新闻发布会上如释重负，他说：“现在我放松了，第一场比赛情况不错，不过我们必须继续提高。球队赢球教练总是开心的，我对比赛结果和全队表现都感到高兴。”此外，齐达内还提到了C罗：“C罗表现非常好，他和全队一样只考虑胜利。”齐达内上任之后，皇马和C罗有着怎样的表现?

第五十五回

皇马联赛复苏，积分紧逼巴萨

2016年1月17日，西甲第20轮，皇马继续坐镇主场，这次对手是希洪竞技。这场比赛C罗梅开二度，特别是第一个进球，非常精彩。比赛第9分钟，本泽马禁区前沿停球横敲，C罗禁区边缘左脚抽射球进。C罗就好像一个陀螺一样，转身360度之后，立即左脚打门，衔接如此之快，力道如此之猛，让人惊叹。C罗第二个进球是在第18分钟，卡瓦哈尔右路传中，C罗小禁区前捅射破门。这是C罗本赛季第27个进球，其中联赛打进16球。除了C罗打进两球外，本泽马也打进两球，贝尔也完成一个进球，最终，皇马5比1大胜希洪竞技，齐达内上任后连续两场取得大胜。

2016年1月25日，西甲联赛第21轮，皇马客战皇家贝蒂斯。这场比赛赛前，大家都觉得“银河战舰”手拿把攥，因为皇马在齐达内上任后取得西甲两连胜，场均打进5球，平均只需18分钟就能攻进一球，进攻效率相当恐怖。而对手贝蒂斯的情况则相反，进入2016年以来球队颗粒无收，近7轮联赛竟没能取得一个进球。然而，足球比赛充满不确定性，这场比赛，贝蒂斯率先破门，之后本泽马扳平比分，双方最终战成1比1

平。全场占据主动的皇马只能无奈接受一场平局，在多赛一场情况下，“银河战舰”同巴萨的积分相差4分。齐达内在赛后接受采访时表示：“我没想到今晚会丢分，但这就是足球，如果你把握不住进球机会，比赛就会变成这样。”

2016年2月1日，西甲联赛第22轮，皇马在主场迎战西班牙人，这场比赛，C罗上演帽子戏法。比赛第12分钟，C罗突入禁区被罗科绊倒，皇马获得点球，C罗亲自主罚命中。上半场补时阶段，C罗的个人名场面来了。队友传球传向对方禁区前沿，C罗高速向前，得球后，立即向左一拨，一下把对手防守球员给晃到了。紧接着，C罗左脚虚晃一枪，右脚再向左一拨，划出一个大空当，C罗立即左脚打门，球应声入网，C罗这个进球实在经典。C罗第三个进球出现在第82分钟，赫塞切入禁区左侧传中，C罗近距离头球破门。除了C罗的帽子戏法，本泽马和J罗也取得进球，赫塞还造了对方一个乌龙。最终，皇马6比0大胜西班牙人。

2016年2月8日，西甲第23轮，皇马客战格拉纳达，本泽马破门，莫德里奇打进世界波，皇马2比1战胜格拉纳达，齐达内获得首个联赛客场胜利。2016年2月13日，西甲第24轮，皇家马德里对阵毕尔巴鄂竞技。比赛刚开始2分钟，C罗禁区左侧扣过埃切塔之后，12米处右脚劲射远角破门。比赛第87分钟，巴斯克斯右边路送出斜长传，C罗禁区前左侧停球，右脚抽射梅开二度，C罗打进本赛季联赛第21球，独居射手榜榜首。再加上J罗和克罗斯的进球，皇马4比2战胜毕尔巴鄂竞技。5天后，2016年2月18日，欧冠八分之一决赛第一回合开战，皇家马德里客战罗马，这是齐达内上任后的欧冠首秀。这场比赛如何，下回再说。

第五十六回

齐祖欧冠斩罗马，C罗联赛破质疑

2016年2月18日，欧冠八分之一决赛第一回合开战，皇家马德里客战罗马，这是齐达内上任后的欧冠首秀。比赛第57分钟，马塞洛直塞，C罗左侧内切摆脱弗洛伦齐，起脚抽射，球打中弗洛伦齐后变线，直挂球门右上角入网，皇马1比0领先。这是C罗那个赛季欧冠打进的第12球，其中近3战打进7球，客战打进5球，领先所有欧冠出场球员。这也是C罗打进的欧冠淘汰赛第40球，欧冠客场进球达到44球，均排历史第一。C罗欧冠总进球达到89球。比赛第86分钟，赫塞再进一球，最终，皇马2比0客场战胜罗马，齐达内成为第28位带领皇马出战欧冠的教练，并赢得上任后的欧冠首场胜利。

休息4天后，2016年2月22日，西甲联赛第25轮燃起战火，皇马客战马拉加。比赛第33分钟皇马打破僵局，克罗斯右路任意球传中，C罗头球破门。这是他本赛季第34个进球，其中联赛打进22球。仅仅3分钟后，皇马又获得一次好机会。C罗禁区左侧晃过维利格顿被绊倒，裁判判罚点球，遗憾的是，C罗点球低射右下角被对方门将卡梅尼神勇扑出，皇马错过扩大比分机会。比赛第67分钟，马拉加扳平比分，最终，皇马1比1与马拉加握手言和。西甲第26轮，皇马在主场0比1不敌同城对手马竞，落后少赛1场的巴萨9分，落后马竞4分。本赛季第3次连续2轮不胜，近3个西甲客场仅1胜，且都有失球。

此时的皇马，在联赛中开始逐渐掉队。2016年3月3日，西甲联赛第27轮，莱万特对阵皇马，这场比赛，C罗打进1个点球，皇马客场3比1战胜莱万特。紧接着，欧冠八分之一决赛第二回合比赛，皇马主场迎战罗马，比赛第64分钟，皇马取得进球。莫德里奇外脚背分球，巴斯克斯右路切入禁区踩单车闪开迪涅传中，C罗在门前5米处推射入网，1比0。这是C罗那个赛季欧冠联赛的第13球，领跑欧冠射手榜，并将欧冠进球纪录改写为90球，欧冠淘汰赛进球纪录改写为41球。比赛第68分钟，C罗分球到禁区左侧，J罗距门8米处左脚推射，从罗马门将什琴斯尼胯下进入球门。最终皇马2比0战胜罗马，总比分4比0淘汰对手，晋级欧冠四分之一决赛。

2016年3月5日，西甲联赛第28轮，皇马主场迎战塞尔塔，这场比赛赛前，伯纳乌现场有些皇马球迷向C罗发出嘘声，这多少刺激了C罗。比赛中，C罗可谓天神下凡。第50分钟，拉莫斯前场送出直塞，C罗距离球门30米处右脚怒射，球径直飞入球门，好似手持画杆方天戟，令人心惊魂魄散！第58分钟，C罗又来了，任意球直接破门，对方门将没有任何反应，C罗出鞘，谁与争锋！比赛第64分钟，C罗上演帽子戏法，伊斯科禁区左肋送出低平球传中，C罗后点包抄打空门得手。C罗职业生涯9次对阵塞尔塔，打进16球，本赛季第5次单场打进3球或3球以上，加盟皇马后第36次上演帽子戏法，成为西甲球员中的“戴帽王”。第76分钟，赫塞开出前场角球，C罗后点头球攻门上演大四喜，这个进球是C罗第251个西甲联赛进球，追平萨拉纪录，成为西甲联赛历史第二射手。

这场比赛，皇马7比1狂胜塞尔塔。赛后，皇马主帅齐达内赛后点名表扬了葡萄牙前锋，齐达内说：“我们都了解C罗，他能够在一场比赛里打入4球，很少有球员可以做到的，他是独一无二的。我从未在一场比赛里打入过4个球，我不知道这是一种什么感觉。”这场比赛之后，C罗在皇马的进球总数超过350球，弗洛伦蒂诺还特别送给C罗一件印有数字350的皇马球衣。

第五十七回

德比战复仇巴萨，四强赛逆转狼堡

2015/2016赛季西甲联赛第29轮，皇马客场2比1战胜拉斯帕尔马斯。西甲联赛第30轮，皇马对阵塞维利亚，这场比赛，C罗罚丢一个点球，不过之后他亡羊补牢打进一球。这个进球发生在第64分钟，莫德里奇直传，达尼洛右路传中，无人防守的C罗小禁区边缘扫射破门。这是C罗本赛季的第28个联赛进球，西甲历史上第20次攻破塞维利亚球门，进球之后他向球迷做出道歉手势，为之前罚丢点球表示歉意。这场比赛，贝尔、本泽马和赫塞也取得进球，最终皇马4比0战胜塞维利亚。

2016年4月3日，西甲联赛第31轮，皇马再度迎来国家德比，客场对阵巴塞罗那。首回合，皇马在主场0比4败北，第二回合，对于皇马将士们来说太关键了，这场比赛，双方可谓火星撞地球，身体对抗很频繁。比赛中，拉莫斯领到一张红牌被罚出场。比赛前80分钟，比分为1比1，就在这胶着时刻，C罗站了出来。第85分钟，贝尔边路起球，这次传球比较飘也比较高，接球队员不太好处理，但C罗很聪明，他知道来球速度不够快，如果直接攻门，效果不会很理想。于是，他选择先把球卸下，然后晃开防守球员，一记扫射，球应声入网！绝杀！C罗帮助皇马在客场2比1战胜巴萨！齐达内取得上任后的首场国家德比胜利。

4天后，欧冠四分之一决赛，皇马客战沃尔夫斯堡。这是C罗在欧冠赛事第124次亮相，追平斯科尔斯，并列历史第6。开场仅仅1分钟，C罗闪电破门，不过可惜的是，被吹罚越位在先，进球无效。之后，沃尔夫斯堡打进两球，皇马客场0比2败北。

2016年4月9日，西甲联赛第32轮，皇马主场对阵埃瓦尔。比赛第19分钟，赫塞反击中横传，C罗小禁区前射进球门上角得分。这是C罗本赛季第30个联赛进球，C罗连续6个赛季完成这一目标。这场比赛，C罗还贡献两次助攻，最终，皇马4比0战胜埃瓦尔，皇马夺得西甲联赛六连胜。

2016年4月13日，皇马迎来欧冠四分之一决赛第二回合，这次是主场对阵沃尔夫斯堡。因为首回合皇马客场0比2输球，所以第二回合的比赛，皇马不容有丝毫的失误，在立足防守前提下，进攻端必须火力全开。这场比赛的主宰正是C罗，他再度成为皇马救世主。比赛第16分钟，皇马打破僵局。卡瓦哈尔右边路突破时送出横传，球打在后卫腿上发生变线，球速变慢，滚到C罗脚下。C罗顺势跟进右脚推射轻松破门，1比0。沃尔夫斯堡是C罗职业生涯第31支在欧冠中攻破球门的俱乐部，仅仅过去一分钟，比赛第17分钟，皇马扩大比分，克罗斯开出前场角球，C罗起跳头球攻门将球顶进，2比0。这是C罗在2016年打进的第20个进球，本赛季各项赛事为皇马打进的第45球。本赛季欧冠进球数已经达到15球，距离自己在2013/2014赛季创造的个人单赛季欧冠17球纪录仅差2球。此外在欧冠淘汰赛阶段，C罗36场比赛为皇马打进33球，职业生涯已经在欧冠比赛中攻破德甲球队球门16次，德国俱乐部是C罗破门最多的球队。第76分钟，古斯塔沃铲倒正面突破的莫德里奇，皇马获得任意球，C罗操刀主罚，右脚直接打门，球飞进球网，3比0。C罗上演帽子戏法！这是C罗职业生涯第15次在欧冠四分之一决赛中破门，超越了迪斯蒂法诺的14球纪录。同时这也是C罗第11次在欧冠中通过直接任意球破门，追平了皮耶罗。正是凭借C罗的帽子戏法，皇马3比0战胜沃尔夫斯堡，总比分3比2淘汰对手，挺进欧冠半决赛，皇马连续第6个赛季闯进欧冠四强。

第五十八回

联赛一分之差屈居次席，欧冠“斩落”马竞惊险夺冠

2016年4月16日，西甲联赛第33轮，皇马客战赫塔菲。这场比赛，C罗打进1球，这是他本赛季打进的第47球，其中联赛打进31球。最终比分，5比1，皇马大胜赫塔菲。之后，西甲联赛第34轮，皇马在主场3比0战胜比利亚雷亚尔。西甲联赛第35轮，皇马客场3比2逆转击败巴列卡诺。4月28日，欧冠半决赛首回合，皇家马德里在客场与曼城0比0握手言和。4月30日，西甲联赛第36轮，皇马客场1比0战胜皇家社会。5月5日，欧冠半决赛第二回合，皇马主场对阵曼城，曼城队费尔南多进了一个乌龙球，皇马1比0战胜曼城，总比分1比0淘汰曼城，进入欧冠决赛，欧冠历史上第二次上演同城决赛德比，3年内皇马和马竞将第二次上演欧冠决赛马德里同城德比。此外，连续5场比赛，C罗都没能进球，这对于C罗来说并不常见，不过很快，他的进球就到来了。

5月9日，西甲联赛第37轮，皇马在主场迎战瓦伦西亚。比赛第26分

钟，马塞洛左路斜传禁区前，C罗禁区线上横带一步闪开角度，起脚打门，球蹿入球门左下角。第59分钟，卡塞米罗中场断球后送出直塞，C罗突入禁区左脚抽射破门，C罗上演梅开二度。再加上本泽马的破门，皇马3比2战胜瓦伦西亚。5月14日，西甲第38轮，皇马客场对阵拉科鲁尼亚，皇马第8分钟取得领先，贝尔突入禁区左侧回传，本泽马小禁区前第一时间横传，无人防守的C罗扫射入网。皇马第25分钟扩大比分，克罗斯开出角球，C罗小禁区边缘力压莫斯奎拉，头球顶进左下角，C罗梅开二度。下半场时，C罗似乎有些不适，为了欧冠决赛，保险起见，C罗被换下场。

最终，皇马2比0客场战胜拉科鲁尼亚，不过皇马仍以1分之差落后巴萨，夺得西甲联赛亚军。2015/2016赛季西甲联赛，C罗出场36次打进35球，还有11次助攻，位居西甲射手榜第二。第一名是苏亚雷斯，那个赛季，苏亚雷斯西甲出场35次打进40球，同时贡献了16次助攻，表现非常抢眼。对于C罗和皇马来说，那一赛季还有一场大决战在等待着他们，那就是欧冠决赛，皇马对阵马竞!

5月29日，2015/2016赛季欧冠决赛在意大利米兰圣西罗球场举行，对阵双方是皇马和马竞，两支球队都太熟悉对方了。和上一场欧冠比赛的首发阵容相比，马竞这场比赛对首发做出一处调整：后防线上萨维奇取代吉梅内斯和戈丁搭档。而皇马也只是做了一处调整：卡塞米罗取代伊斯科，出任工兵型后腰。比赛第15分钟，皇马率先进球，贝尔前场突破被胡安弗兰放倒，裁判判罚任意球。克罗斯将球开至禁区内，贝尔头球摆渡，拉莫斯门前包抄左脚捅射破门，皇马1比0领先。拉莫斯上一次欧冠联赛破门是在两年前的里斯本决赛之夜，对手依旧是马竞。拉莫斯成为历史上第一位在两届欧冠决赛中破门的后卫。第79分钟，马竞扳平比分，胡安弗兰右边路下底传中，卡拉斯科中路包抄右脚打门得手，1比1。

卡拉斯科成为欧冠历史上第一位在决赛中进球的比利时人，胡安弗兰也成为欧冠决赛历史上第一位两次送出助攻的后卫。

之后，双方都没能进球，拼到比赛最后阶段，C罗和贝尔罕见地出现了抽筋的情况，可见这场比赛消耗之大。120分钟之后，比分还是1比1。两支球队进入残酷的点球大战。皇马率先主罚，当时25岁的卢卡斯·巴斯克斯首先登场，巴斯克斯右脚打门骗过奥布拉克推射球门左下角轻松命中，1比0。格列兹曼第一个代表马竞出战，他选择左脚推射球门左下角，纳瓦斯判断错误，1比1。马塞洛随后出场，左脚抽射命中，2比1。马竞队长加比紧接着出场，推射命中，2比2。皇马第三个出场的是贝尔，左脚推射轻松罚进，3比2。马竞第三个出场的是萨乌尔，成功骗过纳瓦斯将球打进，3比3。拉莫斯在第四轮中出战，皇马队长推射命中，4比3。胡安弗兰随后出战，结果球打在门柱上，比分依然是4比3。C罗第五个出场，再现大心脏，罚中点球，5比3，皇马总比分6比5惊险夺得欧冠冠军！这是皇马队史第11座欧冠冠军奖杯。C罗那个赛季在欧冠中打进16球，还有4次助攻，获得了欧冠最佳射手。可以说，皇马能夺得欧冠冠军，C罗功不可没！

第五十九回

欧洲杯扩军惹争议，葡萄牙连平险晋级

对于C罗来说，2016年夏天还有一个非常重要的战役在等待着他，那就是2016年欧洲杯。

2016年是欧洲杯扩军到24支球队后的首届赛事，关于欧洲杯扩军还要追溯到2008年。当时，欧足联执行委员会在法国波尔多通过欧洲杯扩军方案。苏格兰是最早提出欧洲杯扩军提议的地区，因为连续4次缺席欧洲杯，苏格兰足协向上反映，希望欧足联增加参赛名额，以便普惠到更多国家的想法。对于这一议案，时任欧足联主席普拉蒂尼非常支持。不过关于欧洲杯扩军，引发了广泛争议，很多人士认为扩军之后的欧洲杯会影响比赛观赏性，用数量牺牲质量的做法是欧足联在利益驱使下对足球的不负责任。同时，也有很多人指出普拉蒂尼力推24队赛制是为了赢取个人声誉，因为早在他竞选欧足联主席时，普拉蒂尼就曾拉拢过欧洲足球弱势地区的选票，所以上任之后，普拉蒂尼想尽办法去实现当初的承诺。对此德国时任足协主席尼斯巴赫在扩军后指出，欧洲扩军到24队后，将从预选赛开始注水，届时不管如何分组，都有绝大部分小组中出现半数球队晋级的情况。另外，不少强队由于出线名额的增加，更可能提前多轮就锁定晋级资格，从而让后几轮的预选赛提前进入垃圾时间，也导致默契球在最后时刻滋生。进入决赛圈后，同组球队之间过于悬殊的实力让弱队们选择在面对强队时全面龟缩防守，欧洲杯将出现更多令人乏味的场次。不过，从足球运动全球化角度来说，增加洲际大赛的参赛名额对于帮助各地区足球快速发展无疑有着推动力，在这方面世界足联以及各大洲足协早早便达成了共识。总体来看，欧洲杯继续扩军仍旧是时代之需，在进入21世纪后足球市场的深度发展也成了推动欧洲杯扩军的最终导向。

2016年欧洲杯的扩军，其实对于葡萄牙国家队来说，是一次良机。那一年，葡萄牙与冰岛、奥地利和匈牙利分在一个小组，大家都觉得葡萄牙拥有超级球星C罗，小组出线应该不成问题，但球迷没想到的是，葡萄牙小组出线竟然遇到了特别大的阻碍。第一场对阵首次打进欧洲杯决赛阶段的冰岛，葡萄牙踢得异常艰难。上半场比赛纳尼率先打破僵局，下半场比赛冰岛队比亚纳森扳平比分，最终葡萄牙1比1与冰岛握手言和。这场比赛，C罗并没有取得进球。第二场小组赛，葡萄牙面对奥地利，葡萄牙想获得晋级主动权，本轮必须全力以赴击败奥地利。本场比赛是C罗第128次代表葡萄牙出战，C罗超越菲戈成为队史第一人。然而这场比赛，C罗却多次错失良机，特别是比赛第78分钟，格雷罗左路突破后传中，辛特雷格禁区中路放倒C罗，主裁判果断判罚了点球。但是这个点球，C罗没有打进，球击中左门柱弹出。最终比分0比0，葡萄牙又收获一场平局。这个时候，舆论对葡萄牙非常不友好，特别是对C罗的质疑声纷至沓来，觉得他没有起到领军作用。第三场小组赛，葡萄牙对阵匈牙利就显得尤为重要了，这场关键战，C罗挺身而出，他一个人拯救了葡萄牙国家队。第18分钟，里卡多·卡瓦略头球解围不远，格拉禁区外控制

第二点，胸部卸球后直接起左脚低射直挂死角，0比1。匈牙利队取得领先。第42分钟，C罗后撤组织，然后将球直塞给禁区内的纳尼，纳尼插上接球后抢在防守球员封堵前果断低射将球打进，1比1。第46分钟，绍洛伊为匈牙利赢得任意球，茹扎克的直接任意球打在人墙戈麦斯肩上形成折射，飞入球网，1比2，葡萄牙又一次落后。第49分钟，若昂・马里奥右路传中找到禁区内的C罗，后者后脚跟一磕完成破门，帮助葡萄牙扳平比分，2比2。第54分钟，茹扎克的任意球打在人墙上弹回，他果断起脚远射打在纳尼的腿上变线，直挂死角，2比3，葡萄牙又落后了。第60分钟，夸雷斯马替补安德烈・戈麦斯出场。1分钟后，刚替补出场的夸雷斯马战术角球左路传中助攻禁区内的C罗头槌破门，3比3！帮助葡萄牙再次将比分扳平。最终比分也定格在了3比3，葡萄牙死里逃生。葡萄牙排在小组第三，战绩优于阿尔巴尼亚与土耳其，成功晋级十六强。

第六十回

埃德尔突施冷箭破门，葡萄牙夺欧洲杯冠军

2016年欧洲杯八分之一决赛，葡萄牙的对手是克罗地亚。这场比赛，双方缠斗了90分钟，比分依旧是0比0，随后进入加时赛。加时赛第117分钟，雷纳托·桑切斯反击中突破分球，纳尼禁区左侧斜传，C罗小禁区右上角小角度射门被苏巴西奇勉强扑挡，夸雷斯马近距离头球顶入空门，葡萄牙1比0绝杀克罗地亚，晋级欧洲杯八强，八强对手是波兰。

欧洲杯四分之一决赛，葡萄牙对阵波兰。上半场比赛莱万多夫斯基开场后闪电破门，雷纳托·桑切斯远射扳平比分。下半场双方走马换将都没有进球，90分钟内两队打成1比1平。比赛进入加时赛。双方依然没有破门，比分依然是1比1，之后，进入点球大战。点球大战中，葡萄牙队五罚五中，波兰队布瓦什奇科夫斯基第四轮打门被帕特里西奥扑出，最终，葡萄牙队点球大战5比3取胜，总比分6比4击败波兰晋级半决赛。半决赛对手是威尔士。

半决赛对阵威尔士，C罗表现非常出色。比赛第50分钟，格雷罗左路战术角球传中，C罗小禁区前力压切斯特强力冲顶破门。他以9个进球追

平普拉蒂尼在欧洲杯的进球纪录。葡萄牙第54分钟扩大比分，C罗远射制造威胁，无人防守的纳尼铲射令球偏转入网，2比0。最终葡萄牙2比0战胜威尔士挺进决赛，决赛对手是东道主法国。

欧洲杯决赛赛前举行简短闭幕式，上届冠军西班牙队核心哈维携德劳内杯入场。舞者在场地上拼出“MERCI”（谢谢）。DJ格塔与女歌手莎拉·拉尔森再度联手演绎本届主题歌《为你而战》。

葡萄牙对阵法国这场欧洲杯决赛，谁都不会想到，上半场，C罗意外伤退。比赛第8分钟，C罗左腿膝盖便被帕耶狠狠地撞击。经过队医处理后，C罗重新回到赛场，然而10分钟过后，比赛第18分钟，C罗在中场无球倒地。导致他无法坚持比赛的原因正是此前与帕耶的冲撞，在确定自己无法比赛之后，C罗留下了遗憾的泪水。此时，一只飞蛾飞到C罗身边，似乎在为C罗感到遗憾和可惜。C罗这次离场，也令他成了欧洲杯决赛历史上第二早被换下的球员，2012年决赛，意大利的基耶利尼开场仅21分钟就因伤被换下。没有了C罗的葡萄牙只得选择以保守的战术应对强大的法国，凭借顽强的防守，葡萄牙队在常规时间内成功地抵挡住了法国的攻势。

加时赛，接受完治疗的C罗来到场边辅助教练桑托斯进行战术指挥，他的重返球场也为葡萄牙上下提振了士气。

比赛第109分钟，葡萄牙替补前锋埃德尔在禁区外一脚冷射破门。凭借这一进球，葡萄牙率先取得了领先。在此后比赛中，领先的葡萄牙继续防守，当法国此起彼伏的攻势最终无果之后，葡萄牙也成功战胜强敌，葡萄牙夺得了2016年欧洲杯冠军！对于C罗来说，这个冠军弥足珍贵！

第六十一回

C罗落叶球破里斯本，齐祖施妙计塑新体系

书接上回，上回书说到，C罗和葡萄牙在欧洲杯决赛精诚团结，加时赛1比0击败法国，建立不世之功。C罗也一雪2004年欧洲杯决赛的耻辱，为祖国带回了队史第一座欧洲杯冠军奖杯。

终场哨声吹响后，C罗和老帅桑托斯激情相拥。从纳尼手里接过队长袖标高举奖杯后，C罗在更衣室做了葡萄牙本届杯赛的最后一次演讲。在队友喝彩中，C罗上身一缕不着，青筋渐起，声若洪钟。

在演讲中，他将此刻称之为人生最重要的一天，就连金球奖和欧冠冠军都无法与之相比。在相继感谢了队友、医护人员和其他工作人员之后，C罗特别感谢了主帅桑托斯，并在赛后组织队友聚餐，用一醉方休的方式庆祝这一功绩，领袖气质尽显。这样的领导能力也是葡萄牙过关斩将，最终拿下欧洲杯冠军的关键所在。

赛后的各类采访，主帅桑托斯对C罗自然是夸赞不止，但在之前的120分钟，最让老帅印象深刻的却不是埃德尔的进球，而是替补发威之前，C罗一边指挥比赛，一边和他说的那一句：“老爹，我觉得这场比赛

已经胜利在握！”这种对队友的信任，以及对比赛过程的把控，也让久经沙场的老帅桑托斯暗叹不已。

葡萄牙的欧洲杯之旅至此告一段落，但C罗的2016年还没有结束。2016/2017赛季大幕拉开，人们看到了一个更成熟的C罗。在主帅齐达内劝说下，C罗终于一改过去几个赛季的铁人作风，开始根据齐达内的战略进行轮休，通过合理的休息保证自己的竞技状态始终处于最佳水准。

不同于过去几个赛季C罗坐上替补席引发的争议，齐达内对C罗的轮休很快就赢得了各方的一致好评，也包括C罗本人。步入30岁后的第一年，C罗几乎赢得了职业球员可以赢得的一切，这让C罗在接下来的新赛季中更加从容，对阵高强度比赛的态度也更加谨慎。站在C罗整个职业生涯的角度，这无疑延长了C罗的运动寿命。

在皇马，C罗继续发力，2016/2017赛季西甲第3轮，皇马对阵奥萨苏纳。上半场达尼洛补射破门，随后克罗斯“托尼带水”，角球助攻拉莫斯得手，下半场克罗斯的角球再度助攻佩佩破门，莫德里奇则为伯纳乌的观众献上第5球。在比赛最后30分钟，里埃拉和大卫·加西亚方才为奥萨苏纳打入两记挽回颜面的进球，比分最终定格在5比2。

在熟悉的欧冠赛场，C罗的进球同样没有缺席。对阵葡萄牙体育的欧冠小组赛，面对梦开始的球队，面对几个月前并肩作战的帕特里西奥，C罗兵行诡道，暗度陈仓，并没有选择用熟悉的电梯球轰开老东家的球门。只见C罗于人群间“杀心”渐起，目光坚毅，放出一记落叶球，球划过一道绝妙的弧线，绕过了对手的整条后防线，直接将帕特里西奥钉在原地，最终凭借C罗的进球，以及莫拉塔第94分钟的绝杀，皇马主场2比1力克对手。

2016年9月28日，欧冠小组赛皇马客场挑战多特蒙德，在赛前，媒体谈论的焦点却不是双方的排兵布阵，而是皇马队内两大头牌C罗和贝尔的关系。在球场内外，C罗和贝尔用表现共同击碎了外界的质疑。第17分钟，贝尔接J罗手术刀传球，一记横传击穿了多特蒙德的后防线，C罗拍马赶到，一记冷射越过多特门将布尔基，抽射右上角得手。在奥巴梅扬乱战扳平比分后，C罗再度找到机会，接本泽马右侧传中小禁区线上头球破门，可惜越位在先。

中场休息结束后，人们惊讶地发现，此前被媒体营造为势同水火的C罗和贝尔竟然同时从更衣室走出，期间有说有笑，俨然一种袍泽的亲密感。

两个人的亲密无疑缓解了皇马队内的压抑氛围，皇马下半场攻势如潮，瓦拉内第68分钟借助角球在多特禁区内乱战得手，将皇马的统治力转化为实在的得分，但他们没能挡住多特和图赫尔的搏命进攻，许尔勒第86分钟迎球抽射，多特青年军2比2逼平了上届冠军皇马。

进入10月后，伊斯科和莫拉塔逐渐赢得了齐达内的信任，开始更多进入轮换阵容，C罗也在新体系中找到了自己的进球方式。10月15日客场挑战贝蒂斯，C罗正是接到了莫拉塔的传递，斜刺里“一团紫色”翻身进入贝蒂斯禁区，怒射左下角得手，皇马此战多点开花，以6比1横扫安达卢西亚的二当家，打出了久违的气势。

10月29日，C罗和皇马的好状态还在继续。阿拉维斯的反应很快，开场第6分钟，阿拉维斯就由维森特首开纪录，但皇马的反应也不慢，比赛第16分钟，C罗点球骗过帕切科扳平比分。第23分钟，纳乔换下受伤的佩佩，但皇马的攻势依然凌厉。第32分钟本泽马直塞，C罗人群中强行扭着身子轰出电梯球，一道弧线让人梦回老特拉福德，点燃了C罗球迷的心。在比赛末段，马塞洛活跃起来，先是助攻莫拉塔扩大比分，随后和C罗边路打出2过2配合。两个人戏耍阿拉维斯整条后防线，最后还是C罗，内切横移后反身抽左侧得手，完成了本赛季第一个帽子戏法。可谓风沙卷石难撼地，柔风细雨易冲天，皇马整个10月联赛轰进13球，也以3胜1平的战绩结束了当月联赛赛程。

一个帽子戏法出现了，第二个还会有多久？11月19日，C罗给出了答案。对阵马德里竞技，上赛季欧冠决赛的翻版，C罗再度统治了比赛：面对世界上最佳门将之一的奥布拉克，C罗的任意球经折射后，绕过马竞门神的十指关，即使奥布拉克做出了两次反应，也难耐C罗天神下凡。随后皇马获得点球，C罗的稳定也一如几个月前的欧冠决赛，在12码前统治着奥布拉克。点球一蹴而就，皇马继续扩大比分。进球后，C罗选择跑到摄像机前，一手抚颔，回应了外界对他的批评和质疑。

作为上赛季欧冠决赛级别的球队，西蒙尼和马竞当然不愿意束手就擒，而这也给了皇马反击的机会。贝尔风驰电掣左路杀出一条血路，又是C罗垫射破门，这球不仅让C罗完成第二个帽子戏法的功业，也让皇马将比赛收入囊中。有诗赞曰：圆月几多近成空，白袍千军娇如龙。是非成败物相似，胜天半子人不同！

战胜同城对手后，皇马全队士气大振，俨然是各项荣誉的最强争夺者，如此气贯长虹的状态，置身其中的C罗能不能拿下个人第四座金球奖呢？

第六十二回

皇马横滨斩冠，C罗金球夺魁

书接上回，马德里德比C罗上演帽子戏法，继续保持着对金球奖的竞争力，而在同城德比后，依然没有球队能挡住C罗的脚步。

2016年11月26日，皇马主场迎战希洪竞技，C罗再一次主宰了比赛。先是一个点球破门，这次C罗依然采用了他标志性的战斧式作为起手，随后助跑打门一气呵成，一个进球就让伯纳乌的观众们陷入疯狂。但C罗的表演还没有结束，距离上一个进球刚刚过去十几分钟，本场踢左后卫的纳乔传中球找到了C罗，虽然是逆足，但传球质量极高。只见C罗身处对手包围，脚下却丝毫不乱，屈膝如猛虎匍匐，脚下似老树盘根，身前是电光火石，身后乃强敌环伺，几乎要复刻2012/2013赛季主场对曼联那记让弗格森暴怒的头球。随着球下坠，C罗却是一个四两拨千斤，二马一错蹬的工夫就绕过了希洪竞技的整条后防线，通过卸力顶向了门将的反方向，顺利完成梅开二度。虽然希洪竞技的卡尔莫纳在第34分钟扳回一球，但球队无奈C罗天神下凡，皇马最终以2比1的比分拿下了3分。

进入12月，年末的世俱杯成了皇马和C罗在2016年最后一个小目标。说到在国际杯赛的历史，皇马的表现并非十全十美。“银河战舰”一期，在当时世俱杯的前身——丰田杯上，皇马曾经以0比2输给里克尔梅领军的博卡青年，现任主帅齐达内亲历了那场比赛，因此本次出战国际赛事，皇马上下备战的专注程度自然是毋庸置疑的。

和皇马一样，年内已两次登顶欧洲的C罗也希望用一个世界冠军告别2016年。半决赛对阵墨西哥美洲，C罗再一次闪耀全场，面对对手的造越位战术，C罗接J罗直塞完成鬼魅跑位，面对出击的门将不停球抽射得手，皇马也以2比0的比分锁定胜局。值得一提的是，这是C罗俱乐部生涯的第500球，C罗在异国他乡横滨和球迷们共享里程碑之夜的喜悦。

到了决赛，坐拥主场之利的鹿岛鹿角并不愿意束手就擒。开场第8分钟，莫德里奇的撩射就考验了鹿岛鹿角的门将曾端准。虽然他能封住莫德里奇的射门角度，但本泽马依然补射破门，皇马取得梦幻开局。随后鹿岛鹿角让现场球迷见证了他们的韧性，柴崎岳在第43分钟乱战抽射破门，又在第51分钟连续晃动后左脚世界波建功，8分钟内逆转局势。横滨国际综合竞技场的现场观众们顿时沸腾。

如此逆境，又是C罗站出来拯救了球队。在此之前，C罗并没有处于最佳状态。上半场因为调整不够流畅，C罗错失了一次反击机会，定位球射门也踢在人墙上，但在第58分钟，凭借巴斯克斯突破造成的点球，C罗再度利用点球破门，让比分重回2比2。在C罗射门瞬间，鹿岛鹿角门将曾端准判断对了C罗的射门方向，并提前做出了预判，奈何C罗摆腿如黑旋风，射门以千斤力，虽然踢出的是低平球，却是炮弹般的射速，可以说在射门的瞬间，这粒进球就已经板上钉钉。

进球后的C罗终于找回了自己，皇马中场重拾强度，也在帮助C罗寻找杀死比赛的机会。下半场后半段，C罗先是用标志性的内切射门考验了鹿岛鹿角的后防线，随后高低腾跃，禁区内移形换影般潜入要害位置，球呼啸破门，但被吹越位在先。随着鹿岛鹿角攻势渐渐平息，两边鸣金收兵，准备进入加时赛的争夺。

加时赛开始后不久，C罗和本泽马互换位置，葡萄牙天王成为皇马事实上的中锋，本泽马则调整到了左边路。这一调整很快就有了奇效。第98分钟，本泽马接球调整后送出直塞，找到了释放天性的C罗。后者没有辜负全队的希望，左脚一步领过后扫射破门，皇马重新掌握比赛主动权。鹿岛鹿角的抵抗还在继续，铃木优磨的头球越过了纳瓦斯的指尖，可惜砸在了横梁上，在第104分钟，C罗彻底杀死了比赛的悬念，克罗斯将球扫给换位到左路的C罗，只见C罗停球飒踏如流星，摆脱轻柔似流苏，干脆中带着一丝无情，一记爆杆射门打的门将曾端准几无反应。随着终场哨声响起，皇马历经加时赛4比2击败鹿岛鹿角，三年内两夺世俱杯。

在2016年年末，最让人期待的除了世俱杯，自然就是金球奖和世界足球先生的归属。2016年，金球奖和世界足球先生宣布分家，在全新的投票方式中，C罗击败梅西和格列兹曼，荣膺2016年金球奖。这也是葡萄牙人生涯第4个金球奖，超越了普拉蒂尼、克鲁伊夫和范巴斯滕，让自己的名字在世界足坛的分量又重了不少。

和前两次获奖不一样，本次获奖的C罗显得很轻松，不但和身边人说说笑笑，还在合影过程中做了不少鬼脸，举手投足间都是满满的自信。毕竟在过去一年，C罗两度加冕欧洲王，自然年内打进54球，带领葡萄牙不败夺欧洲杯冠军，上赛季夺得欧冠冠军的皇马新赛季同样未尝败绩。作为两支球队的灵魂，C罗拿下2016年金球奖自然不让人意外。

在三周后世界足球先生颁奖过程中，C罗再次夺魁，得票率高达34.54%，足以看出C罗此次获奖的实至名归。世界足球先生评选尘埃落定后，C罗在2016年拿下十大个人荣誉，金球奖、世界足球先生、迪斯蒂法诺奖、ESPN最佳球员等一众个人奖项均被C罗揽入怀中。度过了梦幻般的2016年后，C罗又将面临什么样的挑战呢?

第六十三回

C罗自律锻筋肉，皇马联赛势头猛

上回书说到，C罗在2016年年末豪取金球奖，又在2017年摘得世界足球先生，个人声望再上一个台阶。但C罗并没有自满，而是很快投入训练。在卡斯蒂利亚训练中心结束球队集训后，C罗还会进行加练。这是葡萄牙人在少年时就开始保持的习惯，即适当的加练射门和定位球，然后花大把时间泡在健身房，通过无氧训练增肌。

有的人可能会好奇：C罗这些年不是一向以身体素质劲爆著称吗，为什么还要在增肌上下这么大力气？其实往前追溯，当初加盟曼联的C罗并不强壮，羸弱的身体很难适应英超级别的对抗，恩师弗格森和老大哥费迪南德都建议C罗加强身体力量，尤其是上肢力量的提升。而在加盟皇马后，C罗依然没有放松对自己身体的要求。

不少记者也热衷于搜寻C罗自律的点点滴滴，有一个记者还为此采访了C罗的儿子。这位被球迷称为“迷你罗”的孩子从小以父亲为榜样。在他的眼里，C罗平时对自己的要求十分严格，对日常饮食的控制也很到位，平时只吃谷物、牛肉、蔬菜水果等新鲜食材制成的沙拉，极少吃垃圾食品。偶尔一个周末，C罗和儿子实在想吃点好的，就会在家里烤一个比萨解解馋。

经历身体的锤炼之后，C罗的对抗能力更上一层楼，增重之后的葡萄牙天王在禁区内的处理球也变得更加稳定。与此同时，为了承受增重对关节的负担，C罗更需要保持自律的习惯，以保证身体时刻处于最佳状态，减少伤病对身体的侵袭。若干年后的某一天，C罗在社交媒体上邀请曼联前队友埃弗拉来家里吃饭，在得知即将去C罗家中享用沙拉的瞬间，埃弗拉直接拒绝了C罗的提议……

有了这样的身体状态，C罗才能在2016年奔波一年的情况下，全力冲向2016/2017赛季的剩余赛程。新年第一场比赛，C罗和皇马碰上了格拉纳达，虽然对手只是西甲排名第19位的弱旅，但皇马并没有收手的意思。开场前20分钟就由伊斯科和本泽马破门，皇马2比0领先。比赛第26分钟，C罗也迎来了属于自己的进球。又是好友马塞洛，左路穿花绕蝶后右脚送出高水平传球。这一次C罗并没有上演之前的邪魅跑位，而是和本泽马同时倚在禁区，一个好似古刹夜叉，游弋如白影，勾住万千人的魂魄；另一个活像魑魅魍魉，杀人于无形，叫你三更死，谁敢留你到五更？格拉纳达门将奥乔亚之前已经丢了两球，此时双鬼拍门，自然更顶不住，目送C罗为皇马打进本场第3球。随后伊斯科梅开二度，卡塞米罗铁树开花，皇马主场5比0大胜，追平巴萨此前保持的39场各项赛事不败的纪录。

此后的国王杯，本泽马补时绝平塞维利亚，为皇马缔造了新纪录。正当人们期盼着齐达内的皇马能更进一步，延续新的传说时，不放弃的塞维利亚却在这个冬天拦了皇马一步。2017年1月15日，就在C罗领取世界足球先生后的第5天，塞维利亚为葡萄牙人送上了一份“大礼”。虽然C罗杀手本性尽显，在下半场一蹴而就，命中了卡瓦哈尔制造的点球，但队长拉莫斯自摆乌龙，约维蒂奇补时献上世界波绝杀，皇马客场1比2饮恨皮斯胡安球场。

随着赛程的深入，C罗的状态越来越好，但皇马却逐渐显露出了疲态。1月26日对阵塞尔塔的国王杯四分之一决赛第二回合比赛中，C罗轰进了个人赛季第3记直接任意球破门，这球距离球门近23米。塞尔塔门将塞尔吉奥很自信，刻意减少了人墙的人数，自己也站在球门的中心位置，一副能将球门镇守的姿态。但很快他就为自己的判断付出了代价，但看C罗擎力如猎豹，摆腿似金刚笔，一脚轰门不问你生从何来，但管你死往何处，球一路向球门奔去，擦着左侧门柱窜进球网，皇马1比1将比分扳平。但在比赛最后时刻，塞尔塔球员瓦斯低射得手，即便巴斯克斯补时救主，但皇马仍以总比分3比4出局，自2010/2011赛季C罗绝杀巴萨夺得国王杯，打破梦三王朝垄断以来，皇马已连续6个赛季无缘国王杯冠军了。

进入冬窗后，皇马状态一直不是太好，而西甲1月份的赛程相对较多，繁密的赛程让齐达内的轮换多少出现了问题。和之前几个赛季一样，舆论的压力折磨着皇马，也压迫着皇马脆弱的更衣室氛围，但C罗并没有抱怨，而是继续用进球帮助球队。2017年1月29日，重回双线作战的皇马主场迎战皇家社会。上半场C罗矫如龙、健如虎，不仅屡次强攻，还灵犀一传找到进入首发的科瓦契奇，帮助后者单挑出击的门将鲁利得手。也是在这次进攻中，C罗观察到鲁利出击的习惯。下半场，科瓦契奇投桃报李，反击战直塞C罗，只见C罗奔袭如猛虎下山，一路策马疾驰杀至禁区右肋，眼神如天山寒铁，脚下如塞上鸿鹄，看他右脚一扫，看客们都以为会是力劈华山的爆射，实际却是“指环王”劳尔附体般的挑射，皇马以2比0扩大了优势。随后巴斯克斯助攻替补登场的莫拉塔头球破门，C罗的门前推射被边裁的越位判罚拒绝，皇马3比0送走皇家社会。

至此，皇马终于调整好了状态。欧冠八分之一决赛前的最后一场联赛，皇马3比1过关奥萨苏纳。C罗神迹再临，右肋打进一记劲射，完美复刻2011/2012赛季在诺坎普天王山制胜球，而在熟悉的欧冠赛场，C罗又将如何发挥呢？

第六十四回

皇马双线接连碰瓷，齐祖豪赌重注C罗

上回书说到，虽然皇马冬歇期后状态波动，但耐不住C罗逆天改命，硬生生地将皇马扳回了胜利的轨道，进入欧冠淘汰赛。C罗的第一个挑战者是来自意大利的那不勒斯。对于C罗来说，这是一个既熟悉又陌生的对手，说它陌生，是因为自打加盟皇马以来，C罗和意甲球队的交手并不多，淘汰赛阶段只在2014/2015赛季和尤文有过两回合的交手。说他熟悉，是因为那两年两家俱乐部在转会市场合作密切，那不勒斯的不少球员还是由皇马卖过去的。2013/2014赛季，那不勒斯为了扩充实力，总花费近1亿欧元拿下了伊瓜因、卡列洪和阿尔比奥尔。虽然夏窗伊瓜因已经高价加盟了尤文，但此番两回合对战，C罗也有了和老队友叙叙旧的机会。

然而，对C罗来说，对阵那不勒斯的记忆并不美好。首回合，客场作战的那不勒斯并不怯场，他们攻势如潮，因西涅在上半场建功。皇马的中场长时间无法组织起有效进攻，随着卡瓦哈尔助攻本泽马破门，皇马才逐渐找回自己。下半场卡塞米罗和克罗斯连入两球，皇马主场3比1顺利告捷。

虽然赢得了比赛，但媒体依然质疑齐达内，为什么皇马的上半场会如此被动。媒体也在此时批评C罗，即便此前皇马身陷囹圄时，正是C罗的进球帮助皇马渡过难关，但很多人依然将本场皇马的被动归咎于葡萄牙人。面对舆论的不利局面，C罗并没有在公开场合做出回应，这是对自己的保护，也是出于更衣室氛围的考量，而他回应所有人的方式，就是在之后的比赛拿出精彩表现。

2017年2月22日，皇马在西甲第16轮补赛中碰上了复兴中的瓦伦西亚。开场仅4分钟，巴萨旧将穆尼尔助攻尤文旧将扎扎破门，瓦伦西亚取得梦幻开局。仅仅4分钟后，C罗的小兄弟纳尼边路传中助攻奥雷利亚纳破门，0比2落后的皇马至此陷入绝境。

在逆境中，那个熟悉的男人回来了。第14分钟，C罗反击战左路快下，利箭纵横划过瓦伦西亚的右路防守，随后的传球也不拖沓，连线J罗铲射几乎得手，但被穆尼尔门线极限救险。第43分钟，C罗终于等来了好机会，又是与马塞洛的连线。虽然皇马禁区内只有C罗一人力敌，但他面无惊惧避敌之色，却有驱虎吞狼之心，步点不散乱，重心不下移，卡住位置后等球稍稍下落，一招旱地拔葱，就得以于百万军中取上将首级，半场前将比分扳为1比2，为皇马保留了逆转比赛的希望。到了下半场，保持领先的瓦伦西亚精诚团结，选择死守禁区，压缩皇马的空间。C罗和皇马几大攻击手难觅良机，最终1比2的比分保持到终场，白衣军团败走梅斯塔利亚，少赛一场的情况下只领先巴萨1分。

在这场比赛后，人们开始看出皇马的微妙之处。齐达内的皇马依然是联赛和欧冠的有力争夺者，但当全队踢不出舒服的比赛时，即便C罗能强行用进球改变比赛局面，也未必能让皇马每一场都全取三分。真真是：抛掷南阳为主忧，北征东讨尽良筹。时来天地皆同力，运去英雄不自由！

面对这样的局面，齐达内拿出了法国足球历史第一人的气魄，让球员将进攻机会向C罗倾斜，将赌注压在了C罗的进球和好胜心上。为此，BBC组合开始重构，本泽马逐渐进入轮换阵容，伊斯科则逐渐摆脱了克罗斯和莫德里奇替补的身份，位置固定在左边锋位置，顶替贝尔和首发进行磨合。在进攻端，伊斯科会在进攻过程中回撤，与莫德里奇、克罗斯和卡塞米罗组成四中场，前场双前锋交替换位，这也给了C罗在进攻中的无限开火权。

这样的调整自然不是异想天开，而是齐达内用丢球磨出来的。2017年2月26日，皇马客场挑战比利亚雷亚尔，又是熟悉的剧情，又是相同的比分。下半场开场后不久特里格罗斯与巴坎布连击，0比2的比分再次将皇马逼入死角。关键时刻齐达内放手一搏，换上伊斯科和莫拉塔。在换上伊斯科仅仅3分钟后，获得解放的C罗就用一记头球敲山震虎，险些帮助皇马击沉“黄色潜水艇”。2分钟后，C罗在禁区内蛟龙出海，机敏跑位如金蛇郎君，迎球怒射如利剑出鞘，身后的马塞洛已经放弃了补射，跑过去准备庆祝了，但球还是被门柱无情拒绝。

皇马的进球并没有等太久，替补上场的伊斯科策动，卡瓦哈尔助攻贝尔头球破门，反击从现在开始。C罗的进球也没有等太久，第74分钟皇马获得点球，葡萄牙人12码前索命“黄潜”替补门将费尔南德斯，一记怒射也宣泄着他此前错失机会的不快。第83分钟，皇马终于完成大逆转，又是C罗反击无私分球，马塞洛传中助攻莫拉塔极限头球破门，皇马至此翻盘成功，3比2击败比利亚雷亚尔。

进攻端遭遇困境，皇马选择相信C罗，孜孜以求为他创造得分机会，而C罗也选择相信俱乐部队友，将自己的注意力集中在破门上。3月联赛首战拉斯帕尔马斯，C罗再次闪耀，扛起了球队的进攻火力。本场比赛上半场，虽然皇马由伊斯科先拔头筹，但拉斯帕尔马斯很快由塔纳扳平比分。下半场皇马接连犯错，贝尔被红牌罚下，拉莫斯送点助比埃拉反超，博阿滕破门几乎杀死比赛。直到比赛第86分钟，皇马和C罗终于找到了感觉，葡萄牙人点球再破巴拉斯，杀手本色尽显。3分钟后，又见C罗腾云驾雾闪进前点，于无声处平地起惊雷，让J罗的弧线传球变为助攻。C罗疾步前行一路风驰电掣，门前回眸迷倒万千众生，一记头球绝平拉斯帕尔马斯，拒绝逆转。在适应了皇马新体系后，C罗又将带给我们什么样的惊喜呢？

第六十五回

C罗迎转型挑战，南大王虎视眈眈

上回书说到，齐达内赛季中期变阵，C罗也延续着自己的进攻火力，帮助皇马屡屡渡过难关。在连胜鼓舞下，全民皆兵的皇马也开始发挥，在C罗神奇梅开二度绝平拉斯帕尔马斯之后仅仅三天，轮休C罗和克罗斯的皇马遭遇埃瓦尔。轮休多名主力后，阿森西奥和巴斯克斯这样的小将进入首发，而皇马最终势如破竹，本泽马半场两球，J罗和阿森西奥也有斩获，皇马4比1轻取埃瓦尔。

皇马的好状态能让C罗得到更好的休息，而在养足精神之后，一个更好的C罗也能让皇马距离各项荣誉更进一步。一周后的西甲联赛，皇马主场迎战皇家贝蒂斯，客场挑战的贝蒂斯并不愿意放弃证明自己的机会，开场第24分钟反客为主，由萨拉布里亚推射建功，皇马主场0比1落后。危难之际，马塞洛的左路传中找到了C罗，球划过一道美妙的弧线，角度极佳但力量欠缺，传到C罗身体偏后位置。但见葡萄牙人原地调整步点，左牵黄右擎苍，须臾间稳住了重心，也卡住了抢点的位置。随后他转身如东皇帝君轻启，浩浩乎如冯虚御风，而不知其所止，不经意的小跳步之后，半转身瞬接狮子摇头，几乎没有给贝蒂斯球员任何反应的机会，球急速下坠轰进右侧死角，皇马1比1扳平比分。

进球后的C罗单手指天，和伯纳乌山呼海啸的球迷们互动着。要知道，这里的球迷们堪称世界上最挑剔的一部分，此前皇马但凡战绩不佳的时候，伯纳乌的球迷总是不吝嘘声，丝毫不给队内球星留半分情面。面对C罗创造的奇迹，伯纳乌的球迷们并不吝惜自己的掌声，虽然只是扳平比分，但伯纳乌已然欢声雷动。下半场易边再战，第81分钟皇马终于杀死比赛，“托尼带水”重现江湖，克罗斯角球助攻拉莫斯反超比分。第92分钟纳瓦斯再次拯救了皇马，纳瓦斯极限封出了阿莱格里亚的射门——这只是一个瞬间，但不久之后C罗和皇马都会明白，一个状态满格的纳瓦斯有多么重要。终场哨声响起，皇马主场2比1险胜皇家贝蒂斯，积分榜上再次反超巴萨。

随着赛季的深入，人们逐渐发现，C罗如今的踢球风格也发生了改变。刚在曼联踢上比赛的C罗，最让人印象深刻的就是他花哨的技术以及极强的得分能力。后来随着恩师弗格森和吉格斯这些老大哥们的提点，C罗逐渐进化成全能得分手，不只是提升了双脚的射术，还开发出了头球、任意球、远射等一系列进攻手段，这也让他能在曼联前场的三个位置产生威胁。这样的C罗拿下2007/2008赛季重大荣誉，以C罗为核心的“红魔”也在2007/2008赛季也站上了欧洲之巅。

这样的C罗一直延续到2009/2010赛季之后。这一年，C罗加盟皇马，第一年的西甲进球数就超过了梅西，但这年皇马联赛无缘夺冠，欧冠止步十六强，C罗个人生涯的第2次世界杯之旅也并不成功。2010/2011赛季开始后，C罗开始与穆里尼奥合作，同为葡萄牙人，穆里尼奥自然清楚持球边锋的价值。自合作的第一个赛季开始，C罗就成了穆里尼奥手下的持球核心，无论是阵地战还是反击战，C罗都享有极高的球权，标志性的内切也是这一时期葡萄牙天王的主要得分手段。这样的调整很快有了回报，将帅合作的第二个赛季，C罗单季西甲46球为个人生涯最佳。皇马联赛100分也创造了新纪录，C罗搭配贝尔和本泽马组成BBC组合，2013/2014赛季的皇马也拿下队史第10座欧冠冠军奖杯。期间C罗拿下了两个金球奖，在追赶梅西的道路上迈出了坚实的一步。

但在2013/2014赛季冲刺阶段，C罗的左侧膝盖患上了肌腱炎，这是一种慢性膝盖疾病。即便在今天运动医学已经取得长足进步，但C罗罹患的慢性病仍然没有根治的办法。随着病情恶化，只要没有充足休息，C罗膝盖的承受力就会下降，这让他无法稳定保持高强度的盘带和大力射门。2016年欧洲杯决赛被帕耶撞倒后，C罗的膝盖更加脆弱。转型是出于整个职业生涯的考虑，到了新赛季，C罗开始转型为无球攻击手。这次转型并不像曼联时期一样，而是将持球交给中场，自己作为无球点跑动并寻找机会；阵地战则是更多地进入禁区，用大量的抢点和头球得分代替之前的内切和定位球。受制于膝盖发力，他的任意球和远射能力都有所下降，但多年的比赛经验让C罗更懂得在禁区制造空间，门前感觉和跑位也越来越简练。再加上C罗长期以来练就的射门能力，就算不能一个人解决问题，C罗依然能维持恐怖的得分效率。

2016/2017赛季渐趋白热化，人们也逐渐适应了C罗的变化。2017年3月7日皇马3比1战胜那不勒斯的欧冠第二回合，拉莫斯梅开二度，莫拉塔补时锦上添花，本场比赛C罗没有进球。上半场有一次射门击中立柱，至此C罗本赛季前8场只进两球，距离刚刚逆转巴黎的梅西还有8球的差距。联赛连克毕尔巴鄂竞技、阿拉维斯和莱加内斯，又打平老对手马竞后，拜仁成了C罗即将在征服欧洲的路上逾越的下一个目标，届时C罗又将会有什么样的表现呢？

第六十六回

安胖齐祖同场斗法，C罗再献梅开二度

上回书说到，C罗经过转型后依然维持着不错的竞争力，皇马也是一路高歌猛进。在经历一波连胜后，他们即将在4月份欧冠赛场迎来拜仁慕尼黑的挑战。说到历史，两支球队都是欧洲数一数二的豪门，且彼此之间直接交手相当多，两支球队之间的对决也有“欧洲德比之称”。在这轮欧冠四分之一决赛开打之前，两队历史上共计22次交手，其中在欧冠中交手16次，拜仁拿下其中的10场胜利，稍占上风，但在这样的高手对决中，这一点的心理优势根本算不上什么。与之相比，皇马忌惮拜仁的地方在于：一是拜仁自2010/2011赛季以来从未缺席欧冠四强，二是拜仁当时的主帅正是带领皇马夺得第10个欧冠冠军的安切洛蒂，“南大王”完全可以在皇马之前提前预判，做到知己知彼。

对于C罗来说，拜仁也是一个相当熟悉的对手，自C罗2009年加盟皇马以来，葡萄牙人已和拜仁在欧冠上打过了两轮系列赛。2013/2014赛季在安联球场的梅开二度，可以说是C罗在欧冠赛场上的代表作。2011/2012赛季最后时刻点球憾负拜仁，穆里尼奥长跪不起的画面也是C

罗职业生涯中抹不去的阴影。此番碰上实力强劲的老对手，C罗也得以一手了结两队恩怨，新仇旧恨一起算。

首回合比赛于2017年4月12日准时打响。由于佩佩上一场被克罗斯撞伤，本场皇马只能派出拉莫斯和纳乔搭档中卫，这也为皇马随后的比赛埋下了隐患。开场后拜仁牢牢控制比赛节奏，开场前4分钟获得3个角球，第1分钟就由罗本右路角球传中，找到了禁区内的比达尔，这是安切洛蒂在针对皇马的防空劣势做出的战术安排，但球被纳瓦斯稳稳没收。

虽然场面稍显被动，但皇马这边也有拜仁忌惮的套路，那就是C罗的得分能力。开场后不久，C罗的一次带球造成了对手犯规，随后他在左肋拿球后只调整一步，就斜晃出了一丝射门空间，随后左脚平地起惊雷，逆足轰出一记速度奇快的射门，可惜被对位的哈维·马丁内斯封堵。皇马也看出了今天C罗强烈的射门欲望，开始让BBC组合持续换位，为C罗和几大攻击手腾出射门空间。

这样的布局很快有了效果。虽然拜仁占据控球权，但他们没法限制C罗的推进。第16分钟正是C罗边路走单骑，一路策马扬鞭推进至禁区左侧，于三人包夹中横敲本泽马，想象力十足，角度也极其考究，刚好逮住了拜仁中卫博阿滕启动慢的弱点，为皇马拿到了一个20米左右的定位球。这次C罗的射门虽然球速极快，但重心没有压住。

禁区外脚感不佳，就试试在禁区内做文章。一分钟后拜仁旧将克罗斯移动到右肋，一脚传球砸向后点。此时C罗的牵制带走了博阿滕的注意，本泽马力压阿拉巴头球中楣，皇马错失良机。另一边拜仁则是以不变应万变，继续在右路利用罗本和拉姆的牵制做文章，让阿拉巴和比达尔分别寻得良机，最终也是由比达尔利用了皇马的防空漏洞，头球打破僵局。

进球后的拜仁自然士气大振，比达尔的后插上依然是皇马的心腹大患，但C罗再次予以回应。第42分钟葡萄牙人稍稍回撤接球，后在禁区前翻江倒海霸王翻身，须臾间左脚未有拖泥带水，右脚却是力拔山兮之力，一记抽射直向球门死角，外带急速下坠，可惜被诺伊尔封出。然而，在上半场结束前，里贝里射门命中卡瓦哈尔，主裁判果断判罚点球，但比达尔未能抓住机会，点球命中横梁，皇马带着0比1的比分返回更衣室。

所谓高手对决，任何一个筹码都能压垮脆弱的平衡，进而影响最终的走势。易边再战，错失良机的拜仁付出了代价，皇马下半场不抢开局，但节奏不慢，三脚传球助卡瓦哈尔得到传中机会，但见C罗前脚不疾不徐，尚在弧顶气定神闲，后脚突然而至，一记抢点那是劈斧开山之力，只用一线光明就将拜仁全队打入凡间，1比1，皇马扳平比分！

进球后的皇马逐渐占据主动，莫德里奇传球假动作后秒接传球，贝尔的前插几乎骗过所有人，但头球攻门还是被诺伊尔拒绝。在皇马打入客场进球后，拜仁的心态也发生了变化，又是C罗，反击战单挑哈维・马丁内斯。葡萄牙人先是左脚连续触球，晃过拜仁中卫的重心，随后虚右实左，在对手断球前体前变向。拜仁中卫只能犯规，结果领到本场第2张黄牌被罚下场，拜仁在接下来30分钟只能以10人迎战。

此后皇马攻势如潮，就连拉莫斯都压过了本方半场参与进攻，然而无论是本泽马的撩射，还是C罗于两人间闪转腾挪后的劲射，都难耐诺伊尔的十指关。正当人们以为这场比赛就要以一场平局收场时，C罗又一次站了出来。第76分钟阿森西奥左侧45度传中找到C罗，但见葡萄牙天王移步动如脱兔，抢点间不容发，上身如项王再世万夫莫当之勇，陷阵临敌，脚下是虎狼雄起奔走如风之势，拳拳及肉，一击捅射越过了拜仁的坚毅和铁血，穿裆诺伊尔反超比分，打进个人欧战百球的同时，也为本场比赛奠定基调。

比赛最后15分钟，马塞洛险些杀死比赛，本泽马和拉莫斯的进球均越位在先，皇马在安联带走了一场胜利，还有两个客场进球。回到西甲3比2收拾掉希洪竞技之后，养足精神的C罗和皇马得以在伯纳乌迎接拜仁的挑战。面对逼入绝境的德甲巨人，C罗又将如何回应呢？

第六十七回

莱万破门难救主，C罗轻巧斩拜仁

上回书说到，在安联球场的皇马一度陷入困境，但凭借C罗的梅开二度，皇马依然在客场拿下了胜利。C罗为球队打入两粒客场进球，可以说是把晋级的主动权牢牢握在了手里。

花开两朵各表一枝，皇马那边客场告捷士气正旺，拜仁这边却没有放弃的意思。首回合他们虽然主场输球，但在少一人作战之前，拜仁依靠控球稳稳把控着球场的局势，在伯纳乌，阿隆索和罗本都有在此效力的经历，主帅安切洛蒂更是这一代皇马真正的缔造者，比赛还远没有结束。赛前采访时，安切洛蒂依然是一副轻松的做派，他表示皇马和拜仁的两回合注定会变得非常精彩，两队的实际表现难分胜负，拜仁还远未放弃比赛。

第二回合的比赛于2017年4月18日在伯纳乌准时开打。比赛开始前的球员通道内，气氛几近凝固，两队球员虽然有不少是老熟人，但大家并没有打招呼的意思，只有C罗和拉莫斯两个人互相做了个手势，以示鼓励。开场后不久，正是C罗引领了皇马的第一波攻势，本泽马过渡后球交

C罗，后者顺势脚下拉球至身前，维持着皇马四剑齐发的节奏，但C罗停球距离稍大，被对位的拉姆快脚断球交前场。

这一回合攻守易势后，齐达内发现拜仁针对C罗防守做出的调整。首回合拜仁整体采用区域防守，防守球员各司其职，每个人站住自己的位置。这样做的好处是C罗难以进入禁区，就算有30分钟少打一人，整场比赛C罗在禁区内也只有3脚打门。代价则是C罗的拿球普遍很舒服，禁区外有不少随意调整的空间，最后的两个进球也是C罗良好状态的延续。到了这场比赛，安切洛蒂动了心思，觉得不能让对面的当家球星这么舒服，就算是自己之前的得意弟子也不行！于是拜仁在边路开始人盯人，只要C罗在左肋拿球，拜仁就会立刻给他配一个“贴身保镖”。

齐达内很快发现了异常，开始让C罗到右侧活动，和伊斯科做出两个踢墙配合，这次进攻C罗先是一个单车脚下如风，晃出身位后直塞伊斯科再接西班牙天才回传，不停球脚后跟磕回，帮助伊斯科获得大踏步奔袭的空间。这次进攻最终造成了比达尔的黄牌，可惜C罗最后的任意球射门高度不够，被人墙拒绝。

整个上半场，面对盯人的C罗踢得并不舒服，在右路先是一次停球失误，换位到左路后虽然以力凌人，跑身后一度甩开拉姆，但他的突破还是无法对拜仁队长造成威胁。另一边，总比分落后的拜仁攻势不减，阿拉巴和里贝里左路杀得兴起，罗本的射门一度划过了纳瓦斯的指尖，可惜被球网拒绝。皇马这边，C罗也没有放弃回应，先是阵地战标志性内切，调整节奏后完美找到卡瓦哈尔，后者一脚射门几乎洞穿诺伊尔的十指关。随后，C罗反击战获得打门的机会，可惜角度欠佳，也没有对拜仁造成实质性威胁，半场战罢两边依然没能破门。

易边再战，拜仁放手一搏，罗本适度换位到左边，力图压垮皇马的防守。随着罗本左路点名单挑卡塞米罗造点，莱万点球骗过纳瓦斯打入个人欧冠第40球，拜仁客场1比0取得领先，总比分2比2，皇马只剩下了客场进球的优势。

领先后的拜仁士气大振，罗本内切找到前插的比达尔，智利人的凌空垫射几乎逆转了局势，可惜打门高出了横梁，很快他们就为这次错失良机付出代价。又是C罗，在适应了拜仁球员的盯人习惯后，他坚毅的目光瞄准了博阿滕身后，卡塞米罗张飞绣花般送出传中，C罗一个筋斗云翻入博阿滕后方，像2008年的托雷斯一般越过拉姆，气吞斗牛，似活阎罗索命，头球千钧，有龙腾虎跃之姿，一记头球不只帮助皇马扳平比分，还将晋级主动权重新捏回自己手中。

客场作战，比分落后，时间所剩无几，罗贝里组合的体力也已垂尽，但拜仁依然没有放弃比赛。C罗进球后仅1分钟，穆勒和莱万两人杀入禁区，顶着拉莫斯和佩佩抢到第一落点，随后穆勒的缠斗也逼迫拉莫斯出现失误，皇马队长打进乌龙球，拜仁将总比分扳为3比3，两队重回同一起跑线。

扳平大比分后，拜仁开始回收防守，比赛基调转为皇马攻取拜仁的铁桶阵。在皇马的攻坚时刻，C罗永远是最值得信任的攻坚点。比赛最后时刻，马塞洛和巴斯克斯相继与进球擦肩而过，比达尔累积两张黄牌下场，皇马再度赢得了30分钟的人数优势。一切都为C罗准备好了，而C罗自然不负众望。第104分钟拉莫斯斜吊入禁区找到C罗，这球传得实在舒服，葡萄牙人胸部停球后直面诺伊尔。看那C罗翻身若清风追月，调整如水天揽极，面如幽冥地煞，射门杀人诛心，从物理和精神上同时摧毁了拜仁的防线，皇马再度超出比分。

丢球后的拜仁没有选择，只得大举压上，这也回到了皇马熟悉的反击节奏。比赛最后时刻马塞洛一人单挑拜仁后防线，杀至禁区直面诺伊尔后送出横传，助C罗打空门得手。马塞洛用本赛季最精彩的一次单挑助力C罗完成赛季个人欧冠代表作。有诗赞曰：龙城飞将入云中，桃花影落剑难从。古道英雄今安在，道阻且长人匆匆。

过了拜仁这关后，C罗和皇马又要启程前进了，接下来他们将拿出什么样的表现呢？

第六十八回

伯纳乌巴萨取三分，欧冠赛皇马胜一筹

上回书说到，主场对阵拜仁上演帽子戏法后，C罗对阵拜仁两回合狂轰5球。皇马历经加时赛有惊无险以6比3的总比分淘汰拜仁，晋级欧冠四强。此战过后，拜仁的拉姆和哈维·阿隆索已确定不会参加下赛季的欧冠比赛，本场欧冠淘汰赛也成了二位老将在欧冠比赛中的谢幕演出。

经此一役，C罗的欧冠进球数来到了7个，甩开了去年和自己厮杀一整年的格列兹曼，追平奥巴梅扬，距离自己的老对手梅西还有4球之差。在同期进行的欧冠四分之一决赛两回合比赛中，巴萨两回合0比3输给了尤文图斯，梅西和内马尔已经结束了本赛季的欧冠赛程。对于C罗来说，同城劲敌马德里竞技则是下一个需要越过的障碍。和远征那不勒斯和拜仁的两回合比赛不同，马德里竞技和皇马同在一个城市，去客场只需要坐大巴车，免除了舟车劳顿。这样的赛程安排也方便葡萄牙人蓄满体能，将身体调整到最佳状态。

在面对马德里竞技之前，C罗和皇马还需要解决联赛中的劲敌，那就是单线作战的巴萨。在对阵拜仁后仅仅4天，巴萨和皇马就在伯纳乌狭路相逢，继2014/2015赛季国家德比二番战之后，这对老冤家又一次在最后阶段迎来天王山对决。此战皇马由卡塞米罗率先破门，打响了皇马进攻的第一枪，随后梅西与布斯克茨、拉基蒂奇打出踢墙配合，顶着眉骨血迹内切破门。下半场拉基蒂奇轰出逆足世界波，拉莫斯飞铲梅西直红罚下。J罗第85分钟救主，但在伤停补时，梅西弧顶低射破门梅开二度，皇马主场2比3落败，少赛一场的情况下因胜负关系居劣，积分榜上被巴萨反超。

打入绝杀进球后，梅西激情脱衣庆祝，并把球衣举在身前。这一幕也被一心求胜的C罗看在眼里，他的好胜心和好记性都会让他铭记这一瞬间。短短几个月之后，梅西之前的庆祝动作也将由葡萄牙天王如数奉还。

憾负巴萨后仅仅3天，皇马客场6比2大胜拉科鲁尼亚，用进球提升了全队士气。2017年4月29日，属于C罗的进球也已到来。对阵瓦伦西亚的比赛中，C罗再次找到头球的感觉。比赛第25分钟卡瓦哈尔传中，皇马禁区内呈三点包抄之势，但见C罗端的是“杀心”四起，在人缝中拨云见日，随着起跳滑翔杀入瓦伦西亚小禁区，以力凌人头球砸进球门。虽然此后帕雷霍第80分钟扳平比分，但莫拉塔第85分钟助攻马塞洛杀死比赛，皇马2比1绝杀蝙蝠军团，报了第一回合交手落败的一箭之仇。

对阵马竞之前，尽管本赛季第一次交手，皇马三球告捷，但大多数人对皇马的晋级仍然持谨慎态度。过去几个赛季，皇马对马竞虽然保持着战绩上的压制，但马竞的实力一直保持在一线强队之列，近4年更是两度杀入欧冠决赛，球队凶悍的风格也给不少球迷留下了深刻印象。即便最近两次欧冠之路中，皇马都在决赛干掉了同城死敌，但白衣军团从没有在常规时间内处理掉对手，这也让C罗肩上的担子重了不少。

首战伯纳乌，皇马并没有做出任何试探，而是选择抢开局，用高位压迫压缩马竞中场的空间，比赛节奏进行得很快。第7分钟，卡瓦哈尔内切后忽然变向，假带真射几乎骗过奥布拉克，可惜射门没能拉开角度，本泽马的补射则偏出了球门。第10分钟皇马打破僵局，进球的正是C罗。卡塞米罗面对二点球不做调整，弹地抡入禁区，看那C罗切入如腾蛟起凤，起跳若紫电青霜，头球动作飞阁流丹，俯身甩头下临无地，硬生生地靠气势砸开了马竞把守的紫荆关。这也是C罗欧冠淘汰赛阶段的第50球。

马竞那边的进攻多是反击的零碎敲打，可同样不甘人后。C罗进球后仅仅5分钟，准备控制比赛的皇马险些被马竞偷袭得手。科克的直塞球越过皇马整条后防线，可惜加梅罗没有蹚过纳瓦斯，马竞错失良机。即便挨了反击，皇马也选择用控球折磨马竞的防守。莫德里奇的远射和本泽马的倒钩均差之毫厘，但终归还是温水煮青蛙，没有对马竞造成实质上的威胁。半场结束前皇马突遭重创，卡瓦哈尔与科克对抗后重伤，皇马只得提前换人，1比0的比分旋即保持到了半场。

下半场，皇马依然攻势不减，但始终缺少一个一锤定音的角色。比赛第73分钟，长时间沉默的比赛终于焕发生机，又是本泽马，背身拿球后横敲换位到右路的C罗。后者于乱军中面不改色，面对扑上来的费利佩轻轻一挑，脚弓搓球连停带过晃飞对手。随后他也不着急，等球弹地两下再接不停球抽射，球刚好掠过萨维奇脚尖，二度洞穿了奥布拉克把守的大门，皇马2比0扩大比分。进球后的C罗和纳乔激情撞胸庆祝。

第二个进球来了，第三个还会远吗？13分钟后，C罗用帽子戏法为皇马锁定胜局，替补上场的巴斯克斯右路持球，底线倒三角传回门前，卡塞米罗机灵一漏，C罗再度在合适的时间出现在合适的地点。待到球传至身前，葡萄牙人在失去重心的情况下扫射得手，再次在同奥布拉克的对决中将对手斩于马下，亲手埋葬了马竞最后的挣扎。皇马主场3比0告捷，一只脚已经踏入了欧冠决赛。

此战过后，C罗近3场欧冠轰8球，本赛季个人欧冠赛场已打进10球，超越卡瓦尼和莱万多夫斯基，距离梅西只有一步之遥。接下来的比赛中，C罗又会带给我们什么样的惊喜呢？

第六十九回

马竞差一步逆天改命，皇马势头猛决战尤文

上回书说到，在主场火力全开后，皇马3比0大胜马竞，几乎提前锁定了一个欧冠决赛的名额。比赛结束后，不少人觉得皇马进入决赛已是板上钉钉。毕竟本赛季三次对阵马竞，皇马全无败绩，C罗更是打入了6球，况且本赛季马竞的状态也难言出色。除了格列兹曼，其他攻击手的状态均一言难尽。西蒙尼的锋线双人组迟迟找不到感觉，联赛中相较皇马、巴萨也有不小的距离，基本提前退出了冠军的争夺。

即便如此，皇马从上到下都没有轻视马竞的意思，其中也包括C罗本人。为了保证马竞二番战的体能，齐达内在对阵格拉纳达的比赛中轮换了C罗、克罗斯和莫德里奇等主力球员，本泽马也只是替补出场找找状态。最终凭借J罗和莫拉塔双双梅开二度，皇马客场4比0大胜格拉纳达，少赛一场的情况下继续维持着对巴萨的压力。

对阵马竞第二回合前，有不少媒体翻出第一回合的现场实况，拿着西蒙尼抱头叹气的图说事。在很多人眼中，皇马需要考虑的是欧冠决赛的对手，以及改制后欧冠无人卫冕的魔咒，但对C罗和皇马来说，只有当

事人才清楚马竞是一支多么可怕的球队。第二回合比赛于2017年5月10日夜准时开打。开场后的马竞没有退路，床单军团置之死地而后生，展现出了惊人的求生欲。先是由奥布拉克扑出了卡塞米罗要命的头球，随后一鼓作气，第11分钟由科克角球助攻萨乌尔破门，第14分钟老将托雷斯造点，格列兹曼一蹴而就。马竞4分钟追回两球，大比分2比3，床单军团几乎逆天改命。

0比2落后的皇马很快做出了调整，莫德里奇和克罗斯开始将球频繁调入两翼，让皇马的边路快速发动进攻，但两边的心态已经发生变化，皇马久攻不下，马竞则伺机寻找着翻盘的机会。第41分钟比赛再度翻转，本泽马左侧底线接球，先是一个半转身扛开了萨维奇，随后杀向马竞底线。节奏变化后瞬接一个油炸丸子，以快打慢突破了萨维奇和胡安·弗兰的包夹，人球分过后倒三角找到克罗斯，被奥布拉克勉强扑出后由伊斯科补射得手。下半场双方互有攻守，但皇马的客场进球让马竞陷入打进3球才能逆转的绝境，士气一蹶不振，客场1比2输球的皇马，以总比分4比2战胜马竞，和尤文会师2016/2017赛季欧冠决赛。

经过一个赛季的磨合，C罗和队友们配合越发默契，整体实力又上了一个台阶。本泽马有灵光乍现决定比赛的瞬间，纳瓦斯下半场也有一次两连扑，在同奥布拉克的门将对决中不落下风。接下来的一个月他们还有4场比赛，但场场关键，这4场比赛也决定着本赛季西甲冠军和欧冠冠军的归属。

闲言少叙，让我们将目光拉回到西甲第37轮皇马对阵塞维利亚的比赛中。本赛季的塞维利亚并不差，联赛中已经把比利亚雷亚尔甩在身后，稳居欧冠区的同时距离身前的马竞也相差无几，但面对杀红了眼的皇马和C罗，塞维利亚也毫无办法。开场2分钟C罗就有一次射门尝试，还有一次多人包夹下潇洒的踩单车过人，皇马全队在一种放松状态下迎来了进球。第10分钟通过快发任意球由纳乔闪击得手，彻底掌控比赛走势。

塞维利亚自然不愿意束手就擒，约维蒂奇依靠个人能力直中横梁，还考验了纳瓦斯的反应，皇马自然不愿意错过对手压上的空间。第22分钟，C罗反击战策动进攻，找到了此前断球的阿森西奥。后者打门被挡后J罗同样没有把握住补射机会，最终还是看C罗，罗汉金刚腿起手尽是洪荒之力，巧射如入云龙彰显剑气箫心，一记补射助皇马2比0领先。

客场两球落后，但塞维利亚球员依然不愿意放弃，约维蒂奇的射门先是被C罗舍身堵枪眼，接着右路无视纳瓦斯封堵，一脚斜射再中横梁。上半场最后阶段，他还有一个半单刀机会，可惜被纳瓦斯化解。下半场，功夫不负有心人，约维蒂奇的射门终于得上天垂怜，弧顶推射破皇马，塞维利亚追至1比2。

皇马这边再次做出回应，进球的又是那个熟悉的男人。阿森西奥直塞，克罗斯左路传中。C罗失去重心的情况下闪出一线机会，左脚爆射得手，近一个月狂轰12球，那真是镇命鬼神两向安，贯日一箭合自然。风拗蒲帆竞陵渡，我命由我不由天。3比1领先后，皇马并没有停下攻伐的脚步，第83分钟纳乔左路传中助攻完成传射，克罗斯右脚外脚背不停球射门得手，最终比分也定格在了4比1。

4天后的西甲第21轮补赛，真正的争冠生死战，皇马客场挑战国王杯将自己淘汰出局的塞尔塔。状态拉满的C罗没有给对手任何机会，先是在比赛第9分钟，C罗一个盘带变向过人，旋即左脚一步调整后轰出S形电梯球世界波，皇马1比0领先进入下半场。易边再战，到了自己熟悉的反击节奏，C罗依然没有放过，奔袭如千里走单骑，射门似穿云纵强袭，划过了塞尔塔主场昏暗的灯光。之后圭德蒂扳回一球，本泽马传射杀死比赛，皇马客场4比1横扫塞尔塔，积分榜反超巴萨3分，彻底掌握争冠主动权。

联赛末轮，皇马主场2比0拿下马拉加。C罗单刀晃过马拉加门将，也晃过了整个赛季的兴衰荣辱，一记推空门得手，让葡萄牙人的赛季西甲进球来到了25个，位居西甲射手榜第3位。在终场哨声吹响后，C罗如愿加冕生涯第2个西甲联赛冠军。在最终的欧冠决赛，C罗又将有什么样的发挥呢？

第七十回

齐祖妙计斩尤文，白衣军团破魔咒

上回书说到，在联赛收官阶段，C罗再次拿出让世人惊叹的表现，3场比赛打进5球，随队荣获个人第二座西甲冠军奖杯的同时，欧冠淘汰同城死敌马竞，和尤文会师决赛。继上赛季两次征服欧洲之后，本赛季的C罗很可能再次踢出一个现象级赛季。考虑到年中没有世界杯或者欧洲杯这样的重大赛事，C罗也将在当年的金球奖和世界足球先生评选中占据主动。

话虽如此，可C罗和皇马还要过了尤文这关。本赛季的尤文完成了更新换代，虽说上赛季带领尤文前进的博格巴和莫拉塔都已离队，前者高价加盟曼联，后者被皇马以回购条款拿下，但“斑马军团”以高价拿下了上赛季打出现象级表现的皇马旧将伊瓜因。迪巴拉也在本赛季打出了巨星水准，成为梅西和C罗之后又一个金球奖的有力竞争者。在最近的交手战绩中，尤文对皇马甚至还有一定的优势，虽说目前的皇马无限接近欧冠卫冕的伟业，但他们上一次折戟欧冠淘汰赛，正是拜尤文所赐，那是2014/2015赛季欧冠半决赛，这轮系列赛的失利也是导致安切洛蒂下课的重要原因。此番两队再度碰面，皇马和C罗对尤文的重视程度自不必说。

开场后的尤文并没有进行试探，而是向皇马大举进攻，伊瓜因和皮亚尼奇的射门让纳瓦斯惊出了一身冷汗。队内有伊瓜因这个皇马旧将，尤文怎会放过皇马人弑旧主的传统？尤文的进攻虽然热闹，比赛的节奏还是控制在皇马的手里，通过马塞洛的肋部穿插，皇马总能在尤文球员阿尔维斯的身后找到机会。上半场尤文的中场防守确实稍显狼狈，球队核心迪巴拉还因为拉拽克罗斯吃到了黄牌。

两边在各自的节奏中互有攻守，最终先拔头筹的还是C罗。打破比赛僵局的射门来自C罗右路的策动，直递卡瓦哈尔后接西班牙人右路的低平球传中，又见C罗人群中灵动走位，射门横扫千军，如“老虎”伍兹挥出的一杆小鸟球，一记贴地斩将传奇门将布冯斩于马下。在对阵世界顶尖门将的比赛中，通过个人的得分能力将比赛走势捏在自己手里，这就是禁区杀手对球队最具影响力的地方。在近几年的绿茵场上，没有几个人比C罗做得更加出色。

虽然比分落后，但尤文的攻势并未减缓。此前在拜仁和马竞被摆上中锋位置的曼朱基奇被拉到左路，协助桑德罗推进后，由后者强行传中。到了第26分钟，这样的战术终于有了效果，桑德罗左路挑传，伊瓜因胸部卸球献助攻，曼朱基奇约15米处倒钩破门将比分扳平。这粒金子般的进球堪称本赛季欧冠最佳进球，也是曼朱基奇第二次代表不同球队在欧冠决赛破门，尤文将比分扳为1比1。

比分被扳平后，尤文士气正旺，开始通过一系列进攻威胁纳瓦斯的球门，但皇马的防守策略很有针对性，卡塞米罗全程在中场针对迪巴拉进行1对1防守，不让阿根廷人在中路获得舒服拿球的空间。这样的代价是尤文边路的传中几无阻拦，皇马也没有多余的人手应对皮亚尼奇的远射，但拉莫斯和瓦拉内众志成城。纳瓦斯的快速反应也能跟上皮亚尼奇的重炮，1比1的比分也保持到了下半场。

半场休息时，齐达内在更衣室内低声训话，他肯定了皇马球员上半场的表现，还着重提到了伊斯科，让他加快处理球的节奏，避免延缓球队的进攻。易边再战，齐达内的调整很快有了效果，皇马全队忽然提速，球队阵形逐渐压上，将尤文的推进限制在本方半场。下半场头十几分钟并没有让尤文获得什么像样的机会，皇马这边的进攻也不含糊，莫德里奇开始在右肋插上，C罗也有两次接长传后直接发动进攻的射门。

场面压制之下，皇马距离胜利只差进球。在意大利链式防守的重重包围中，卡塞米罗站了出来，一脚蛮不讲理的世界波击中皇马旧将赫迪拉的脚踝，球急速下坠砸入死角，胜利的天平向皇马倾斜。这记远射距离球门接近30米，刁钻的角度即便是布冯也无可奈何。仅仅3分钟后，莫德里奇和C罗用一次配合肢解了尤文的防守。莫德里奇前场断球后和卡瓦哈尔打出2打2配合，随后杀入底线极限传中。只见C罗弧线跑位绕开基耶利尼，走位蜿蜒而不失机巧，射门精准亦彰显果决，一记劲射让球从布冯的手指缝间溜走，瞬间蹉跎了时光。真可谓：燕云十八飞骑，奔腾如虎风烟举。这球不只帮助皇马3分钟2球扩大了比分，还让C罗在本赛季欧冠赛场上的进球来到了12个，超越梅西独享射手榜榜首的宝座。

进球后皇马不再大兵压境，而是等着尤文做出调整，自己后发制人。尤文刚准备组织反击，但替补出场的夸德拉多两黄变一红，还没踢出来状态就被红牌罚出场外。尤文自此攻势大减，反倒是皇马的进攻一浪高过一浪，替补出场的阿森西奥也有斩获，最终皇马4比1大胜尤文，成为改制后第一支实现欧冠卫冕的球队。C罗也揽下了个人生涯第3个欧冠冠军。随着队长拉莫斯高举奖杯，C罗和队友们一同忘情庆祝，球员的家属们也在此时进入球场中央，记录这一难得的瞬间。今夜属于C罗，属于每一个马德里人。

第七十一回

葡萄牙兵败俄罗斯，白衣军人员大动荡

上回书说到，C罗随皇马立下不世之功，欧冠实现卫冕伟业。葡萄牙天王拿下生涯第三个欧冠冠军的同时，单赛季欧冠进球来到12个，超越梅西成为2016/2017赛季欧冠金靴。对于C罗来说，2017年夏天还没有结束，作为上一年的欧洲杯冠军，C罗还要率领葡萄牙队出征联合会杯的比赛。相比其他国际大赛，联合会杯的含金量有待商榷。上届世界杯冠军德国队也只派出了二队出征，再加上江湖此间早有传言，凡拿下当年联合会杯冠军的球队，在第二年的世界杯上均无缘夺冠。对C罗来说，在俄罗斯举办的联合会杯却是葡萄牙球员第一次参赛，谁都不会低估一颗渴望冠军的心。

首战中北美冠军墨西哥，两边杀的火星四溅。第33分钟葡萄牙终于在禁区内找到C罗。只见C罗像拉小提琴一样完成带球转身，但他并没有贪功，而是直接交给右路杀出的夸雷斯马。后者晃过门将打空门得手，为葡萄牙打入赛事首球。然而，仅仅8分钟后，贝拉乱战中挑向门前，“小豌豆”埃尔南德斯杀手气质尽显，抢点扳平比分。下半场双方互有攻守。第85分钟塞德里克迎球怒射破门几乎主宰了比赛，但顽强的墨西哥人并没有放弃，伤停补时通过角球由莫雷诺得手，将比分定格在2比2。

第二场比赛，葡萄牙碰上了东道主俄罗斯，此前面对交手较少的中北美球队，C罗并没有完全适应比赛。此番面对相对熟悉的欧洲球队，葡萄牙一哥终于找到了进球感觉。开场第8分钟接格雷罗左路传中，C罗假意绕向前点，带动防守阵形奔向后点原地头球破门。看那C罗，千里茫茫若梦，双眸粲粲如星，活脱脱的云里金刚现世，地煞孤星下凡。最终凭借C罗个人赛事首球，葡萄牙1比0力克俄罗斯。

第三场面对大洋洲冠军新西兰，葡萄牙全队火力全开。C罗第32分钟点球破门先拔头筹，一举打入国家队第75球，在世界足坛国家队射手榜上升至第7位。随后B席、A席和纳尼相继破门，葡萄牙打出一场难得的大胜，小组第一出线。半决赛将对阵桑切斯和比达尔领衔的智利黄金一代。但到了半决赛，C罗领衔的一众攻击手集体哑火，点球大战中巴萨门将布拉沃爆发，接连扑出葡萄牙三记点球，智利则是由比达尔、阿朗吉斯和桑切斯相继命中。葡萄牙点球大战0比3铩羽而归，C罗再度品尝着2012年欧洲杯点球大战无缘挽回败局的苦涩。

2016/2017赛季赛事全部结束了，但对C罗来说，这个夏天并没有结束，包括中国行在内，C罗还在逐步打造自己的商业版图。自2005年开始，C罗就随曼联踏上了神秘东方国度的领土。2017年是C罗第5次中国行之旅，也是第一次以个人名义组织中国之旅。此次活动由C罗个人赞助商之一的耐克牵头，C罗也参加了不少商业活动：和之前的国家队主帅斯科拉里见面，还在现场看了上海队与广州队的中超榜首大战，并在一次活动中和武磊交换了球衣。

在一系列商业活动后，C罗则会在社交媒体上隐去踪迹。他会去某个海岛度假，也会和家人过几个周末，但难得的休赛期假期结束后，C罗很快投入季前备战，通过长期的健身和合理饮食调养好身体，在俱乐部拉练之前就能调整到最佳状态。正是依靠这样的自律，C罗才能撑过一个赛季的高强度跑动，出勤才能维持在50场以上。

在这个夏天，皇马传出的动静也不小。齐达内为首的老班底悉数留队，引进了塞巴洛斯和特奥这样的潜力新人，但莫拉塔和达尼洛转投英超两强。长期担任替补的J罗租借加盟拜仁，科恩特朗和佩佩也分别自由转会。年轻球员马里亚诺和迭戈·略伦特虽然低价转会，但拥有回购条款。2017/2018赛季皇马的板凳深度和替补实力远不如上季，欧冠和联赛征途道阻且长。这样的人员配置缺陷在2017年欧洲超级杯上就显出了端倪，虽然皇马凭借伊斯科和卡塞米罗的进球2比1力克曼联，但那时皇马的替补席上并没有能站出来改变比赛的球员。

2017年8月14日，皇马与巴萨同时亮剑，C罗和换帅后的梅西迎来新赛季第一次交手。上半场双方互相试探，比赛踢得略显拖沓，比分迟迟没有变化。下半场易边再战，忽然提速的皇马很快打了巴萨一个反应不及，皮克传中球解围不慎自摆乌龙，巴萨0比1落后。虽然此后苏亚雷斯造了纳瓦斯一个点球，梅西主罚扳平比分，但替补出场的C罗再度改变了比赛。第80分钟伊斯科反击直传找到C罗，葡萄牙人马做的卢飞，强如霹雳弦惊，速度优势抢过皮克一个身位，切左侧禁区前轰近角助皇马再度领先。这是C罗个人第17粒国家德比进球。进球后的C罗难掩激动，效仿几个月前的梅西，脱衣庆祝后在诺坎普所有观众面前进行展示。

脱衣庆祝的C罗吃到了本场比赛的第一张黄牌，随后他在反击战中被判假摔，两黄变一红提前罚出场外，但皇马上下并没有收手的意思。第90分钟皇马迎来少年连线，卢卡斯·巴斯克斯助攻阿森西奥爆射扩大比分，皇马3比1扬威诺坎普。回到主场的马德里人继续杀戮，虽然C罗因为红牌铁定缺席次回合，但皇马全队的进攻弥补了C罗不在缺失的火力。阿森西奥继首回合闪光后再现天赋，世界波破特尔施特根首开纪录。本泽马此战也有斩获，抢点破门扩大比分，最终皇马两回合总比分5比1击败巴萨，夺得2017年第4冠，而在即将开打的2017/2018赛季，C罗又将如何表现呢？

第七十二回

典礼中场配两翼齐飞，法国少帅觅最优阵容

上回书说到，C罗在2017年再度和队友拿下西班牙超级杯，年内除了国王杯完成通杀，皇马拿下四座俱乐部赛事奖杯。在超级杯上，主帅换成巴尔韦德的巴萨在皇马面前毫无战意，梅西也没有找到上赛季通杀西甲的进球感觉。不少人都觉得按照皇马上赛季在联赛的强势表现，白衣军团依旧是西甲联赛最大的夺冠热门。

因为西超杯首回合被判假摔后推搡裁判，C罗被处于禁赛5场的极刑，皇马将在没有C罗情况下开启前4场联赛征程，虽然他们首战3比0大胜拉科鲁尼亚，但C罗缺阵带来的负面影响很快暴露无遗。次战瓦伦西亚，马塞利诺领军的蝙蝠军团攻势凶猛，卡洛斯和孔多比亚破门，一度将皇马推向悬崖边缘，最终“银河战舰”依靠阿森西奥梅开二度救主，在主场艰难带走1分。

第三场对阵莱万特，齐达内终于变阵。特奥联赛首次首发，马塞洛被推上左边锋，莫德里奇则进入轮换阵容，但皇马依然难挽场面上的劣势。第11分钟反倒让客场作战的莱万特反客为主，由艾维切入先拔头

筹。此后皇马加强进攻，巴斯克斯在第35分钟追回一球，但此后无奈破门乏术，1比1的比分保持到终场。第四场，贝尔终于重回首发，皇马的进攻重回丝滑，马约拉尔开场第18分钟就有斩获。虽然皇家社会的奥德里奥索拉边卫连线助攻罗德里格斯扳平比分，但第35分钟，此前进球的罗德里格斯不慎把球打入自家球门。下半场伊斯科助攻贝尔锁定胜局，皇马3比1勉强保持四轮不败。

虽然联赛无缘出场，但憋着一股劲的C罗还是在欧冠赛场证明了自己。2017/2018赛季欧冠小组赛首战，皇马首战塞浦路斯球队希腊人竞技。开场第11分钟，C罗就让整个伯纳乌陷入沸腾。老队友贝尔左路低平球传中穿越整个禁区，找到了策马扬鞭一路疾进的C罗。只见皇马7号后点处先是一个停顿，随后启动如风起雷霆，如一团白旋风般席卷希腊人竞技的后点区域，小角度将球端向球门远角，用举重若轻的姿态戏耍了对手的防守，真是他强任他强，清风抚山岗。进球后的C罗拿出标志性的庆祝动作，一路狂奔跑向角旗杆，随后腾空而起，转身后双手交叉。伯纳乌现场8万人一同踩点，须臾间就是山呼海啸的一声“Siuuuuuu”！

此后C罗的表演还没有结束，又是同样的角度，贝尔横扫门前，可惜拍马赶到的C罗没有碰到球。上半场最后时刻，C罗还有一次内切打门的机会，可惜射门没有压住。下半场，C罗战意不减，先是霸王抢点中柱后砸中门线，随后第50分钟，对手后卫拉戈禁区内手球。C罗点球推杆左下角，破门完成梅开二度。这球球速不快，但角度极刁，让此前表现不错的门将沃特曼感受到了被顶级强队支配的恐惧。此后皇马攻势更盛。第60分钟马塞洛左路传中，右路贝尔后点头球被对手后卫解围。拉莫斯老夫聊发少年狂，拍马赶到打进一记倒勾，将最终的比分定格在3比0。

这场比赛虽然对手一般，但也体现出C罗对皇马最大的价值。虽然已经成为纯射手，但C罗能在弱队身上稳定得分，也能成为对阵强队最有威胁的得分点；让皇马能在快节奏下和对手对攻，也能时刻保持杀死比赛的可能性。当然，维持这一切的前提是C罗必须时刻保持最佳状态。

在C罗状态略逊一筹时，皇马的处境就比较危险了。联赛第五轮面对皇家贝蒂斯，C罗终于在主场观众面前完成了自己本赛季的联赛首秀。此役皇马主力倾巢而出，进攻组织不可谓不努力，光是C罗全场就有12脚打门，但全队脚感一般，迟迟未能攻破客队门将——出身皇马青训球员阿丹把守的球门。第93分钟，皇家贝蒂斯终于觅得良机，由巴拉干助攻萨拉布里亚绝杀，皇马开局2胜2平1负，创2012/2013赛季以来西甲最差联赛开局，积分榜上已经被巴萨拉开7分。

到了第6场，齐达内继续做实验，C罗联袂阿森西奥和巴斯克斯搭档锋线，小将塞巴洛斯顶替莫德里奇完成赛季首发。最终皇马凭借新鲜血液塞巴洛斯的梅开二度赢得了比赛，但C罗踢得并不舒服，全场只是为了队友拉开空间，齐达内依然没有找到皇马当下阵容的最优解。

3天后的欧冠小组赛第二轮，皇马终于火力全开，典礼中场搭配“两亿齐飞”，皇马终于拿出了纸面上的最强进攻阵容。C罗和皇马球员也没有让齐达内失望，在威斯特法伦的魔鬼主场，开场10分钟C罗横刀立马跑出单刀机会，可惜无私横传贝尔那一下被皮什切克疾速回追破坏。皇马的进球会迟到但不会缺席，卡瓦哈尔右肋挑传，贝尔幽灵跑位后发制人，凌空垫射破门，为皇马取得领先。

第48分钟，C罗再度让多特蒙德感到被支配的恐惧。又是贝尔左路腾云驾雾，左路突进后找到右侧剪切袭门的C罗。只见葡萄牙人目光炽热如烈焰，内心坚毅似玄铁，左脚迎球怒射大破布尔基，扩大比分的进球几乎将“大黄蜂”打入地狱。虽然奥巴梅扬此后扳回一球，但C罗的表演还没有结束。第78分钟莫德里奇不停球直塞找到C罗，后者在当年范巴斯滕传世一脚的位置打出一脚抽射，球如子弹般从布尔基头顶飞过，将比分锁定在3比1。真乃万化参差谁信道，不与群芳同列。本场比赛战罢，C罗近7场欧冠狂轰14球，其中四场梅开二度，两场帽子戏法，而在西甲联赛上，C罗又会有什么样的表现呢？

第七十三回

大英帝星一战天下知，“银河战舰”兵败白鹿巷

上回书说到，C罗西甲开赛后遭遇禁赛，状态确实一般，但在欧冠赛场上依然能证明自己，两场小组赛打入4球，帮助皇马在死亡之组中独领风骚。进入10月，皇马的状态在缓慢回升，球队终于找到了连续赢球的感觉。2017年10月1日主场面对西班牙人，皇马凭借伊斯科的独中两元赢得比赛，而为伊斯科的第一球送上助攻的正是C罗。比赛第29分钟，C罗沿左侧禁区切入后吸引对手整条后防线的注意，但他并不贪功，而是一记直塞找到了后发先至的伊斯科。后者反越位成功后冷静推射得手为皇马先拔头筹。这球彰显出伊斯科近期连续进球的火热状态，也体现出C罗对比赛日趋透彻的理解。

9月以来，齐达内虽然在人员安排上还没有摸出固定套路，但阵形基本确定，球队正式调整为4-4-2阵型。中场站位趋于菱形，其中突前的中场还可以作为假9号使用，有时也会调整为传统的平行站位，两名前锋则维持自由人站位。

在球队前锋储备不足情况下，弗洛伦蒂诺在夏窗还卖走了两个前

锋，齐达内只能根据球队人员配置，最大化球队中场的轮换人数，同时在锋线状态不佳情况下放弃传统中锋，让C罗在更广阔的冲刺空间中调整状态。

伴随着球队整体打法的变化，C罗很快迎来了复苏。西甲联赛第8轮客场挑战同在马德里的赫塔菲，向游击中锋转型的本泽马先是一个人球分过，失去重心后接后仰射门动作得分。下半场主队前锋莫利纳扳平比分，但C罗并没有放弃。伊斯科仙人指路挑传到禁区，C罗先发而至势若闪电，猛虎长啸志在必得。但他并没有凌空斩解决对手，而是刻意等了那么一步，等着球速慢下来，等着对手门将卡西拉动起来。球还没来得及第二次弹地，却见C罗跟上就是一脚撩射，球弹地后疾速落入球门左下角，这也是C罗赛季西甲首球。凭借C罗的杀手本色，皇马第84分钟2比1绝杀同城小弟，继续保持着对联赛冠军的追逐。

10月22日皇马再下一城，凭借对手中卫奥利维拉的乌龙，以及阿森西奥和马塞洛的进球，皇马再取埃瓦尔，和巴萨的积分差距维持在5分。

在欧洲赛场上，C罗的枪管依旧热得发烫。过去两年，波切蒂诺的热刺青年军成为英超的新兴势力。他们渴望在欧冠赛场开辟出属于自己的地盘。开场不久热刺便攻势如潮，并在第27分钟造成了瓦拉内的乌龙。皇马也不客气，克罗斯闪入禁区后横切被放倒，C罗再一次站在点球点前。面对此前碰面不多的法国国门洛里，C罗并没有如往常一般猛虎下山，一蹴而就地攻门，而是快速助跑后慢三步起脚，随后忽然发力抽右下角得手，这是看出了洛里赌自己的预判，不给他提前降低重心的机会。三战过后皇马拿下7分，在死亡之组内依然排名第一。

然而有不少人注意到，这赛季的皇马虽然兵多将广，但并没有一套能拿得出手的首发阵容。球队赢球次数不少，很大程度上是因为遭遇的对手实力一般，开赛至今能在纸面上和皇马保有一战之力的球队也只有欧冠同组的多特蒙德和热刺。更要命的是，就算碰上这些实力一般的对手，皇马也没能拿出足够的统治力，西甲联赛前9轮只有3场零封对手。这样的虚假繁荣很快就被一支加泰罗尼亚球队拆穿，第10轮客场挑战升班马赫罗纳，上届冠军1比2败北。虽然伊斯科先拔头筹，但斯图亚尼和波图格斯拒绝失利，帮助赫罗纳逆转比分。10月，西甲3胜1负的皇马已经在积分榜上落后巴萨8分，滑至第三位。

进入11月后，皇马的噩梦还在继续。客场远赴北伦敦挑战热刺，“银河战舰”再度搁浅。上半场特里皮尔助攻阿里先下一城，下半场戴尔助攻阿里梅开二度，英格兰天才一战成名天下知。随后凯恩助攻埃里克森刺杀皇马成功，C罗和队友们再次被逼入绝境。尽管第79分钟，马塞洛底线夺命回追，替补出场的马约拉尔停球助攻C罗扳回一球，但终归难挽大局。最终皇马客场1比3负于热刺，积分榜上滑落至第2位。

赛后，皇马主帅齐达内也被媒体推上了风口浪尖。半年前，法国名宿还是足球历史的标杆，是足球世界最成功的少帅之一，他麾下的球员还是世界上最出色的团体。仅仅半年之后，球队的中场控制力没有了，队内头号射手在联赛和欧冠判若两人，球队不停地轮换试阵，都没有拿出让球迷和媒体满意的结果。西班牙不少媒体人已经在唱衰齐达内，甚至帮皇马物色起下一任主帅人选，德国队主帅勒夫，从切尔西离开的孔蒂赫然在列。就连刚刚在皇马身上带走三分，在热刺扬名的波切蒂诺，他的名字也和皇马的帅位联系在了一起。

即便自身舆论状况不佳，齐达内还是选择相信手下的核心球员，屡屡用进球救主的C罗则是齐达内治下皇马队内毫无疑问的核心。

11月6日主场迎战拉斯帕尔马斯，C罗再次打满全场。葡萄牙人不只有一次爆射命中门框，还在第73分钟右路送出致命横传，伊斯科后点拍马赶到，推空门杀死比赛。在皇马众将齐心协力暂时渡过难关后，C罗和“银河战舰”的未来又在何方呢?

第七十四回

C罗转型助皇马翻盘，内忧外患致大厦将倾

上回书说到，开赛季后的C罗虽然在联赛发挥一般，前10轮西甲联赛只有一个进球，但葡萄牙人在欧冠的表现还不错，连续4场小组赛都有破门。可惜的是，皇马全队的表现并不稳定，欧冠客场输给热刺后滑落到小组第二，联赛也被马竞反超，只是凭借着3比0大胜拉斯帕尔马斯才成功止血。对于C罗来说，长期不进球并不是一件很好受的事，这是他加盟皇马的第8个年头。此时的葡萄牙人已年近33岁。根据葡萄牙人上一次在2016年11月的新合同，C罗的年薪据悉将达到税后2400万欧元，超越当时的梅西雄居世界第一年薪，但就葡萄牙人目前的表现和高龄属性来说，皇马主席弗洛伦蒂诺并不排除提前出售C罗的可能性，为球队更新换代。考虑到C罗的合同将于2021年到期，届时C罗将年近37岁，按照弗洛伦蒂诺的商人本性，将C罗于赛季结束后出手套现并非不可能。

虽然在个人职业生涯上时运不济，但作为全世界最好的球员之一，C罗只有一个选择，那就是在球场上用表现证明自己。对阵马竞的比赛中，C罗左突右晃杀得好不快活，还有一次不看人传球直塞找到本泽马，

可惜没有进球。到了欧冠赛场，C罗选择将久攻不下的怒火发泄在弱旅希腊人竞技身上。上半场莫德里奇和本泽马分别建功，纳乔铁树开花，C罗助攻本泽马梅开二度。下半场全队众星捧月，C罗也让对手感受到了自己的怒火。马塞洛左路失去平衡后传中，C罗行进间躬身俯冲，如乔丹的扣篮一般滑翔飞抵小禁区，力劈华山头球破门，惊人的起跳高度让对手后防线无可奈何。打进这一进球后，C罗对着场边做起了提绳向上爬的庆祝动作。这一行为艺术不只让观众十分迷惑，也让希腊人竞技的球员们吓了一跳，但还没等他们反应过来，那个可怕的男人又来了。仅仅5分钟后，又是本泽马的高位逼抢，让对手的后卫在自家禁区前缴了械，嗅到血腥的C罗拍马赶到。只是葡萄牙人用力过猛，一步接球晃过了门将，但脚下已现踉跄，人还在禁区边缘，却已经没有了射门角度。还得是C罗，跑动过程中目光未与球门接触分毫，却还能锁定打门的角度，跑动中不待重心调整好就用左脚抡出一记劈天斩，球自然不负众望，稳入球门右下角，四两拨千斤解决了对手。这是皇马久违的6球大胜，也是皇马提前锁定淘汰赛名额的关键一战。凭借这两粒进球，C罗本届欧冠已打入8球，雄居欧冠射手榜榜首。

几天后鏖战马拉加，又见C罗的极限头球砸中横梁，恰好给了本泽马打空门的机会。此后迭戈·罗兰低射为马拉加扳平比分，卡塞米罗飞夺门前让皇马再度领先，下半场卡斯特罗极限远射为马拉加续命。关键时刻，依然是C罗顶住压力，第75分钟C罗获得点球机会，虽然C罗劲射球门左下角被门将扑出，奈何葡萄牙人电光火石间觅得杀机，反应赛青钢影出鞘，起身似太阁入青云，一路尽是地崩山摧壮士死之势，一记补射将马拉加全队的努力彻底葬送。即便C罗非常罕见地射失点球，但他还有一个杀手的嗅觉，不会错过任何一个进球的机会。最终皇马3比2绝杀马拉加，继续在积分榜上追赶着榜首巴萨。

即便只隔了一个赛季，随着赛季的深入，人们还是看到了一个和上赛季不一样的C罗。这份不同首先体现在身形上，直到本赛季之前，C罗的身体训练都以增肌为主，以求让自己的对抗能力能顶得住世界一流的中卫。然而，在2017/2018赛季，C罗并没有在身体上增加太多东西，而是尝试为身体减重。整个休赛期连同赛季前期，C罗减掉了两三千克的体重，虽然他的上肢肌肉少了，逐渐老去的身体也在减少和“肌肉怪们”的纠缠，但通过减重，C罗相对脆弱的膝盖得到了休息，腿部爆发力在逐步回升。这样的训练方式无疑将延长C罗的运动寿命，为了2018年举办的世界杯，C罗需要加倍呵护自己的身体，不能再像年轻时一样用身体好勇斗狠了。

身体之外，C罗的训练都暴露在媒体聚光灯下。他开始和其他运动的精英选手合作，比如英国短跑名将萨曼莎。减重计划在2017年初就已开始，随后C罗在个人训练中也加入了更多的跑动训练，让自己的腿部力量时刻保持在最佳状态。后期媒体继续跟进，还见识到C罗独特的低温理疗设备，这是早年间里贝里为了恢复肌肉伤病添置的东西。深谙养生之道的C罗在2013年购买了类似的设备，他的涉猎范围远超一般球员，不仅在早年间自制了一台理疗室，还在之后拿下了一个制冷理疗床，通过快速冷却和纯氧降低自身伤病概率，同时保证自身代谢系统的正常运转。

虽说C罗的转型足以让皇马在牌桌上翻盘，但马德里人的时间已经不多了。进入12月，虽然皇马在欧冠小组赛末轮“弑杀”多特蒙德，但联赛闷平毕尔巴鄂竞技，主场国家德比0比3完败巴萨后，又平了塞尔塔，输给比利亚雷亚尔，几乎提前告别西甲冠军的争夺。其间C罗时常有救主表现，先是欧冠小组赛末轮对阵“大黄蜂”，C罗第11分钟接科瓦契奇横拨，世界波破门完成欧冠6场小组赛破门的新纪录。后有对阵塞维利亚，C罗再接阿森西奥直塞单刀扩大比分，杀人不见血唯见敌胆寒，8分钟后点球破门梅开二度称雄伯纳乌，也为皇马锁定了胜局。但在当时，皇马这艘“银河战舰”正以人们想象不到的速度沉沦着，值此危急存亡之秋，C罗又将如何拯救皇马呢？

第七十五回

皇马豪揽五冠，C罗笑纳金球

上回书说到，虽然C罗完成了欧冠小组赛6场都有进球的神迹，但皇马在联赛连续输球，至2018年1月中旬主场输给比利亚雷亚尔之后，少赛一场的皇马在积分榜上与巴萨的差距已经达到了19分，可以说基本提前退出了联赛争冠行列。其间皇马和C罗并非一无所获，世俱杯半决赛对阵阿布扎比，虽然“银河战舰”先丢一球，但第58分钟莫德里奇妙传找到C罗，后者力拔山兮气盖世，右侧11米处怒射助皇马扳平比分。贝尔第85分钟献上绝杀，皇马2比1晋级决赛。进入决赛后的皇马所向无敌，面对直接任意球打门的机会，C罗再一次让全世界见识到了顶级“杀手”的风采，一支穿云箭刺入了南美冠军格雷米奥的心脏。凭借这粒进球，皇马1比0力克强敌，4年内三夺世俱杯冠军，2017年拿下5个冠军，为2017年画上了圆满的句号。

虽然拿下了冠军，但皇马的士气并没有得到有效提振。这批球员大多数都拿下了两三座欧冠冠军奖杯，不少球员的年龄已经到了巅峰期的末期，已经不能像三四年前一样为了皇马倾其所有了，但这其中并不包括C罗。虽然受到年龄限制，C罗已经不能像年轻时期一样保持整场的高速往返，也不能像前几个赛季一样保持稳定的恐怖得分效率，但没有人会忽略葡萄牙人恐怖的求胜欲望和野心。

因此，2017年金球奖和世界足球先生与其说概括了葡萄牙人过去一年的表现，倒不如概括为C罗职业生涯的写照。早在2017年10月，当年的世界足球先生就已揭晓。这是世界足球先生和金球奖分家后的第二次颁奖，颁奖盛典在英国伦敦帕拉斯剧院举行，由马拉多纳和罗纳尔多揭晓悬念。最终，C罗在程序复杂的投票机制中占尽上风，连续第二年荣膺世界足球先生。

根据媒体报道的投票情况，C罗可以说占尽优势，在国家队长方面获得11.11%的得票率，在国家队主帅方面获得10.72%的得票率，媒体投票12.72%，球迷投票8.91%，四大选票均超排名二三位的梅西与内马尔的总和，领先优势还是相当大的。

12月8日，金球奖获奖名单揭晓，年内拿下5个俱乐部赛事冠军的C罗毫无悬念地得奖，得票分数达到了恐怖的946分。排在他身后的是老对手梅西、内马尔，几个月前在欧冠决赛对垒的传奇门将布冯，以及队友莫德里奇和拉莫斯。

这是C罗连续第二年获得金球奖，也是个人生涯的第5个金球奖。这让他追平了梅西，成为世界足坛又一个统治力的象征。过去10年，两个人瓜分了足坛第一人的位置，自2008年C罗第一次获得金球奖以来，金球奖和世界足球先生均是两人的囊中之物。在2012年梅西获得第4个金球奖之后，此前只拿过一次金球奖的C罗几乎要成为足坛历史上最成功的反派。在接下来的5年，C罗终于书写了自己的故事，5年拿下4个欧冠冠军，并在2016年拿下欧洲杯冠军，个人5年内也拿下了4个金球奖，让自己的名字出现在历史第一人的讨论范围内，绝代双骄的传说还在继续。

然而，就目前皇马和个人状态来说，C罗几乎不可能拿下个人第6个金球奖，但C罗还是选择相信队友，等着自己找回熟悉的进球感觉。主场对阵拉科鲁尼亚，皇马终于找回了胜利的感觉。虽然卢卡斯·佩雷斯助攻阿德里安先下一球，但马塞洛倒车助攻中卫纳乔扳平比分，随后马塞洛助攻贝尔弧线球破门，皇马带着领先优势进入下半场。易边再战，皇马球员的动作不再僵硬，进球随即到来，克罗斯角球助攻贝尔梅开二度，几乎“杀死”了比赛的悬念，而在此时，C罗也开始了他的表演。

随着本泽马替补马约拉尔上场，BBC组合再度合体，C罗也进入了最舒服的比赛节奏。第67分钟，贝尔吸引防守后无私横传，C罗乱军丛中灵犀一指，不停球脚后跟极限横敲莫德里奇。克罗地亚球星旋即弧线球叩关得分，为皇马再度扩大比分。10分钟后，卡塞米罗穿插肋部再度扯开拉科后防线，失去重心后扫传门前。只见C罗前插若鲲鹏过江，与本泽马恰如黑白无常一般，来索拉科门将鲁文的性命。拉科全队的注意力都在前点的本泽马，那里顾得上后点的葡萄牙人，只得让C罗垫射得手后扬长而去。仅3分钟后C罗再寻良机，可惜破门被判越位在先。C罗的进球依旧虽迟但到，巴斯克斯一对一后虚左实右，一步晃飞了拉科的左路防守，传中虽飘但准。又是C罗，前脚如猎豹般匍匐于本泽马身后，一个箭步出去准备跑一个前点，后脚却能悬崖勒马，带走对手防守后原地刹车，随后倒档松离合跑了两步小碎步，调整角度后甩头攻门再破鲁文。真真是鲜衣怒马如霍侯再世，奔狼居胥若鹰击长空。最后时刻纳乔禁区内转身小角度抽射得手，成为今天第三个梅开二度的皇马球员，比分也随之锁定在7比1。

一周后客场战蝙蝠军团，C罗再度伤了瓦伦西亚球迷的心。此前对阵马拉加，C罗曾经丢过点球，但你不能指望这样一个球星连续两次犯错误。上半场C罗和本泽马先后造点，两次站上点球点的C罗没有脚软，两记点球左右开弓，“杀人诛心”解决了内托。虽然帕雷霍助攻米纳扳回一球，但阿森西奥助攻马塞洛扩大比分，克罗斯贴地斩锁定胜局。而在一场4比1的大胜之后，面对法甲巨头巴黎，C罗又将如何表现呢？

第七十六回

皇马破法甲新贵，齐祖陷两难抉择

上回书说到，在达到个人荣誉巅峰之后，C罗并没有停下自己的脚步，而是用勇气和野心支撑着自己和球队一步一步前进。C罗在为了皇马拼命，皇马也没有闲着。齐达内再做调整，增加皇马的肋部进攻比例，克罗斯和莫德里奇领了大量前插的将令。球队在新体系下跌跌撞撞前进着。2018年2月3日客场挑战莱万特，拉莫斯再显空霸本色，开场10分钟先拔头筹。主队同样不甘示弱，上半场结束前扳平比分。下半场直到第80分钟，皇马才由伊斯科破门，几乎就要在客场全取三分，但终场前流浪射手帕齐尼斩出温柔一刀，皇马最后时刻痛失好局。

一周后主场对阵皇家社会，齐达内再度变阵。此役皇马火力全开，开场一分钟不到C罗传球被挡，但他完美卸球后摆出1对1架势，连续两个小幅度变向，骗过对位的埃鲁斯通多，随后逆足传中助攻巴斯克斯甩头攻门得手，为皇马取得梦幻开局。这球得分的关键在于齐达内阵形设计的三点包抄，但进攻的发起却是源自C罗的个人能力。

虽说左路单挑一时羡煞许多人，但伯纳乌的观众最想看到的还是那个专注于破门的C罗。第26分钟，在经历了阿森西奥的头球被扑，本泽马的撩射中柱之后，伯纳乌的观众终于等来了心心念念的进球。阿森西奥兜兜转转后直递马塞洛，后者不停球扫向门前。C罗头戴紫金冠，脚踩风火轮，人群中斜刺得手为皇马扩大比分。

这一进球让伯纳乌的观众们陷入痴狂，但C罗并不满足于此，趁他病要他命一向是葡萄牙人的习惯。第31分钟他翻入禁区，在小禁区线上露出獠牙，可惜凌空打门被门柱拒绝。他并没有放弃，克罗斯弧线球推杆破门后3分钟，C罗再度在角球战术中破门，“杀死”了皇家社会，这球是C罗从后点奔向前点，和克罗斯完成双向奔赴，随后一记如蛮牛般顶死了对手，顺利完成梅开二度。易边再战，鲍蒂斯塔乱军中觅得良机扳回一球，但C罗依然统治着比赛。第79分钟贝尔内切射门被挡，C罗拍马赶到，如“指环王”劳尔一般优雅盘过门将，左脚推射成就个人赛季首个帽子戏法。有《破阵子》赞之曰：陷阵破敌辟易，道阻且长路难。豪气干云抒胸臆，猛龙过江敌胆寒，响遏乌云然。万战孤悬撼地，千秋一人擎天。青书半卷几多事，不知廉颇尚能饭，举目笑尘间？此后皇马旧将伊利亚拉门迪重拾传统，“弑旧主”为皇家社会扳回一球，比分最终定格在5比2，皇马主场迎来酣畅淋漓的大胜。

迎战巴黎之前，皇马上下的氛围并不算乐观。近几年皇马与巴黎并无交手，前者欧冠四年三冠，但本赛季状态实在堪忧。后者欧冠年年交学费，纵使卡塔尔土豪有钱，但留给他们的时间已经不多了。如今巴黎坐拥内马尔和姆巴佩，好似有再造一支皇马的野心，巴不得拿着皇马的脑袋去祭旗，而皇马这边除了之前几年统治欧冠的经验优势，现任主帅齐达内也算熟悉巴黎。当年巴黎整军经武，齐达内借萨科齐的关系曾经参与过巴黎的管理，在安切洛蒂和布兰科的帅位决定上出过力。因此虽然此前只有2015/2016赛季的欧冠小组赛交手，齐达内对两边还算是知己知彼。

闲言少叙，书归正传。皇马和巴黎的首回合在伯纳乌准时打响。比赛时值情人节之夜，两队间之间也很默契，很快剑拔弩张打成一片。开场3分钟不到，C罗就有一次在双人包夹下的强袭。2分钟后克罗斯的远射考验了阿雷奥拉。客场求稳的巴黎掌控着球权，而皇马则通过反击考验着巴黎的后防线。第27分钟C罗反击战接马塞洛斜传获得单刀机会，可惜他的射门再度被阿雷奥拉化解。与之相对应的，皇马的反击加快了比赛节奏，巴黎的进攻空间更为广阔。经过一次右路传中，卡瓦尼和内马尔无私做球，跟上的拉比奥特横空出世攻陷伯纳乌，巴黎在客场1比0领先皇马。

虽然面对强敌主场落后，但C罗和皇马并没有放弃。面对回收的巴黎，皇马开始组织更多的阵地战进攻，重夺场面优势。C罗再度站了出来，第42分钟凭借点球扳平比分。这球打得角度极其刁钻，任凭阿雷奥拉此前高接低挡，也难耐C罗天神下凡，皇马扳平比分，将压力抛回给了巴黎。下半场，巴黎攻势更猛，拉比奥特的打门被拉莫斯极限封出，这也是下半场前15分钟的缩影。关键时刻，齐达内再度变招，撤下伊斯科和卡塞米罗，换上巴斯克斯和阿森西奥，将C罗解放为自由人，以此放手一搏。

关键时刻，C罗没有辜负齐达内的信任。阿森西奥边路灵蛇出洞，一记扫传来到门前，此前陷阵于巴黎包围网之中的C罗忽然复苏，八面威风杀气飘，找到了后点唯一的缝隙。其间他连续两次要球，并在最后时刻让巴黎绝望，等着阿雷奥拉将球碰了一下后把球打进，帮助皇马在第83分钟反超比分。随着马塞洛在第85分钟再进一球，皇马主场3比1告捷，两回合比赛中占尽先机。

赛后，看着自家球队领先一整场的纳赛尔愤怒离开，但齐达内显然并没有太多的时间庆祝。像之前两个月的球队表现一样，4-4-2平行中场的设置最能激发C罗的能力，但一旦固定了阵形，就要压缩伊斯科和贝尔的出场时间，还会舍弃皇马的板凳深度。面对这道选择题，皇马和C罗又会给出什么样的答案呢？

第七十七回

两回合痛击法甲新贵，淘汰赛剑指尤文图斯

上回书说到，2017/2018赛季欧冠八分之一决赛首回合在伯纳乌打响，C罗再度闪耀全场打进两球，皇马连续第二年在第一场淘汰赛拿下3比1的胜利。和去年面对那不勒斯让对手打进一个客场进球的舆论状况不同，今年的皇马面对巴黎这个级别的强敌，能以3比1拿下已经是一个足够让人满意的结果了。相较于第二回合的比赛悬念，大家更关心巴黎那两位天才的心理变化：这样一支能统治欧冠的皇马，为什么当年内马尔不愿意来？另外，姆巴佩什么时候来皇马？

但皇马和C罗并没有太多时间思考这些问题。2月的西甲可以说是诸多豪强的英雄冢，西甲一周至少一场比赛，国王杯也进入拼刺刀的阶段，各大豪强还会在欧冠淘汰赛碰上强敌，像皇马这样的新科欧冠冠军还要再加一场世俱杯期间的补赛。各类赛事加起来，皇马和巴萨通常要在2月踢至少10场比赛，这多少也会影响两支豪强的竞技状态。皇马在之前几年的国王杯极容易掉队，而熬过这段魔鬼赛程的巴萨已经连续两年倒在下一个阶段的四分之一决赛了。

即便如此，C罗依然维持着不错的进球效率。第24轮对阵皇家贝蒂斯，C罗在第64分钟跑出一个反越位前插，虽然对手后防线落位及时，但C罗还是在人缝中嗅到了血腥，内切打门助皇马5比3大胜。5天后对阵阿拉维斯，养足精神的C罗再亮妖刀，上半场接本泽马脚后跟妙传后，转身扫射破门为皇马先拔头筹。下半场葡萄牙人一路奔袭，跨过人山人海后接卡瓦哈尔传中推左下角破门，梅开二度为皇马奠定4比0的大胜。2018年3月4日面对赫塔菲的挑战，半场结束前本泽马射门假动作接传中找到C罗，后者趟开赫塔菲半条后防线后左脚内切破门。下半场C罗接马塞洛传中后抢在对方门将之前砸开对手后防线完成梅开二度，皇马再拿3分——自1月7比1大胜拉科之后，凡C罗首发的比赛皇马保持不败。

面对巴黎的第二回合，C罗的火热状态还在继续。下半场第50分钟，巴斯克斯左路顶着一片白茫茫逆足传中，又是C罗于人群中杀出，俯冲轰炸再破阿雷奥拉。只论这个球，C罗的起跳时机显然并不算最出色的，球落点在小禁区内，C罗却是在大禁区前开始助跑，小禁区边缘就开始起跳，这也给了巴黎组织防守的机会。只是C罗的滑翔接近2米，奋不顾身堪比1984年扣篮大赛上的乔丹。巴黎有飞身救主之心，却如何有气吞八方之力？此后卡瓦尼乱战扳平比分，但C罗在第79分钟的回做找到了卡塞米罗，后者劲射折射后再度攻破巴黎大门，皇马客场2比1奏凯，总比分5比2实现主客场双杀。

干翻巴黎后的皇马春风得意，但C罗依然没有轻视埃瓦尔的意思。上半场第33分钟，莫德里奇外脚背助攻C罗单刀破门，但面对状态正佳的皇马，埃瓦尔选择搏命进攻。主队球迷投下不少纸飞机，拉米斯借角球踏浪上青云头球扳平比分。关键时刻又是C罗，一记头球让自己和球同时入网，皇马2比1涉险过关。一周后大战赫罗纳，皇马和对手共同打出了本赛季西甲最佳对攻战。C罗也踢出了最好状态，第12分钟点球点前倏忽间启动，顶着赫罗纳的防守阵形左脚抽射破门，为皇马先拔头筹。斯图亚尼头球破门将平局带到下半场。易边再战，下半场开场不到3分钟，本泽马直塞再度找到反越位成功的C罗，葡萄牙人披坚执锐左脚爆射得手，让皇马获得了比分和心理上的双重优势。

此后C罗的杀戮还在继续。第61分钟C罗再度在禁区内觅得良机，赫罗纳禁区内风声鹤唳，但C罗并没有对着赫罗纳再扫一梭子，而是一步停球后顺给巴斯克斯，后者推射让皇马扩大了领先优势。送出助攻后的C罗逐渐松弛起来，开始享受比赛。第66分钟本泽马禁区内射门时，C罗还能静若处子，在禁区内慢慢踱步，随后动如脱兔，猛虎下山补射终结赫罗纳门将索拉。一举一动都是当世顶尖杀手的风采，而凭借这一球，C罗完成了个人第二个帽子戏法，个人生涯帽子戏法来到了50个。赫罗纳并不愿意放弃抵抗，斯图亚尼极限头球梅开二度，让球队在气势上始终不落下风。贝尔第85分钟打入球队第5球后，赫罗纳依然没有放弃，第87分钟借角球由拉米雷斯再度破门，将比分扳为3比5。面对这样的对手，C罗自然也会倾其所有。第90分钟他在反击战接克罗斯直塞，不停球完成原地卧射上演大四喜，比分最终锁定在6比3。

虽然在联赛中表现不俗，但皇马和巴萨的积分榜差距实在太大。在国王杯四分之一决赛上，皇马也因客场进球劣势被莱加内斯淘汰，因此对目前的皇马来说，自古华山一条路，欧冠冠军是他们必须要拿下，也是唯一能拿下的冠军了。欧冠四分之一决赛前的最后一场联赛对阵拉斯帕尔马斯，齐达内果断轮换了阵容，C罗和克罗斯轮换进入替补，莫德里奇和卡塞米罗也只踢了62分钟。依靠贝尔梅开二度以及本泽马的点球，皇马客场3比0带走胜利，和尤文狭路相逢。上赛季欧冠冠亚军移师两回合主客场，C罗又会有什么样的表现呢？

第七十八回

C罗攻陷安联球场，尤文止步欧冠八强

上回书说到，C罗在对阵大巴黎前后拿出了不俗状态，皇马也为C罗打造出了新体系，球队在3月战绩不俗。而在4月，他们将迎来和尤文的两回合淘汰赛，这也是上赛季欧冠冠亚军的再度交手。赛前，不同于C罗的一脸放松，齐达内的心态要凝重一些。

皇马新的4-4-2体系运行得不错，但上赛季欧冠决赛祭出的典礼中场发挥确实不错，球队也以4比1力克“斑马军团”。此番面对强敌，对方前场还有迪巴拉这样的10号球员，拿出平行中场的4-4-2阵形铁定会削弱皇马在中场的优势。最终，双方首发名单出炉，伊斯科回归，与克罗斯、莫德里奇和卡塞米罗组成典礼中场，皇马调回了上赛季欧冠决赛的阵容。

两队首回合在尤文主场进行，上赛季饮恨的尤文自然不愿意放弃复仇的机会。本赛季他们从拜仁租借加盟的道格拉斯·科斯塔不出意外地首发，这让尤文在前场有了两个具有强大个人能力的爆点，但开场第2分钟，他们的赛前部署就成了废纸。伊斯科接马塞洛传球后晃晃悠悠地进入禁区，佯装走底线后忽然横敲。看那C罗在人群中劈开风浪，弧线跑位似踏浪而行，抢点射门如马耳他之鹰，拍马赶到绕本泽马身后捅射右下角得手，个人开场第一脚射门就攻破了布冯把守的大门。皇马在客场取得梦幻开局，也让尤文进入了并不适应的阵地战破密集防守节奏。进球后的C罗也是拿出了几年前的招牌庆祝动作，长距离助跑后滑跪庆祝。看台上的阿涅利看着进球的C罗，眼里若有所思，谁也不知道素来阴鸷的尤文少东家心里在想些什么。

虽说开场不久被抢了开局，但尤文的进攻依然不疾不徐。通过小范围传球寻找机会，迪巴拉有过一次小角度打门，伊瓜因的倒三角传球也找到了本坦库尔，可惜他们运气不太好，碰上了状态满格的拉莫斯，两次射门均被皇马队长封堵。迪巴拉的定位球倒是绕过了拉莫斯，找到了忠心弑主的伊瓜因，但后者的近距离头球被纳瓦斯拒绝。皇马也不客气，克罗斯一脚强袭再度越过布冯的十指关，可惜下坠幅度不够被门楣拒绝，1比0的比分随之保持到了中场结束。

易边再战，上半场一度沉寂的C罗终于复苏，转换进攻觅得小角度攻门的机会，可惜斜射没抽上力量。在基耶利尼和博努奇这对意甲冠军中卫搭档面前，C罗并不能像对阵巴黎一样随便抢身位，葡萄牙人想要进球只能剑走偏锋。第63分钟卡瓦哈尔右路失去平衡后传中，球的方向还有脚法仿佛精心计算过，只是力度实在一般，虽然找到了葡萄牙人，但却是一个背对球门的C罗，射门既不好发力也没有角度。背身准备拿球的C罗没有观察门将站位，也没有转身的意思，而是心一横，脚一提，如彩虹般在空中画了一条倒钩。球直入死角，打得传奇门将布冯毫无反应，真乃剑舞若游电，随风萦且回。登高望天山，白云正崔巍。入阵破骄虏，威名雄震雷！

赛后数据显示，C罗腾空而起时，右脚离地2.4米。这是什么概念？

正常人的弹跳一般在30厘米到40厘米，C罗倒钩的弹跳，已经接近60厘米。这记倒挂金钩，直接把尤文图斯球迷打服了，尤文主场球迷在滂沱大雨之中，站立为C罗送上掌声。C罗也没有做出“Siuuuuuu”的庆祝动作，而是右手轻抚心口，向球迷表示敬意。此外，这个进球也让皇马主教练齐达内当场目瞪口呆，皇马主帅摸着头，感到难以置信。

破门后的C罗依旧没有松懈的意思，不到10分钟后他的传球找到了好兄弟马塞洛，两人的二过二打穿了尤文整条后防线。随后由巴西人挑过布冯打空门得手，让皇马的晋级几近板上钉钉。随后迪巴拉累积两张黄牌被罚下场，科瓦契奇远射再中横梁，C罗还在比赛最后时刻浪费了一个单刀的机会，皇马客场3比0封杀尤文。客场大胜和3个客场进球的优势让皇马得以轻松备战在伯纳乌的第二回合。

随着巴萨接连奏凯，皇马和西甲冠军渐行渐远，即便如此，也没有人会轻视对阵同城死敌马竞的比赛，C罗也一样。上半场两边杀得飞沙走石，但就是缺一个进球，迟来的进球在下半场由C罗补上。贝尔左路奔袭后强行扭着身子传中，C罗后点不停球凌空垫射破门，强杀奥布拉克得手，白衣军团在下半场占据主动。但在C罗破门后不到5分钟，马竞很快还以颜色，格列兹曼和维托洛打出踢墙配合后，面对半个空门冷静施射得手，闪击战扳平比分。最终皇马坐拥主场之利，全场轰门28脚却依旧难耐西蒙尼的球队，只得忍住杀意备战欧冠淘汰赛。

同样是在伯纳乌，尤文图斯和皇马的第二回合在4天后准时开战。面对背水一战的对手，皇马并没有回收防守，将中场拱手相让，而是大举进攻，和尤文拼抢中场。尤文第二回合没有迪巴拉，中场处于劣势，而皇马缺了拉莫斯，阵地战防守很可能拼不过。但尤文以血还血以牙还牙，用一个抢开局回应了白衣军团，赫迪拉开场第二分钟助攻曼朱基奇破门，打入了本届欧冠最快进球，也为尤文吹响了反攻的号角。

进球后的尤文并不保守，伊瓜因的射门再度考验了纳瓦斯，而皇马也选择针锋相对。C罗和贝尔的射门让布冯吓出一身冷汗，伊斯科的进球则被判越位在先。第16分钟，德西利奥受伤被利希施泰纳换下。齐达内看准时机，让C罗和马塞洛从这一侧发起进攻，反倒是尤文利用利希施泰纳的传球找到了机会，曼朱基奇头球破门完成梅开二度。尤文图斯也以2比0的比分结束了上半场。下半场开始后，两边的进攻相对谨慎，但皇马的提速还是被尤文利用了，C罗前脚射门毫无威胁，后脚尤文就形成了围攻之势，马图伊迪补射为尤文扳平大比分。

这一进球让尤文重回起点，也打醒了每一个马德里人。此后的30分钟皇马统治了比赛场面，尤文只能选择被动防守，他们也在比赛最后时刻付出了代价。巴斯克斯禁区内被贝纳蒂亚放倒，皇马最后时刻获得点球，此前表现神勇的布冯被罚下场，C罗面对的是上场前零触球的什琴斯尼。面对一球定胜负的压力，C罗却是一如既往地冷静，点球爆射右上角得手，让皇马成功跻身欧冠四强！

第七十九回

再战皇马拜仁恨意难解，大破红军笑纳欧冠三连

上回书说到，C罗带队在欧冠淘汰了法甲冠军和意甲冠军，皇马顺利跻身欧冠四强，他们半决赛的对手是德甲霸主拜仁慕尼黑。这是C罗的老对手了，自从C罗加盟皇马以来，两队已经3次在淘汰赛碰面，上一次交手正是在上赛季的欧冠四分之一决赛。如今再战两回合，虽然C罗的恩师安切洛蒂已经下课，但临时救火的主帅同样是C罗的老熟人：2011/2012赛季半决赛击杀皇马之人，伯纳乌曾经的主帅，2012/2013赛季拜仁欧冠冠军教头海因克斯。他们的对手拜仁同样战意高昂，上赛季拜仁加时赛憾负皇马，球队创下了2010/2011赛季以来欧冠最差战绩。此番再度交手，上赛季在皇马郁郁不得志的J罗已经成了拜仁核心，巴伐利亚的巨人誓要和皇马战个痛快。

但在同拜仁清算之前，皇马还需要面对三轮联赛。对阵马拉加他们靠伊斯科和卡塞米罗爆发2比1带走比赛。对阵毕尔巴鄂竞技，他们开场不久被伊纳基偷袭得手，但C罗并没有放弃，第86分钟再次幽灵般飘入禁区，在正确的时间出现在正确的地点，脚后跟变线莫德里奇的远射，将

匕首扎入了巴斯克人的心脏。第34轮客场挑战塞维利亚，皇马的运气就没有这么好了，上半场本耶德尔和拉云相继进球，第83分钟拉莫斯的乌龙球报恩旧主，几乎提前宣告比赛结束。皇马在最后时刻由马约拉尔和拉莫斯相继建功，比分最后锁定在2比3，塞维利亚拒绝逆转。

联赛进程步履维艰，皇马也在欧冠赛场上遭遇了2017/2018赛季开赛以来最难打的欧冠客场。对阵拜仁慕尼黑，皇马全场被射门达18脚，J罗第18分钟直塞基米希更是直接洞穿了纳瓦斯把守的大门。但皇马并没有放弃，纳瓦斯开启仙人模式，马塞洛第44分钟凌空破拜仁也让皇马带着1比1的比分回到更衣室。易边再战，拜仁攻势不减，但高位防守带来的后防空间被皇马利用，阿森西奥和巴斯克斯双鬼拍门助皇马反超比分，皇马客场2比1占得先机。自此C罗跨赛季欧冠连续进球的场次停留在11场，拜仁也成了本赛季欧冠唯一零封C罗的球队。

虽然个人的连续进球纪录遭拜仁终结，但C罗并没有留恋纪录的意思，而是继续和队友前进。对阵莱加内斯的比赛，C罗坐上替补席，皇马主场2比1过关，随后在主场静待4天后来访的拜仁。虽然南大王反客为主，开场两分钟就由基米希再破皇马，但皇马并没有首回合的慌乱。本泽马拒绝背锅，第10分钟头球破门，下半场又是一个开场20秒的闪击得手，让皇马主场完成逆转。拜仁这边并没有放弃，第62分钟J罗弑旧主得手扳平比分，距离淘汰皇马只差一球。奈何拉莫斯领衔的皇马后防线实在稳固，陷入苦战的拜仁难有建树，总比分3比4遭皇马淘汰，C罗也连续3年杀入欧冠决赛，全力追逐个人生涯第5座欧冠冠军奖杯。

早前队友状态不佳，C罗也并没有对着媒体抱怨齐达内和皇马的队友。曾几何时，2012年和2015年的皇马都曾陷入困境，那时候的C罗并没有太多陪伴球队摆脱困境的耐心，葡萄牙人只能孤独地扛着球队前进。如今他老了，也比之前成熟了，懂得在队友状态不佳的时候学会等待了。皇马的队友们也没有辜负他，在C罗被拜仁重点照顾情况下带着C罗杀进了欧冠决赛。

在迈过拜仁之后，C罗迎来了人生中最后一次亲身参与的西班牙国家德比。同样是欧冠半决赛赛程期间的国家德比，不同于2011/2012赛季的剑拔弩张。由于巴萨上一轮提前夺冠，皇马还有欧冠决赛要准备，两边的比赛氛围相当融洽，比赛节奏踢得不快。开场不久罗贝托助攻苏亚雷斯破门，而C罗很快予以回应，反击战脚后跟磕球后风骚走位，先是绕到皮克身后，接着抢在皮克身前，最终在皮克护送下接本泽马头球横传，门线铲射破特尔施特根，让自己的国家德比进球定格在18个，和迪斯蒂法诺并列国家德比射手榜第二位。真可谓百战江湖一笛横，风雷侠烈死生轻。下半场梅西再度为巴萨取得领先，巩固自己国家德比第一射手地位的同时，让巴萨离胜利更进一步，但贝尔接阿森西奥斜传，大禁区线上轰出世界波，让特尔施特根绝望，比分最终定格在2比2。

随着巴萨夺冠，本赛季西甲的悬念基本结束了，但C罗的进球表演还在继续。第37轮皇马全队火力全开，6球轰平了塞尔塔，本轮休息的C罗自然也想施展一下拳脚。末轮对阵比利亚雷亚尔，开场10分钟贝尔再度斩获一球，C罗也不甘示弱，第31分钟切入如蛟龙出沧海，起跳赛苍鹰入瑞云，接马塞洛外脚背撩传后旱地拔葱头球破门，几乎提前杀死了比赛。可惜下半场“黄潜”不甘放弃，替补上场的马丁内斯和卡斯蒂列霍相继进球，皇马和C罗没能用胜利结束2017/2018赛季的西甲联赛。

这点小小的遗憾对皇马来说当然算不上什么，5月26日欧冠决赛准时开打，利物浦成了皇马最后一个需要解决的对手。开场不久拉莫斯倒地导致萨拉赫受伤。折损大将的利物浦攻势不减，但已经没有了最耀眼的箭头。下半场本泽马贡献名场面，抢断卡里乌斯破门为皇马取得领先，马内一度扳平比分，但替补出场的贝尔梅开二度终结比赛，C罗和他的皇马队友们完成了欧冠三连冠的伟业！

第八十回

决战基辅之夜，渣叔遗憾败北

上回书说到，C罗单赛季再次交出50球级别的答卷，西甲打入26球的同时，欧冠打入15球，笑傲江湖，皇马也顺利跻身当赛季欧冠决赛。决赛地点位于乌克兰基辅，对手是红军利物浦。虽然红军近几年并没有收获什么荣誉，但克洛普带队不到三年，却已经两次杀入欧洲级别的决赛。值得注意的是，克洛普的决赛魔咒还在继续，自2012/2013赛季欧冠决赛被拜仁绝杀以来，克洛普唯一的荣誉只有无关痛痒的德国超级杯，而在此次欧冠之前，克洛普已经连续5次折戟决赛。此番带着成型的红军，德国主帅自然希望终结这一魔咒。

经过克洛普的整军经武，2017/2018赛季的利物浦打出了伊斯坦布尔奇迹后最好的欧冠征途，甚至比2006/2007赛季还要好。赛季初他们失去了库蒂尼奥，但创队史转会费纪录的萨拉赫与马内、菲尔米诺组成三叉戟，利物浦打出本赛季欧冠第一火力，一路淘汰波尔图、曼城与罗马杀入决赛。对这支利物浦，皇马和C罗算不上陌生，毕竟在2015/2016赛季的欧冠小组赛，皇马和利物浦已经交过手，但那时候克洛普并没有接管球队，皇马也没有齐达内上任后对欧冠的掌控力，比赛的结果依然是未定之数。

在决赛当天的赛前训练上，C罗再一次上了各大媒体头版。皇马正在进行射门训练，向来在训练中不放水的C罗再次大力射门。只见球如炮弹出膛，但这个脱离所有人控制的球并没有如往常一般飞入死角，而是像长了眼睛一样直奔场边的摄像机而去，经摄像机反弹正中摄影师头部。C罗赶忙上前去安慰了虽然头上挂彩，但仍在一线坚守的摄影师。这名叫普列托的摄影师去医院缝了几针，他也收到了C罗赠送的训练背心，即便如此，他也没有缺席欧冠决赛的转播报道。这一小细节被媒体送上了头条，《每日邮报》还调侃了一句："这会不会是C罗决赛最佳射门？"

比赛于2018年5月26日夜准时打响，英超夺得欧冠最多的球队向欧冠"十二冠王"正式发起了冲击。此前3次欧冠决赛，C罗已经打进3球，这次对上利物浦，葡萄牙天王自然希望延续进球的感觉。虽然是相对陌生的对手，但皇马和利物浦都没有进行太多试探，比赛节奏非常快。这边萨拉赫与马内配合阿诺德冲击皇马左路防守，皇马的快速反击则选择从利物浦的两个边后卫身后着手，而C罗无疑是皇马最锋利的金箭头。上半场第15分钟，反击战觅得良机的C罗沿右路风驰电掣，接卡瓦哈尔直传后顺势杀入禁区，面对范戴克补位尝试了一脚极限小角度爆射，可惜球稍稍高出横梁。

正当两边准备大开大合来一场的时候，各种想不到的意外却改写了决赛的剧本。第25分钟，拉莫斯和萨拉赫在一次对抗中双双倒地，两人上肢互有纠缠，但不知是无心还是有意，拉莫斯的身体重心不受控制地砸在萨拉赫的肩膀上。这次身体对抗堪称欧冠决赛历史上最著名的技术性击倒，埃及人的表情预示着这次伤病注定不会太轻松。利物浦的队医赶紧上场治疗，但几分钟后埃及人实在无法坚持比赛，被拉拉纳换下。

第36分钟，皇马同样折损大将，卡瓦哈尔在一次身体对抗后痛苦倒地，被纳乔换下。

两边都有大将折损，但损失了战术核心的利物浦很快在场面上陷入被动，皇马三中场逐渐取得优势。比赛断断续续对所有人的影响是全方面的，C罗第42分钟的头球攻门不可谓不精彩，身体如大鹏展翅般舒展，头球也是如坠千斤之力。凭借这次机会，本泽马补射打空门得手，可惜C罗和队友的传跑时机没有配合好，被吹罚越位在先，皇马和利物浦在半场握手言和。

诡异的氛围再度笼罩基辅，这一次中招的是利物浦门将卡里乌斯。第51分钟，卡里乌斯手抛球直接扔在本泽马身上，后者同步伸腿完成致命抢断，球随后弹入网内，皇马终于在决赛占得了先机。危急时刻，利物浦的马内站了出来，角球进攻中近距离捅射得手，利物浦落后仅仅4分钟就火速扳平了比分。

面对气势有余但控制不足的对手，齐达内选择派上贝尔，解放皇马的进攻。C罗同本泽马同时前压，为贝尔在弧顶创造空间。这样的调整很快有了奇效，第64分钟马塞洛半高球吊入禁区，贝尔横刀立马大禁区内一步倒钩得手，球队再度取得领先。这粒进球动作极其舒展，和C罗倒钩破尤文一球有异曲同工之妙，且破门时间只相差4秒。两粒进球同时入围了年末普斯卡什奖的最终讨论范围。

利物浦这边并没有放弃的意思，马内禁区外的强袭再中横梁，而他们再一次败在了自己人的手里。第84分钟贝尔弧顶再度起脚，进攻球员的手段并不残忍，门将的手法却是极其业余，卡里乌斯扑救脱手葬送了利物浦最后的希望，比分最终锁定在3比1，皇马和C罗共创欧冠三连冠伟业。

比赛结束后，C罗和一众皇马球员喜极而泣，也有不少球员在安慰着对手。镜头一转，乌克兰传奇舍普琴科已经带着奖杯走入了球场。乌克兰传奇并没有立刻颁奖，而是和C罗相拥并亲密交谈着，但葡萄牙人并没有太多从容的时间，就被队友们拉着进入了庆祝的队伍。随着拉莫斯高举奖杯，漫天白色浸透了基辅夜空，播撒着马德里人的光荣和梦想。

第八十一回

尖矛对决利盾，C罗战德赫亚

上回书说到，皇马欧战功成，C罗拿下了个人生涯第5座欧冠冠军奖杯，不仅超越了梅西，欧冠冠军数量也与马尔蒂尼、迪斯蒂法诺、科斯塔库塔等名宿并列，距离身前的亨托也只有一个冠军的差距。巧合的是，欧冠夺冠次数最多的9位球员，有7位曾经在皇马效力过。如今C罗状态正佳，还带领着皇马拿下了欧冠改制后唯一的三连冠，人们自然希望C罗能在皇马立下不朽功勋。夺冠后的C罗自然高兴万分，在夺得欧冠后，马德里人照常会在丰收女神广场进行游行庆祝，C罗也在游行大巴后一展歌喉，可惜第一声就宣布破音了……

对于C罗来说，想留在马德里并不是一件容易的事情。之前我们提到过，早在卡尔德隆时期，C罗就已经和皇马谈得差不多了，虽然引进C罗的是弗洛伦蒂诺，但不少皇马人依然将此归功于卡尔德隆一派。因此自C罗加盟皇马开始，就有不少人爆料称弗洛伦蒂诺和C罗的关系极其微妙，引进贝尔也有取代C罗的意思。在C罗之前，皇马一众名宿虽然都曾经在伯纳乌建功立业，但劳尔被流放到沙尔克04，卡西利亚斯去了葡萄牙踢球，“银河战舰”一期星光熠熠，最后得以在皇马体面退役的只有齐达内。C罗年近33岁，本就是皇马资格最老的名宿，在最近一份续约合同上，门德斯还要求弗洛伦蒂诺给出和梅西一样的大合同，这让谈判陷入僵局。

就立场而言，双方的态度已然开诚布公。C罗的意思很明确，这样的天价合同不只关系到自己的经济收益，还涉及自己和梅西的地位问题。在皇马方面看来，C罗并不足以让球队像巴萨那样完全打破薪资结构，虽然同为“绝代双骄”，但梅西年龄上比C罗小两岁，未来状态更有保证。再加上同是超级合同，但巴萨早在2014年同梅西的续约上就拿到了部分肖像权，可以以梅西的名义拿到相当可观的分成，但如今的C罗已经有了自己的品牌，并不能接受皇马在自己的肖像权上分一杯羹。在种种阻力干扰下，C罗和皇马的谈判逐步进入了停滞状态，随着C罗乘私人飞机飞回葡萄牙备战世界杯，门德斯的航线也开始遍布全欧洲，没有人知道C罗会如何选择。

随着世界杯开战在即，留给C罗思考的时间已经不多了。本届世界杯是C罗称雄欧洲杯后的第一届重大杯赛。葡萄牙的欧洲杯班底基本保留，又补进了贝尔纳多·席尔瓦和格德斯这样的锋线才俊，纸面实力甚至要强于2016年的冠军之师。C罗也迎来最有可能夺冠的世界杯夺冠窗口。在补齐了之前葡萄牙所缺失的冠军血统之后，人们对这支球队的期望甚至高于2006年的葡萄牙黄金一代。

小组赛第一场，葡萄牙与西班牙狭路相逢，伊比利亚德比再度打响。这支西班牙队近两届大赛表现不佳，但球队以欧冠三连冠的皇马为班底，在之前的热身赛上曾以6比1大破阿根廷，实力不容小觑，开场之后也牢牢掌控着比赛，逼着葡萄牙人只能伺机反击。只要有C罗在，葡萄牙人就永远能找到机会。开场第2分钟，C罗左路拿球让西班牙球员纷纷向这一侧倾斜，但C罗并没有横敲，而是一路斜行杀入禁区，二马一错蹬的工夫被俱乐部队友纳乔放倒，裁判果断判罚点球。点球点的两边，一边是足坛最出色的杀手，另一边是反应最出色的门将之一，C罗和德赫亚迎来对决，最终尖矛击碎了利盾，葡萄牙开场不到3分钟就取得了领先。

虽然失去了先手，但西班牙依然握有控球权。这让他们能够持续冲击葡萄牙的后防线，席尔瓦和科克后插上进攻频频威胁着对手的禁区。第23分钟，他们的努力终于收到了回报，科斯塔野兽出笼反击战一人单挑葡萄牙整条后防线，扣球左晃右突后右脚低射破门，西班牙扳平比分。此后西班牙一路穷追猛打，通过肋部传切撕裂葡萄牙的意志，可惜终结效率差了一点。伊斯科射中门柱还砸中了门线，大有上半场收割比赛的意思。

关键时刻，C罗再一次主导了比赛，也打醒了对友。第44分钟，他在弧顶找到机会，摆腿加了开山之力，射门势大力沉，球如离弦之箭突出一个快，却又带了向内侧的弧度，即便德赫亚反应够快，即使占了位置，也只能看着球命中自己入网。葡萄牙半场结束前带着2比1的比分回到了更衣室。

易边再战，西班牙忽然加快了比赛节奏，先是借助定位球由布斯克茨挑传禁区，科斯塔撞射破门完成梅开二度。接着纳乔完成自我救赎，禁区外右路迎球凌空抽射，打出一记天外飞仙般的神仙球。球中柱后窜入球门，打得门将帕特里西奥毫无办法。西班牙再度反超比分，随即便用控球消磨着比赛的时间。

时间一分一秒地流逝，留给葡萄牙人的时间已经不多了。直到第85分钟，C罗才迎来拯救的机会。皮克在禁区弧顶前犯下大错，让C罗得以再次直面德赫亚，只不过面前加了一堵人墙，距离也变成了23米。几乎所有人都认为C罗会轰出标志性电梯球，包括德赫亚也这么想，但在关键时刻，C罗隐去了凶猛的气质，小碎步地抬腿，扭着身子扫出了“杀死”西班牙人的角度，如同熟练的卖油翁一样，温柔地把球扫入右侧死角，打得德赫亚毫无反应。凭借个人世界杯最佳表现，C罗终于在最后时刻从西班牙身上抢下一分，而在接下来的比赛中，C罗又会有什么样的发挥呢？

第八十二回

破雄狮平铁骑，葡萄牙铩羽归

上回书说到，C罗终于在世界杯上拿出了最佳个人表现，帽子戏法带领球队在最后时刻逼平西班牙，而这也是C罗在世界杯上的最佳个人表现。此前两届世界杯均为C罗独立带队，但葡萄牙战绩并不理想。两届世界杯合计7场比赛只赢过2场，C罗的表现也不算理想。算上2006年老大哥菲戈和德科领军的德国世界杯，C罗只不过在14场比赛中打入3球。此番对阵西班牙，C罗终于火力全开，算是在世界杯这个舞台上短暂帮自己找回了场子。

第一场打平大赛热门球队，葡萄牙自然士气大振。第二场比赛对阵摩洛哥，C罗再度让对手绝望。开场仅4分钟，C罗的眼神捕捉到了穆蒂尼奥和纳尼的战术角球，便在跑动中加了一点节奏变化。摩洛哥的防守球员果然中招，被C罗卡着步点从身后超过。只见五届金球奖得主横啸沙场，那是万夫莫敌，用蛮力扛开对手后，门前冲顶破门，真乃赤手屠熊搏虎，金戈扫荡鏖兵，活脱脱一个万人敌。凭借这粒进球，C罗以86球超越匈牙利传奇普斯卡什，独享欧洲国家队第一射手王。葡萄牙也借此取得领先，并将比赛带入了自己熟悉的节奏。最终一球小胜，葡萄牙获得出线主动权的同时，送摩洛哥提前出局。

第三战对阵伊朗，所有人都认为葡萄牙将拿出一场大胜，并顺利锁定小组第一，但在摩尔多维亚竞技场，伊朗人并不甘愿束手就擒。上半场比赛，虽然葡萄牙在阵地战取得了优势，但多次射门并没有太大的威胁。上半场第44分钟，夸雷斯马在踢墙式配合后终于找到了一丝内切的空间，三两下小碎步调整之后，葡萄牙妖刀终于用标志性的外脚背撕开了伊朗的防守，C罗和葡萄牙带着一球领先的优势回到更衣室。

下半场，葡萄牙依旧攻势如潮。C罗在禁区内搏得点球，葡萄牙队长自然当仁不让，站上12码前准备为胜利盖章。奈何伊朗门将贝兰万德逆天改命，提前预判成功拒绝了C罗的点球。此后没有退路的伊朗终于大举压上，一度和葡萄牙打起了对攻，直到伤停补时阶段，伊朗终于有了翻盘的机会，塞德里克禁区内手球被裁判处以极刑，安萨里法德主罚一蹴而就，伊朗在最后时刻扳平了比分。随着塔雷米最后时刻的爆射命中边网，葡萄牙无奈拿到一场平局，最终因净胜球劣势屈居小组第二晋级十六强。

顺利完成小组出线任务，但相比2016年那支固若金汤的葡萄牙，如今的球队有了更多技术细腻的攻击手，不过中场的硬度随之下降，佩佩领衔的冠军后防线也老了两岁，这让葡萄牙的阵地战防守效果打折不少。面对花拳绣腿的西班牙，葡萄牙的防守问题还能遮掩一时，但对阵球风凶悍的乌拉圭，葡萄牙的凶险只多不少。开场不久就被乌拉圭的身体对抗挤没了控球权，第7分钟卡瓦尼和苏亚雷斯更是用两次长传拆了葡萄牙的大巴车，最终由前者于门前撞射得手，乌拉圭1比0取得领先。

丢球后的葡萄牙并没有放弃，但B席领衔的中场被乌拉圭冲散，进攻组织趋于瘫痪，只能通过一些定位球零碎敲打。第55分钟正是凭借着角球机会，葡萄牙由佩佩扳平了比分，但好景不长，葡萄牙防守球员的个人能力完全压不过苏亚雷斯和卡瓦尼。第62分钟，葡萄牙难得在前场形成一次高位压迫，然而乌拉圭门将穆斯莱拉的长传依然精准找到了前插的本坦库尔。后者推进后斜塞助攻卡瓦尼弧线球破门，乌拉圭再度领先。此后C罗依然大声鼓舞着队友，但葡萄牙的进攻彻底哑火，八分之一决赛遭乌拉圭淘汰无缘八强，自2006年世界杯淘汰英格兰杀入四强以来，葡萄牙在世界杯淘汰赛还没有赢过一场球。

世界杯铩羽而归败走八分之一决赛，C罗周边的舆论环境并不算好，门德斯和皇马的合约谈判陷入停滞状态。C罗已经没有多少时间整理未来，也没有什么心情停留在过去了。和皇马谈崩后，门德斯很聪明地放出了消息，以此吸引欧洲各大豪门的注意。在C罗征战世界杯期间，包括AC米兰、尤文、曼联和巴黎在内的各路豪门都联系了门德斯，等着撬弗洛伦蒂诺的墙脚。

在一众追求者中，巴黎是资金最充足的，他们也需要C罗这块金字招牌，借此让自己的品牌急速升值。2018年俄罗斯世界杯的成功深深刺激着卡塔尔人，通过巴黎这个窗口，他们希望尽可能扩大自己的影响力，借此将卡塔尔做成品牌。但巴黎位列法甲，整体竞争力一般，出于个人职业生涯发展的考虑，C罗自认为还可以在顶级联赛发光发热，从而增加自己拿金球奖的概率。因此考虑一番后，C罗选择拒绝巴黎的邀请。同样初期就遭拒绝的还有C罗的老东家曼联。那个赛季的曼联刚刚稳定了索尔斯克亚的位子，正准备让少帅打造曼联的新DNA，拥有“红魔”血统，同时又是当世顶尖射手的C罗无疑是最合适的箭头和更衣室领袖，但近几年的曼联成绩并不稳定，内部还有激烈的宫斗。虽然在索帅治下曼联正步入上升期，但C罗并不会拿自己的职业生涯去冒险。

和其他球队相比，AC米兰是求购者里走得最远的一个。米兰和皇马的关系向来不错，C罗也不会拒绝在一个传统联赛中振兴传统豪门，从而证明自己的机会，但在收购最后时刻，AC米兰持有者李勇鸿宣布资金链断裂，几个月后的米兰也被埃利奥特资金拿下。在激烈的竞争中，尤文最终笑到了最后，“斑马军团”于北京时间2018年7月10日发布官方公告，C罗正式加盟尤文图斯。踏上意大利后，C罗又会带给人们什么样的惊喜呢?

第八十三回

C罗作别"银河战舰"，葡萄牙人转投尤文

上回书说到，虽然有不少豪门球队表达了对C罗的兴趣，但葡萄牙人还是选择了尤文作为他职业生涯的下一站，于2018年7月10日正式宣布转会意大利球队。根据媒体后续报道，C罗此次转会让尤文付出了超过1亿欧元的高额转会费。双方合约为期4年，葡萄牙人的税后年薪高达3000万欧元，雄居意甲第一年薪。葡萄牙人一来一回产生的高额转会费也让自己成了意甲的夏窗标王，1亿欧元也刷新了30岁以上球员的单笔转会费新纪录。

为了打造新球队，尤文的引援工作并没有结束。除了C罗这笔改变足坛格局的转会，他们还从瓦伦西亚签来了坎塞洛，转会费达4040万欧元。上赛季从拜仁租借的科斯塔也实现了买断，转会费又破了4000万欧元。此前一个赛季加盟米兰的博努奇也回到了都灵，球队又是一笔3500万欧元的支出，再加上埃姆雷·詹从利物浦免签盛情来投，佩林也以1200万欧元的价格加盟尤文，补齐"斑马军团"的门将轮换。新赛季的

尤文单个转会窗转会支出超过2.5亿欧元，购买力冠绝欧陆，他们也借此一跃成为欧冠最有力的竞争者之一。

略显遗憾的是，2016/2017赛季队内头号箭头，也是C罗皇马前队友之一的伊瓜因租借加盟AC米兰。C罗少了一个并肩作战的昔日队友，两人此后再度碰面，便只能是各为其主奋力厮杀的状态了。在尤文图斯队内，C罗还有赫迪拉这样的前队友可以叙旧。生性率真的C罗也很快和队友们打成一片，融入了尤文的更衣室。之前几个赛季，尤文和皇马在欧冠比赛中时有交手，屡屡进球的C罗自然给大家留下了深刻的印象。如今葡萄牙人换上了黑白色球衣，大家对他的实力以及队内地位还是相当认可的，夸德拉多甚至还将自己的7号球衣让给了C罗，葡萄牙天王在都灵的地位自然不言而喻。

在更衣室相处中，大家最关心的无疑是C罗和迪巴拉的关系。在C罗加盟之前，迪巴拉是尤文毫无争议的核心，2016/2017赛季还曾带队杀入欧冠决赛，但在2017/2018赛季，阿根廷天才饱受伤病困扰，整个赛季的出勤率并不高。如今C罗降临都灵，大家自然好奇阿莱格里将如何处理一山二虎的局面。别说在一套战术里让两人共存，光是让两人和谐相处就让媒体琢磨了许久。人们的担忧并没有变成现实，在尤文新赛季备战开启后，人们惊讶地发现迪巴拉和C罗关系相当不错。两个人时常分在一组训练，训练场内外有说有笑。迪巴拉还借鉴了C罗调养身体的方式，通过严格控制饮食调节自己的身体——按照阿根廷人的说法，C罗的自律给自己留下了深刻印象，通过节食强身健体更像是一个很自然的过程。

对尤文来说，C罗的加盟不仅让球队有了挑战皇萨仁的实力，还让球队在整体实力上有了和诸强叫板的底气。此前一个赛季，尤文的经营并不成功，单赛季亏损达2000万欧元，尤其是运营亏损为6220万欧元。借着C罗的加盟，尤文终于在财政上打了一个翻身仗。C罗宣布加盟后不到一周，尤文的股价比前一周上涨了33%。C罗前脚签完合同，后脚就有一批赞助商为尤文递上了合作协议——可以说在足球的资本世界，C罗是可以带着资本来去如风的。

同样很兴奋的还有尤文的球迷。都灵近年来的季票涨价速度向来为人诟病。在C罗官宣加盟尤文后，季票的涨幅超过了30%，然而这依然无法阻挡热情的球迷们。C罗加盟的消息放出来不久，尤文图斯的赛季门票全部售罄，有95%的季票持有者选择续购季票，另5%的球票则被俱乐部成员抢购。在C罗转会宣布的一天之内，尤文图斯卖出了52万件印有C罗名字的球衣，都灵的街头已经有不少球迷换上了C罗的球衣，等待着新赛季的开始。

当然，葡萄牙人的转会并没有让所有人觉得满意，比如菲亚特的员工们。随着C罗加盟尤文，作为“斑马军团”的背后金主，菲亚特大笔一挥，为C罗送上了一笔2000万欧元以上的个人赞助合同，而这引发了工会组织的不满。就在葡萄牙人加盟后不久，菲亚特工会就组织了工人进行罢工。一部分人认为公司花费数亿欧元，买来一个职业生涯末期的射手，显然是对菲亚特员工努力工作的不尊重；另一部分人认为球员转会可以理解，但将球队的未来交给一个老将显然有失妥当。在意大利足坛，认为C罗的转会有待商榷的名宿也不少，包括卡佩罗和卡萨诺等人，很多人并不认为C罗能很快适应意大利足球的节奏，也不觉得C罗能保持长时间的状态，甚至还有可能会拖累尤文的战绩。

面对质疑，C罗只能通过不断的训练保持状态，然后抓住一切能证明自己的机会。整个夏天他只在世界杯前后各有过一次度假，此后从加盟尤文开始，C罗便进入了马不停蹄的状态，一边在训练场挥汗如雨，另一边帮助家人安顿在都灵的生活，并带着儿子“迷你罗”进入尤文梯队训练。进入2018年8月，随着意甲联赛开打，C罗又将拿出什么样的表现呢？

第八十四回

战萨索洛迎意甲首球，积分榜尤文独占鳌头

上回书说到，C罗夏窗加盟尤文后很快获得了球队的认可，尤文也成了2018年最受关注的球队之一。当然，也有不少人在质疑C罗的能力，而葡萄牙天王证明自己的方式就是通过比赛来就事论事。

8月19日意甲揭幕战率先打响，上届冠军尤文图斯客场挑战切沃，C罗终于迎来了自己的意甲首秀。第一次面对意大利链式防守的C罗并不适应，意大利门将的门线技术也让人颇费脑筋，但葡萄牙人依然利用着自己的跑动帮助球队。尤文这边的体系尚在磨合阶段，虽然赫迪拉开场不久闪击得手，但切沃的斯特平斯基很快扳平了比分。下半场，尤文旧将贾凯里尼点球弑旧主，但他们在第74分钟犯下大错，替补出场的贝尔纳代斯基开出角球，切沃中卫巴尼上演无间道，解围不慎自摆乌龙，尤文扳平比分。终场前贝尔纳代斯基再立奇功，接桑德罗妙传，于第92分钟扫射绝杀，尤文客场3比2取得开门红。

或许是看出了C罗还没适应意大利足球的防守，阿莱格里果断选择变阵，将C罗放在左边锋位置上，球队阵形也随之调整为4-3-3。第二场比赛

对阵拉齐奥，C罗迎来主场首秀，在皮亚尼奇打出世界波之后，C罗终于送出了尤文时期的第一个助攻。这球来自同胞坎塞洛的右路横传，C罗的抢点并没有打上力量，反而给身后的曼朱基奇做了嫁衣。后者门前近距离扫射得手，为尤文锁定胜局。作为边锋定位的C罗继续在第3轮为球队发光发热，不仅要在边路虚跑扯空，还要作为中路的抢点球员之一参与球队战术，在这样的体系里曼朱基奇自然大占便宜，传射建功帮助尤文客场战胜帕尔马。

虽然前3轮没有进球，但C罗已经熟悉尤文的攻防战术，执行力还是很不错的。随着赛季的深入，C罗逐渐适应了意大利防守球员的习惯，进球自然到来。第4轮主场迎战萨索洛，赛前萨索洛球员大博阿滕的妻子参与了双方球迷的口水战，还在网上激情吐槽："克里斯蒂亚诺·罗纳尔多是谁？"但在比赛中葡萄牙人终于打开了进球账户，让自己的名字响彻整个意大利。本场迪巴拉回撤中场，曼朱基奇在禁区牵制，C罗有了前场自由度，上半场就轰出了多次颇具威胁的打门。易边再战，第49分钟，迪巴拉的角球造成了禁区混战的机会，一片聒噪间C罗乱军丛中腾龙起，扶摇直上九万里，在人缝中滑若游鱼般溜到小禁区前，蜻蜓点水把球打进，打入了加盟尤文后的首粒进球。进球后的C罗难掩激动，一路狂奔后双臂划出标志性的庆祝动作，预习了许久的都灵人心领神会，"Siuuuuuuu"之声响彻都灵安联球场。

尤文球迷们已经沸腾，但C罗并没有止步于此，而是用进球为主场球迷再添了一把火。第64分钟尤文得到了反击机会，埃姆雷·詹背身拿球后横拨D.科斯塔，后者中路节奏带球后横敲左路，又是C罗须臾间拍马赶到，抡圆了金刚腿后，右脚一领左脚低射右侧远角得手，完成梅开二度，真是一天气象沉银汉，四海鱼龙跃水精。凭借C罗的个人表演，尤文以2比0将萨索洛斩落马下，联赛取得四连胜。

经历了季初的磨合之后，尤文的起步依然有些跌跌撞撞，但势头已经无人可挡。即便C罗没有进球的比赛中，尤文依然能一波带走胜利。回到熟悉的欧冠赛场，面对上赛季一度给C罗造成麻烦的瓦伦西亚，C罗没能在频繁的身体对抗中稳住自己的情绪，在禁区内推搡对方中卫穆里略的头。经过主裁判VAR回看后，C罗被红牌直接罚出场外。少一人的尤文并没有自乱阵脚，坎塞洛和博努奇先后在乱战中为尤文搏得点球，皮亚尼奇12码前化身冷血杀手，点球梅开二度，球队在梅斯塔利亚2比0带走胜利。赛后，C罗在比赛中不冷静的举动再度让他成了舆论漩涡的中心，但葡萄牙人并没有因此自乱阵脚。在他心中，激烈的对抗一直是比赛一部分，偶尔的动作失控只是一次意外，稍做调整之后，很快就能从之前的阴影中走出来。

频繁的比赛让C罗没有思考过去的精力，也让大家很快忘却来之前的不愉快。联赛第5轮对阵弗洛西诺内，C罗再一次作为4-3-3的左边锋首发出阵，而在双方绞肉机般的比赛节奏中，又是C罗挺身而出改变了比赛。皮亚尼奇第80分钟尝试远射，球折射后连续反弹到了C罗脚下，但见他百战江湖一笛横，一个身位卡死了对手补防的所有可能性，还没等对手进一步反应，C罗就在对手禁区内翻江倒海，一杆霸王枪枪出如龙直刺弗洛西诺内的咽喉，也打垮了弗洛西诺内的意志。此后皮亚尼奇走左路助攻贝尔纳代斯基内切得手，尤文以2比0收下了3分，积分榜上继续领跑。

随着尤文横扫意甲，C罗的表现逐渐征服了挑剔的足球专家。而在即将进行的世界足球先生颁奖上，C罗又能否继续征服投票人员，拿下自己生涯第6个世界足球先生呢?

第八十五回

魔笛金球奖拔得头筹，C罗梦剧场清算恩怨

上回书说到，虽然初到意甲并不适应比赛节奏，但C罗的进球功力还是得到了尤文上下的一致认可。开季后的尤文一路高歌猛进，用一波胜利回报着球迷们。世界足球先生颁奖在即，在2018年表现优异的C罗自然踌躇满志，虽然在此前的欧足联年度最佳球员评选中，他输给了老队友莫德里奇，但葡萄牙人是上赛季欧冠冠军得主，为皇马缔造欧冠三连冠的伟业，球员个人拿下上赛季欧冠金靴的同时也牢牢坐稳了欧冠历史最佳射手的位子，在世界足球先生的评选上还是相当有竞争力的。

这一大奖于北京时间2018年9月24日准时揭晓，最终莫德里奇力压C罗和梅西，继欧足联年度最佳球员之后，克罗地亚人夺得了个人生涯第一个世界足球先生。

由于意甲现阶段赛程频繁，特别是尤文在未来21天内将要大战7场，忙于备战的C罗只能缺席颁奖典礼。在投票结果发布后不久，C罗的母亲和姐姐相继在社交媒体上开骂，这让C罗再度站在了舆论的对立面。面对大家的质疑，C罗并没有多说什么，2018/2019赛季刚刚开始，虽然换了

队友换了环境，身体也老了一岁，但他依然能够在压力下保持自我。如今的C罗虽然输了一阵，但他还有时间，也不缺证明自己的机会。只要让葡萄牙天王继续站在摧城拔寨的位置上，C罗就不会让人失望。

尤文和C罗的胜利还在继续。2018年9月27日对阵博洛尼亚，迪巴拉的倒钩瞬间点燃了比赛。得分心切的C罗也不贪功，门前扫传马图伊迪小角度破门，“斑马军团”15分钟内一波流带走比赛，再也没有给博洛尼亚反击的机会。3天后主场迎战那不勒斯，虽然客队状态不错，开场9分钟就由卡列洪助攻默滕斯闪击得手，但C罗没有放弃。第25分钟他在左路单挑希萨伊，一个节奏过人后送出助攻，曼朱基奇以力凌人头球轰炸奥斯皮纳得手，为尤文扳平比分。易边再战，C罗漫携孤剑入长安，前面还是温暾的内切盘带，倏忽就是一发远射，这脚射门还带着一次弹地后加速，几乎让那不勒斯绝望，可惜运气不佳砸中立柱。曼朱基奇顺势补射让尤文反超，此后鲁伊累积两张黄牌被罚下场，C罗角球接力助攻博努奇锁定胜局。尤文在开局打出了过去几年难得一见的气势，意甲开局七连胜结束9月赛程。

当然，这支尤文的强大不只来自源源不断的胜利。欧冠对阵伯尔尼年轻人，虽然C罗因红牌停赛一场，但尤文自身体系尚在，依然能兵不血刃以3比0拿下比赛。C罗归来后，尤文也能给葡萄牙天王以位置，让他在体系内得以发挥，葡萄牙人的进球自然源源不断。客场挑战乌迪内斯，尤文再度打出一波流，本坦库尔为尤文首开纪录。C罗也不甘人后，第37分钟他黯黯燕云夜影寒，如风般奔袭卷入对手禁区，接曼朱基奇横敲后不做分毫调整，左脚怒射轰开右下角得手，举手投足间都是可怕的压迫力，尤文也以2比0结束了比赛。国际比赛日归来后对阵热那亚，C罗再度利刃出鞘，开场后如十八罗汉降世，天生神力头球砸了一次门框，随后如春风沐雨，脚下收放自如绕指柔，轻松卸力推射叩关得手，为尤文先拔头筹，只是热那亚并没有放弃，由中场贝萨冲顶破门扳平了比分，尤文开赛季全胜纪录告破。

虽然找回了进球感觉，但C罗还要回一趟老特拉福德，和那里的人算一算恩怨——恩指的自然是他在曼联的时光，怨指的是他和穆里尼奥的那段龃龉。最终迪巴拉开场制胜，C罗并没有来得及书写自己的故事，迎面赶来的恩波利就成了下一个倒霉鬼。主场作战的恩波利自然不愿束手就擒，卡普托故意一漏后错进错出，左脚弧线球兜射得手，为主队先下一球，但C罗拒绝冷门，下半场迪巴拉造点，C罗脚下擎万苍之力，大步流星腾开脚步，二马一错蹬的工夫骗过恩波利门将普罗维德尔，抽左下角得手。第69分钟，C罗的进球再度降临，他接马图伊迪传球后高低腾跃，踏浪而过那是一身英雄虎胆，张弓搭箭抬手利剑破空，用了上一场联赛一样的招式，却依然效果拔群，强拧着身子抡破球门，完成梅开二度，这也是C罗加盟尤文后首次梅开二度，连续三轮联赛进球的表现彻底征服了尤文球迷。随着赛季的深入，C罗和尤文又将带给我们什么样的惊喜呢？

第八十六回

C罗力挽狂澜，尤文豪夺冠军

上回书说到，经过一段时间的调整，C罗终于赢得了尤文球迷的认同，进球效率也逐步恢复到皇马时期的水平。相比伯纳乌球迷的挑剔，尤文的球迷显然要宽容很多。毕竟C罗刚到意甲，需要适应比赛节奏，再加上过去3个赛季C罗向来先抑后扬，前半赛季的进球效率确实一般，也容易让大家产生葡萄牙人巅峰已过的错觉。但下半程，C罗通常会很快找回比赛状态，关键比赛更是毫不手软——尤文连续两年欧冠在C罗手下铩羽而归，尤文球迷的印象不可谓不深刻，即便对阵卡利亚里只是献上了助攻，C罗在球迷心中依然威望不减。

相比联赛中的霸主地位，尤文上下更牵挂的显然是欧冠冠军，而C罗的加入让他们在欧冠中有了底气。主场迎战曼联，C罗再次成了插在对方心脏的尖刀，即便对手还是C罗的老东家。进球发生在比赛第64分钟，皮亚尼奇后场送出四分卫长传，找到了如子弹般穿越人山人海的C罗，后者奔袭好似离弦之箭，切入若甲贺忍蛙，径直朝德赫亚杀将过来。面对几个月前在世界杯上大演帽子戏法的败将，C罗哪管德赫亚的封堵，左脚调整重心右脚接不停球凌空打门，一曲水龙吟浇灭了曼联的希望。比赛最后时刻，穆里尼奥的球队抓住了机会，马塔任意球破门扳平比分，桑德罗补时乌龙绝杀自己人，尤文遭遇赛季首败。

虽说断了不败的势头，但C罗的进球感觉没有丢，尤文依旧稳步前进。回到联赛对阵米兰，开场桑德罗就助攻曼朱基奇首开纪录。C罗在第80分钟也有斩获，化身禁区杀手闯入米兰防守盲区，补射轰开多纳鲁马的大门，在自己的生死簿上又记下了一个“刀下亡魂”。下一轮对上斯帕尔，又是皮亚尼奇的长传，又是C罗于人群中抢点得手，一传一射致敬世界杯上齐达内与亨利的表演。下半场曼朱基奇再下一城，尤文2比0带走比赛胜利。欧冠一球过关瓦伦西亚锁定小组头名后，尤文迎来与佛罗伦萨的坎帕尼亚大区德比战，在本坦库尔和博努奇相继破门后，C罗在第80分钟得到了点球机会。只见葡萄牙人今日得佛身，急急如律令，点球爆射左上角为尤文锁定胜局，气吞万里如虎的尤文在积分榜上足以让对手绝望。

但在小组赛收官战上，尤文却没能撑住，主力出战爆冷1比2输给了伯尔尼年轻人。小组赛两次告负，每场最多进球不超过两个，尤文的欧冠前景再度暗淡起来。此间他们在联赛依然能大杀四方，国家德比熬死了国际米兰，而在都灵德比第68分钟，C罗再度轰进了点球，自加盟尤文后点球无一射失，尤文也凭借这一进球力克都灵，笑傲都灵德比。

在这期间，2018年12月4日，《法国足球》杂志正式公布了2018年金球奖得主。皇马中场球员莫德里奇获得这项荣誉。莫德里奇的加冕，终结了梅西、C罗对金球奖长达10年的垄断。当时，莫德里奇分数753分，C罗和格里兹曼分数分别为476分和414分。姆巴佩和梅西排在四五位，分数分别为347分和280分。上一次力压梅西和C罗夺得金球奖的球员，还是2007年的卡卡，而在此后的10年内，梅西和C罗瓜分了世界足坛的最高荣誉，几乎“杀死”了所有后来者的希望。莫德里奇此次横空出世，也是打破了“绝代双骄”在足坛的垄断地位。

在这段魔鬼赛程内，尤文逐渐变得疲惫起来，面对不再骄傲的罗马城，他们只是凭借曼朱基奇的进球一球小胜。对阵亚特兰大，尤文在场面上完全陷入被动。虽然贝拉特开场不久的乌龙球让尤文取得领先，但主场作战的亚特兰大不甘示弱，萨帕塔梅开二度几乎让尤文绝望。关键时刻替补上场的C罗再度挽救了球队，第77分钟尤文获得角球机会，皮亚尼奇角球落点完美，曼朱基奇铁血争顶，杀出一条血路的C罗挽狂澜于既倒，扶大厦之将倾，一记干脆利落的头球终结了亚特兰大人的努力，让小球队的梦想和纪律性在巨星统治力面前不值一提，最终全场比分定格在2比2，尤文终于守住了自己的联赛不败之身。

联赛几近过半，C罗已经赢得了尤文球迷的爱戴，但他的目光依然坚毅，用进球回报着都灵城的球迷们。收官阶段遭遇桑普多利亚，C罗再度开火，开场第1分钟迪巴拉斜传纵贯半场，C罗完美卸球将球停在脚下，随后虚掩左侧实突右侧，内切后地爆天星忽然奋起，极其舒展地甩狙一发入魂，球虽然发了力，却带着飘逸，弹地后直入右侧死角，刁钻的角度足以让门将奥德罗绝望。然而桑普门将的噩梦还没有结束，夸利亚雷拉在第32分钟扳平比分后，C罗在第64分钟轰入点球，打入个人意甲第14球，尤文一路高奏凯歌进入冬歇期。

虽然联赛还算顺风顺水，但不少人已经注意到，尤文的中场并不如皇马那么稳定，场面控制和机会创造力都差点意思，边路进攻和反击也要受意甲比赛的约束。尤文的硬实力虽然冠绝意甲，也能坐稳积分榜榜首位子，但并没有之前皇马那样的统治力。面对领先局面也不会寻求控制，而是立足于低位防守，全队进行收缩和反击，C罗和其他攻击手的进攻机会自然减少。球队面对高位防守办法也不多，这些弱点放在联赛中或许并不致命，但欧冠的对手们显然已经注意到了。

面对这些问题，阿莱格里并没有太多时间。意甲的冬歇期不算长，而尤文还有一场姗姗来迟的意大利超级杯，他们的对手是复兴中的AC米兰。第61分钟，皮亚尼奇和C罗的连线令红黑军团崩溃，后者鹰翱凌日杀入禁区内抢点，头球轰炸砸开了多纳鲁马把守的大门，尤文1比0取胜夺冠。C罗获得了自己加盟尤文后的第一个冠军，尤文借此超越AC米兰，成为夺得意大利超级杯次数最多的球队。进入下半程之后，C罗和尤文又将有什么样的表现呢？

第八十七回

“斑马军团”平趟联赛，阿莱格里欧冠吃瘪

上回书说到，C罗在尤文的表现渐入佳境，恢复了皇马时期摧城拔寨的效率，球员也随尤文夺得了意大利超级杯，拿下了加盟后的第一个冠军。下半程比赛开始，尤文在意甲依然高奏凯歌，首战切沃，道格拉斯·科斯塔、埃姆雷·詹纷纷开火，中卫鲁加尼也有斩获，尤文用一个3比0开启下半程。4天后大战拉齐奥，“斑马军团”遇到了些许阻力，埃姆雷·詹第58分钟的乌龙球让拉齐奥主场取得了领先，但尤文和C罗不疾不徐，一直在用自己的节奏掌控比赛。第73分钟迪巴拉扫射被扑出，坎塞洛跟上垫射死角得手。葡萄牙边卫后续还有斩获，第87分钟他身冒弓矢拼出了一个点球，C罗当仁不让又一次站上了12码点，相比于之前虎啸般的点球，C罗这次的点球并没有太明显的发力动作，起跑也很干净，只在最后时刻小腿发力。虽然拉齐奥门将斯特拉科沙判断对了方向，但终究还是难挽败局，凭借此球尤文成功射杀蓝鹰，在积分榜上一往无前。

和皇马与曼联都不太一样的是，尤文在联赛中的地位还是相当稳固的。在C罗加盟之前，尤文是意甲夺得联赛冠军次数最多的球队，目前更

是七连冠在手，准备冲击意甲八连冠，而C罗的加盟无疑能让他们为冠军上一份保险，抢到一些几乎不可能拿到的分数。对阵帕尔马的进球大战，自然也少不了C罗的参与。第35分钟C罗化身魏都刺客，一个筋斗云翻入帕尔马禁区，迎着马图伊迪的传球压低重心就是一脚打门。单论这球，帕尔马的防守球员已经做到了极致，几乎封死了C罗射门的角度，但C罗没有给自己留调整的时间，也没有给对面反应的时间，间不容发完成十步一杀，尤文图斯先拔头筹。到了下半场，C罗头球找到鲁加尼为尤文扩大比分，而在巴里拉为帕尔马扳回一城后仅仅两分钟，C罗又打入了诛心的一球。又是熟悉的高空作业，只不过传球的成了高中锋曼朱基奇。虽然禁区内只有C罗一人抢点，但葡萄牙人一个弧形跑位占得先机，和曼朱基奇组成钳形攻势，高高跃起暴力头球破门，硬生生碾碎了帕尔马的防守，真可谓枫林血雨逐飞芒，杀气扬尘日不光，尤文取得了3比1的领先，C罗已完成了两射一传。哪知天有不测风云，比赛最后时刻形势逆转，热尔维尼奥接库茨卡传球脚后跟破门，随后英格赛莱助攻热尔维尼奥梅开二度，帕尔马最后时刻在尤文身上抢回一分。

虽然在帕尔马身上翻车了，但尤文并没有停下前进的脚步。第23轮对阵萨索洛，尤文继续高奏凯歌。赫迪拉上半场补射建功，C罗也在第70分钟极限头球破门，为球队扩大了比分，个人赛季意甲进球已经来到了18个。此后C罗再献助攻，刚刚替补出场的埃姆雷·詹低射破门，尤文图斯3比0带走了胜利。几天后主场迎战弗罗西诺内，C罗又有亮眼表现，开场第6分钟横敲找到迪巴拉，后者充分发挥无死角得分手的优势，弧顶前大力抽射得手。到了第17分钟，皮亚尼奇的角球造成了乱战，博努奇门前机警补射破门，为尤文扩大了比分。易边再战，C罗一整场的跑动终于得到了回报，曼朱基奇拉边后再送助攻，但C罗并没有用抽射结束进攻回合，而是大巧不工绕指柔，如墨笔般挥毫立就，清晰流畅地描了一脚推射，比分随之改写为3比0。尤文赛季不败纪录扩大到24场，收拾齐整的“斑马军团”得以前往客场挑战马德里竞技。

对于C罗来说，马竞并不是一个陌生的对手，但此前和马竞几乎没有过交手的尤文球员显然不适应这样的比赛节奏，在西蒙尼绞肉机战术面前无所作为。整个上半场双方机会寥寥，马竞的托马斯和科斯塔分别吃了黄牌，只有C罗的定位球稍稍考验了奥布拉克。下半场，马竞开始重整河山，比赛中强度甚至远胜于上半场。尤文一度进不了马竞的禁区，只能靠外围的远射零碎敲打，而马竞却攻势如潮，几乎要淹没尤文那并不牢固的后防线。科斯塔第49分钟的单刀偏出只是死之警示，格列兹曼的挑射擦中了什琴斯尼的指尖，最终被横梁拒绝，莫拉塔弑旧主的进球被判了越位，一切进程都显示着，尤文已经处在了崩溃的边缘，而马竞中卫则成了压死骆驼的最后一根稻草。利用角球机会，马竞球员如蚂蝗一般吞噬了尤文的禁区，吉梅内斯仰天卧射为马竞取得领先，万达大都会球场登时杀声震天。第83分钟，又是定位球机会，戈丁转身后拧着身子零角度挑死了什琴斯尼，比分来到了2比0，马竞几乎提前杀死了第二回合的悬念。

回归意甲联赛，尤文的统治力还在，但所有人都能看到他们身上的疲惫。联赛第25轮，尤文凭借迪巴拉的进球过关博洛尼亚。国际比赛日重整旗鼓后，凭借皮亚尼奇和埃姆雷·詹的中场双开花，尤文2比1小胜那不勒斯。此后C罗终于迎来了难得的休息，小基恩轮换进入首发梅开二度，马图伊迪和埃姆雷·詹均有斩获，尤文主场大胜，4比1战胜乌迪内斯，找回自我的尤文得以回到主场静待马德里竞技。面对西蒙尼和马竞的凶残，C罗又将如何回应呢？

第八十八回

阿莱格里放手一搏，尤文图斯死里逃生

上回书说到，欧冠八分之一决赛首回合对阵马竞出师不利，C罗和尤文的日子并不好过。虽然他们在意甲依然能呼风唤雨，在逆境中不断取分，但“斑马军团”的赛季成败系于欧冠战场，大家只会以欧冠表现定成败。第一回合战罢，马竞球迷在万达大都会球场前对C罗一阵嘲讽，而在戈丁勾入第二球后，西蒙尼还对着全场球迷做出了不雅的庆祝动作，这一切C罗都没有忘记。

第二回合的比赛于2019年3月12日在都灵安联球场准时打响。赛前仿佛是为了激励士气，尤文在主场还安排了灯光表演，一道道银白色的微光划过长夜，照亮了C罗和尤文众将士的脸庞。比赛开始后，尤文给西蒙尼带来的压迫力远胜首回合，贝尔纳代斯基提入首发后，尤文在边路能通过速度反制西蒙尼的逼抢，单挑边锋的存在也能让尤文有了更多一对一的机会，从而迫使马竞大幅度改变比赛策略。随着边路打开，马图伊迪也能减少并不擅长的组织任务，频繁进入中路抢点，开场第3分钟就用一脚低射威胁了奥布拉克，充分发挥“斑马军团”的优势。

简化的比赛不一定能带来更有统治力的场面，但能让C罗这类得分手如鱼得水。葡萄牙天王明白这一点，马竞教父西蒙尼同样心知肚明。两球优势在手，西蒙尼自然选择在客场摆大巴，格列兹曼和莫拉塔也放弃了前顶，让比赛节奏更慢一点，让尤文的锋刃更钝一些，然而C罗并不打算让马竞过得太舒服。第26分钟贝尔纳代斯基边路强行挤开空间传中，C罗先是夺命突击，逼着胡安弗兰陪他冲刺，随后闪转腾挪如孙大圣现世，力拔山兮似楚霸王扛鼎，浮光掠影里写着故事，斗转星移间定了乾坤，头球力压马竞右后卫先拔头筹！进球后的C罗双手上挥，调动着都灵人的情绪，长期的比赛让C罗有了杀手的直觉。比赛的悬念刚刚回来，不到最后一分钟谁也不知道会发生什么，葡萄牙人显然对此心知肚明。

客场被捅一刀的西蒙尼并没有一味保守，格列兹曼的远射终于考验了什琴斯尼一次，但马竞依然难以夺回比赛节奏，尤文的两个边路依然在向禁区内疯狂输送，传中如箭雨般倾泻而入，直抵马竞的禁区。C罗在人群中的头球攻门稍稍偏出，基耶利尼的头球没有越过奥布拉克的指缝，马竞和尤文就像两个力战后撕咬在一起的巨人，除了死斗的本能之外一无所有。到了下半场，比赛的天平终于重新归零。坎塞洛右路调整后传中再度找到了国家队老大哥，C罗乱军中拔地而起，再度越过了马竞的高空防守，一记头球再度为奥布拉克出题。即便斯洛文尼亚门将有万夫莫敌之勇，也难挽C罗那穿心的一箭，球掠过门线后被马竞门神勉强捞出，主裁判果断判罚进球有效，比分变为2比0，双方总比分重回同一起跑线。

虽然总比分还是平局，但尤文和C罗已经统治了比赛，阿莱格里也不再保守，撤下斯皮纳佐拉换上迪巴拉，将贝尔纳代斯基挪到左后卫，准备一口气吞掉马竞。此后尤文主攻右路，马竞则靠科雷亚的冲击力赌转换，最终决定比赛的，只能是不会放过任何一次机会的一方。第85分钟，贝尔纳代斯基终于抢到胡安弗兰的身前，借着对方身背黄牌，意大利妖童翻身切入禁区，随后被替补上场的科雷亚放倒，尤文终于获得了本场比赛最舒服的射门机会。C罗再度站上了罚球点，只见葡萄牙人一路疾跑，却始终没有提升重心抬高角度的意思，丝毫没有给奥布拉克反应的时间，右脚抽射左下角得手，真可谓谈笑奔波数十年，天机棒里辩机缘。电光石火须弥芥，成败输赢一缕烟！进球后的C罗完美复刻了西蒙尼首回合的庆祝动作，算是做出了回应，尤文主场完成大逆转，3比2过关马竞跻身欧冠八强。

死里逃生的尤文终于放下了千斤担，C罗也进入了尤文的轮休大军。意甲第28轮他们兵败热那亚，但后面的那不勒斯依然看不到追赶的希望。随后的国家队比赛中，C罗不慎拉伤了大腿，但整体实力强大的尤文依然能独跑意甲。意甲第30轮对阵恩波利，凭借着小基恩替补建功，尤文再取3分，领先少赛一场的那不勒斯18分，继续领跑积分榜。没有了C罗，尤文就没有了最锋利的尖刀，但尤文依然继续前进，客场2比0打崩卡利亚里，主场2比1挑落AC米兰，亚平宁半岛的球队已无力阻止尤文的铁蹄。

有了球队的整体实力担保，C罗自然没必要带伤出战，直到欧冠大战阿贾克斯之前，养足了精神的C罗才重回首发阵容。这支阿贾克斯之前和拜仁杀得有来有回，欧冠八分之一决赛更是乱拳打死老师傅，淘汰了上届冠军皇马，大有复刻1994/1995赛季青年军统治欧冠的奇迹势头。面对老将为主的尤文，贾府青年军很快进入了比赛状态，用逼抢和反击冲击着基耶利尼领衔的后防线，但他们很快为自己的年轻付出了代价。第44分钟坎塞洛的圆月弯刀找到了C罗，尤文在对手禁区内完成了三点包抄，C罗这次很聪明地跑了一个换位，本是孤身向前点，却是一个斜插飞向了中路，头球破门让尤文取得领先。到了下半场，放手一搏的青年军压过了经验老到的王者，内雷斯一条龙兜射为阿贾克斯扳平了比分。随后巴西天才还有一粒进球，可惜被吹越位在先，范德贝克和艾克伦坎普先后错失良机，尤文这边科斯塔的小角度打门命中立柱，错失了杀死比赛的机会，1比1的比分都不足以让双方满意，而C罗在第二回合又会有何表现呢？

第八十九回

贾府青年“血刃”尤文，C罗欧冠止步八强

上回书说到，2018/2019赛季欧冠四分之一决赛首回合尤文图斯做客阿姆斯特丹对阵阿贾克斯，C罗攻入一球，尤文得以带着一场平局回到意大利，静待阿贾克斯青年近卫军的挑战。在此之前，尤文还有一场对阵斯帕尔的联赛。为了周中欧冠的考虑，C罗选择高挂免战牌。首发出战的基恩在第29分钟完成破门，连续4轮联赛取得进球，到了下半场，尤文没能挡住斯帕尔的反击，博尼法齐为主队扳平比分。老杀手弗洛卡里将比分反超，尤文客场1比2遭遇赛季第二场联赛败北，球队也没能实现提前六轮锁定意甲冠军的小目标。

回到欧冠赛场，老妇人依旧步履蹒跚。对阵阿贾克斯的第二回合开赛前，C罗本赛季欧冠已经打入5球。第二回合刚刚开始不到10分钟，阿贾克斯右后卫马兹拉维因伤无法坚持比赛，滕哈格只能拿左后卫辛克格拉文顶班右后卫。出人意料的是，滕哈格选择大举压上，利用高位防守压迫C罗的处理球空间，比赛节奏也随之加快。经历大半个赛季的时间，C罗终于适应了意甲的温暾节奏，但在阿贾克斯的青春风暴面前，尤文

的经验和老成反而显得束手束脚，开场前20分钟一度进不去阿贾克斯的禁区。随着贾府青年军的体能下降，尤文终于获得了从容组织进攻的机会，C罗、迪巴拉和皮亚尼奇接连发难，终于，尤文在前30分钟取得领先。久攻不下的尤文得到角球机会，C罗力虽未竭战意不止，角球战直冲霄汉，一心伤敌于千里之外，索命于须臾之间，绕至中路轻松头球破门，用最熟悉的方式送别最陌生的对手。尤文主场再度陷入沸腾，按照C罗的得分能力和阿莱格里的防守能力，尤文的晋级似乎只是时间问题。但阿莱格里选择早早回收，阿贾克斯的进攻愈发肆无忌惮。在C罗进球后仅仅6分钟，范德贝克就在一次错进错出的机会中直面什琴斯尼，一记单刀将比分扳平。易边再战，又是一次角球机会，只不过罚球的变成了阿贾克斯妖锋齐耶赫，头球破门的变成了德里赫特。凭借此球阿贾克斯反超了比分，还握有两个客场进球，在两回合比赛中首度领先的他们正在无限接近一个欧冠四强名额。此后齐耶赫的进球被吹了越位，C罗领衔的边路传中多点包抄难挽败局，尤文最终饮恨主场，比分2比3被阿贾克斯淘汰出局。

欧冠出局后，作为本赛季建队核心的C罗自然承受了最多的批评，但随着尤文又一个联赛冠军将近，欧冠赛场的失利被暂时搁置在一旁。意甲第33轮再度迎来坎帕尼亚大区德比，虽然米伦科维奇在上半场为佛罗伦萨首开纪录，但皮亚尼奇不久之后就助攻桑德罗扳平比分，为尤文做出回应。易边再战，C罗的传球让佩泽拉自摆乌龙，“斑马军团”主场2比1逆转紫百合，提前五轮夺得意甲冠军的同时，还完成了意甲八连冠伟业。这是C罗个人的第一座意甲奖杯，英超、西甲、意甲均有染指的葡萄牙人也迈上了职业生涯的新高度。

随着联赛进入尾声，尤文本赛季的征程已经基本结束了，但C罗并不会放松对于自己的要求。国家德比对阵国际米兰，C罗再度惊艳了世人。比赛的下半场，C罗获得了移动换位的机会，杀到右路的葡萄牙人传球找到了皮亚尼奇。后者不停球脚后跟回做葡萄牙天王，但见C罗张弓搭箭，迎球左脚怒射得手，完成个人俱乐部生涯第600球。有诗赞之曰：沧海龙战血玄黄，披发长歌染大荒。易水萧萧人去也，一日明月白如霜！一周后的都灵德比，又是C罗头球破门，让尤文得以在主场全身而退，这球也为C罗加盟尤文后首个赛季的进球表演画上了句号。本赛季改弦更张，C罗正式比赛各项赛事共轰入31球，其中联赛打入21球，欧冠入账6球，21粒意甲进球也让C罗得以位列意甲射手榜次席，仅次于踢出生涯最佳个人表现的老将夸利亚雷拉。

结束了在尤文的俱乐部赛事之后，C罗并没有迎来假期。回到葡萄牙国家队的C罗披上一身酒红色战袍，静待欧国联半决赛的开启。首战对阵瑞士，养足了精神的C罗火力全开，面对家乡父老奉献了今年最出色的个人演出。第25分钟葡萄牙获得任意球机会，C罗的战斧式任意球如同开了瞄准镜一般，一飞冲天后极速下坠，定点轰炸瑞士球门右上角，一脚打门让瑞士门将索默毫无反应。虽然瑞士后卫罗德里格斯点球扳平了比分，但C罗还是用意志拖垮了瑞士的防守。第86分钟B席底线倒三角回头望月，C罗不停球接一记横扫千军让索默鞭长莫及。仅仅3分钟后，C罗又一次攻破了索默把守的大门。葡萄牙反击战三箭齐发，格德斯将球交给左侧枕戈待旦的C罗，此时的C罗老夫聊发少年狂，致敬了7年前欧洲杯救主的自己，节奏变化后连续单车内切破门，葡萄牙3比1锁定胜局。这也是C罗职业生涯的第53个帽子戏法，继去年世界杯戴帽绝平西班牙之后，C罗以34岁121天的年龄再次刷新自己保持的葡萄牙国家队最大年龄帽子戏法纪录。同时，53次帽子戏法也让他领跑现役球员职业生涯帽子戏法的榜单。半决赛杀红了眼的葡萄牙人士气大振，决赛凭借着格德斯的进球，葡萄牙一球小胜荷兰，C罗和葡萄牙成功加冕首届欧国联冠军，也为本赛季画上了圆满的句号。

第九十回

萨里走马上任，C罗再遇挑战

上回书说到，C罗在2019年夏天夺得首届欧国联冠军，整个赛季拿下了意甲冠军、意大利超级杯冠军。虽然在欧冠止步四分之一决赛，但出色的个人表现还是让他能紧跟梅西与范迪克，成为年末金球奖与世界足球先生的热门人选。在这个休赛期，尤文的高层也没有闲着，阿莱格里时代终于结束，曾经在那不勒斯创造奇迹的萨里结束一年的英超执教生涯，回归意甲执教尤文图斯。相比阿莱格里对联赛的统治，以及5年内2次杀入欧冠决赛的欧战成绩，萨里的执教履历实在略显寒酸，执教尤文前没有联赛冠军兜底，欧冠成绩也不出彩，只在上赛季带着切尔西终结了埃梅里对欧联杯的统治，率队夺得2018/2019赛季欧联杯冠军。相比并不出彩的战绩，萨里更让人称道的是打造攻势足球的能力，虽然他的一切足球经验均来自意大利，但他骨子里是个西班牙系主教练，能踢出让萨基认可的控球，能做到让瓜迪奥拉称赞的列位式进攻。这样的建队教练不一定能让尤文锁定新赛季欧冠冠军，但一定能让尤文死气沉沉的进攻活泛起来。

在转会市场上，“斑马军团”同样活跃，拉姆塞和拉比奥分别以自由人身份南下亚平宁。此外，坎塞洛和达尼洛完成互换转会，斯皮纳佐拉升级迭代为卢卡·佩莱格里尼，后防线位置上则一口吃进了德里赫特、德米拉尔和C.罗梅罗，几乎锁定了意甲顶级中卫的未来。为了镇服更衣室，尤文还签回了去巴黎挣了一年外快的布冯，用老将顶替佩林作为球队的第二门将。意甲神射手伊瓜因也结束了AC米兰的租借，回到尤文和老队友C罗重聚。在具体的战术操作层面，萨里将迪巴拉和伊瓜因作为伪9号，驱动球队的进攻。C罗的战术地位略有下降，成了球队的固定左边锋，但萨里并没有放宽对葡萄牙人的要求。两人合作的第一个赛季，萨里给C罗留下了40个进球的赛季指标。按照C罗近几个赛季的进球效率，大家普遍认为这并不是一个难以实现的目标，然而随着赛季的深入，40球却逐渐成了一个难以逾越的目标。

赛季揭幕战，还是原来的配方，还是熟悉的味道。尤文揭幕战客场1比0击败帕尔马，基耶利尼一锤定音。C罗全场比赛机会寥寥，在34分钟的抽射破门还因越位在先被取消。次战那不勒斯，面对老东家的萨里终于放开了手脚，达尼洛替换受伤的德西利奥出场后成为奇兵，替补建功首开纪录，随后伊瓜因弑旧主扩大比分，尤文带着两球优势返回更衣室。下半场C罗迎来个人意甲新赛季首球，第61分钟马图伊迪直塞，道格拉斯·科斯塔底线附近及时回敲。C罗一路开着倒车终于觅得良机，行进间踉踉跄跄尽是枪王风采，射门瞬间失去重心却难掩杀手本色，左脚逆足半转身抽射的球速让那不勒斯门将梅雷特重拾希望，但刁钻的角度却足以让所有门将绝望，尤文主场3比0取得领先。然而，此后比赛局势风云突变，马诺拉斯和洛萨诺短短3分钟内连扳2球，迪洛伦佐凌空抽射为那不勒斯扳平了比分。伤停补时第2分钟，库利巴利成了打破平衡的那个人，头球破门让比分变成4比3。美中不足的是，库利巴利头球攻破的是自家球门，最终尤文一路跌跌撞撞，拿下意甲两连胜。

虽说换了主教练，但C罗和这支尤文并没有享受到换帅如换刀的锋利。第3轮他们在客场被佛罗伦萨0比0逼平，欧冠碰上屡次被C罗击败的马竞。凭借夸德拉多和马图伊迪的进球，比分也不过是一个看起来热闹的2比2，激烈有余但精彩不足。直到意甲第5轮对阵维罗纳，C罗才终于迎来属于自己的又一个进球。第47分钟夸德拉多在禁区内拿球向前，被维罗纳球员伐木战术结束回合，主裁判果断判罚点球。C罗的点球助跑呈现为一个弧形，充分拉开射门角度，提前赌右下角的维罗纳门将西尔维斯特里被C罗的操作完美骗过，只能目送葡萄牙人轻松打中路得手，尤文2比1反超比分，并将胜果保持到了终场结束。

球队的攻防逐渐步入正轨，但C罗却迟迟找不到进球感觉。具体原因除了C罗迟迟无法在萨里的体系里找到自己的位置，也少不了对手门将开挂的缘故。意甲第6轮，客场勉强过关布雷西亚之后，尤文在主场碰上了来访者斯帕尔。此役是斯帕尔门将贝里沙的成名战，这场比赛他高接低挡，60分钟之前就拦住了C罗的3个必进球。要不是皮亚尼奇第44分钟在禁区外轰入一记不停球凌空抽射世界波，尤文还将更加被动。然而，即便是一座不可能攻克的要塞，C罗也能硬桥硬马地给你拿下来。第77分钟又是皮亚尼奇中场长传调度，迪巴拉及时传中越过了斯帕尔整条后防线。一路狂奔杀入禁区的C罗临潭一跃，头顶青天脚踩大地，化地崩山摧之力，倾扪参历井之心，用自己最擅长的头球击碎了本赛季至今最难缠的对手。真可谓万笏朝天惊鬼斧，千岩竞秀诧神工。凭借此球，尤文2比0锁定胜局。进球后的C罗继续做出了标志性庆祝动作，高高跃起后双手交叉，但此时的C罗刚刚经历了夺命狂飙，没法像年轻时一样随心所欲地起跳，蓄力那一下也没了之前的霸气。在陪伴球迷们长达十几年后，人们终于在他的身上看到了岁月的痕迹。在同时间和命运的搏斗中，C罗又将如何回应呢？

第九十一回

萨里变阵解放C罗，尤文撕咬国际米兰

上回书说到，虽然C罗与萨里的合作并不算顺利，但C罗还是在新体系内努力寻找着自己的位置，进球也是水涨船高。欧冠小组赛第二轮对阵勒沃库森，C罗很快打开了自己的进球账户。伊瓜因和贝尔纳代斯基各入一球，C罗自然不甘人后，在第88分钟通过不懈的奔跑送勒沃库森上路。这球来自迪巴拉中路的直塞，换位到右侧肋部的C罗放开了手脚，踏浪风行无量佛，弑神妖刀斩群魔，一个跑位就刺破了勒沃库森的倒马蹄形后防线，随后一个坚毅的眼神击溃了勒沃库森门将赫拉德茨基的心理，单刀推左下角得手，在比赛最后时刻打开了本赛季欧冠的进球账户。尤文主场3比0兵不血刃拿下勒沃库森，继续捍卫着都灵安联球场的尊严。

主场2比1拿下国米后，尤文携国家德比之余威对阵来访的博洛尼亚，此前没有进球的C罗再亮刺刀，在第18分钟击碎了博洛尼亚人的梦想。这球C罗并没有依赖队友的帮助，而是化身孤胆英雄，一个人在弧顶抢断了对手后孤身闯天涯，节奏变化后接单车强扭身子抽近角得手，尤文1比0取得领先。只看这粒进球，从发起到调整再到射门，几乎完美复刻了2013/2014赛季欧冠皇马对阵加拉塔萨雷的那粒进球。只不过进球的区域从左侧换到了右侧，C罗征战的地方也从西班牙换成了意大利，有太多的经历得以改写，又有太多的故事没来得及说完。当然，C罗的故事还在继续，尤文的赛季也没有来到尽头。此后客队中卫达尼洛为博洛尼亚扳平比分，下半时皮亚尼奇让尤文再超出，最终比分定格为2比1，尤文在联赛继续高歌猛进。

略显可惜的是，尤文并没有延续双线七连胜的状态，意甲第9轮1比1遭莱切逼平。到了第10轮，尤文颓势依旧，1比1的比分保持到第90分钟，这时候站出来的还是那个让人熟悉的男人。第92分钟夸德拉多献上横传，C罗拍马赶到打进绝杀球，但主裁判示意越位在先，尤文的爆发似乎只是时间问题。在1分钟后，又是C罗硬生生在热那亚的身上凿开了一道口子，脚后跟磕球后被萨纳布里亚放倒，裁判果断判罚了点球。肩负着众人希望的C罗从不会让人失望，点球一气呵成射入左下角，葡萄牙人又一次在最后时刻拯救了球队，尤文主场逃过了上帝的审判，2比1斩杀热那亚。

但在此后的3轮联赛里，C罗再度消失，同期的欧冠比赛同样毫无斩获。正当大家感慨斯人已老，准备新王当立的时候，那个恐怖的C罗回来了。意甲第14轮对阵萨索洛，又是一场泥地里互相摔跤的比赛。博努奇远射先拔头筹，博加和卡普托为客队反超比分，而C罗又一次在最后时刻为尤文打进一球，点球破门开启弑神模式。一周后客场挑战拉齐奥，C罗让大家看到了他的杀手气质。第25分钟迪巴拉直塞，C罗和本坦库尔打出长距离二打多配合，前者高速杀入禁区后门前极限垫射入网，整个动作行云流水一气呵成。但此后比赛形势瞬间逆转，费利佩·安德森压哨扳平让拉齐奥士气大振。下半时夸德拉多染红，米林科维奇助拉齐奥反超，凯塞多补时再进一球，尤文客场遭遇赛季首败，C罗也尝到了久违的失利的苦涩滋味。

一场失利让尤文连续两轮屈居积分榜次席，但也激发出了最好的C罗。固执的萨里终于做出了适当妥协，允许尤文锋线在伪9号回撤后灵活换位，充分利用身后空间。C罗自此如蛟龙出海，贡献出意甲最佳个人表现。2019年12月12日欧冠小组赛末轮，C罗接迪巴拉的助攻再破勒沃库森。整个欧冠小组赛只打入两球，同期进球率跌回2016/2017赛季欧冠小组赛水平，但C罗目前已是连续3场破门，没人能阻挡葡萄牙天王前进步伐。3天后的乌迪内斯成了下一个受害者，开场仅仅第8分钟，博努奇后场长传，迪巴拉禁区内停球略有瑕疵。又是C罗跑位如下山猛虎，前插如疾风只狼，快速跟进后没有任何调整和附加动作，向后弓着身子就调整好了发力的姿势，随后不停球凌空抽射得手一气呵成。第36分钟，C罗又一次让乌迪内斯人感受到了被顶级射手支配的恐惧。伊瓜因回撤后送出直塞，C罗见势前插，左脚卧射完成一脚触球完美破门，时隔6年再度和老队友完成连线，所谓高手对决，杀意和默契同样信手拈来。有诗赞之曰：白衣如雪几人逢，紫禁之巅蹑侠踪。一自孤城吹叶落，乌鞘静默涩青锋！此后博努奇再入一球杀死比赛。下半场C罗的射门命中立柱，普塞托扳回一球，最终尤文图斯主场3比1战胜乌迪内斯，紧紧撕咬着身前复兴的国际米兰。

12月的意甲赛程绵密，三四天一场的赛程是对球员无声的折磨，但这依然难以阻挡C罗的好状态。第17轮对阵桑普多利亚，C罗再度致敬2012/2013赛季的自己，极限弹跳滞空头球打进制胜球。C罗这粒头球垂直弹跳达到了惊人的71厘米，高度为2.56米，滞空时间达到惊人的0.92秒。有诗赞之曰：天神下凡飞烈焰，一剑封喉喷龙泉。谁说C罗火三年，鹰击长空气冲天！冬歇期归来对阵卡利亚里，休息完全的C罗再度火力全开。波澜不惊的上半场结束后，C罗在下半场一开始就抓住了克拉万后场的传球失误，随后独闯龙潭一路杀入禁区。面对出击的门将奥尔森，C罗没有给什么面子，一个小幅度节奏变化晃飞门将致敬亨利，一步调整后小角度打门得手，一个人摧垮了对手的防守。此后卡利亚里再遭重创，迪巴拉禁区内被放倒，犯规无可置疑，主裁判果断判给尤文一个点球，C罗的大踏步完全吸引了门将的注意力，带走门将重心后轻推右下角得手。第80分钟助攻老队友伊瓜因破门后，C罗再进一球，一个人打崩了卡利亚里的防守，后插上小角度推射完成帽子戏法。随着本场比赛结束，意甲下半程激战正酣，C罗的进球数又会上升到什么样的高度呢?

第九十二回

“斑马军团”笑傲意甲，里昂爆冷零封尤文

上回书说到，C罗在冬歇期前后重回巅峰，个人进球如麻，让整个意甲胆寒，球队也在积分榜上逐渐赶超了国米，重回意甲榜首。意甲联赛第19轮对阵罗马，C罗又一次进球了。德拉米尔开场两分钟闪击，C罗在第9分钟又打入了一粒点球，两球优势几乎提前为红狼判了死刑，“斑马军团”得以在罗马城2比1过关。赛后球迷们群情激愤，怒斥萨里和尤文中场的毫无作为，让罗马打出了22比5的射门比，但C罗接连不断的进球掩盖了一切问题，球队得以跌跌撞撞地前进。对阵帕尔马的比赛中，C罗的进球再度主导了比赛，第43分钟葡萄牙人左路一人挑一队，先是孤身闯到左侧禁区前，随后摆脱如梁上时迁，射门如江东猛虎，虽然切入角度远离球门，但射门却势大力沉，即便达米安挡了C罗的射门线路，也难耐球折射入网，尤文1比0取得领先。此后帕尔马这边虽然由科内柳斯扳平了比分，但C罗的统治还没有结束。第57分钟迪巴拉右路下底横传，C罗又是一脚不讲理的抢射破门，尤文2比1送别了意甲七姐妹之一，继续笑傲意甲积分榜。

回升状态后，C罗开始拖着尤文继续前进，此前皇马在西甲联赛的剧情再度上演，强力得分手难挽败局，没人说得清楚缘由。矛盾在对阵那不勒斯的比赛中全面爆发，泽林斯基的补射和因西涅的破门让尤文陷入绝境。C罗第89分钟终于找到感觉，本坦库尔中场送出长传，追着球跑了一整场的C罗终于鹰击长空，如子弹般要了那不勒斯的命，但一颗子弹决定不了枪手的命运，尤文客场1比2败走圣保罗球场。面对挫折和失利，C罗自然无可奈何，只能用进球直抒胸臆。意甲第22轮大战佛罗伦萨，C罗单场再进两个点球，第一个来自第37分钟夸德拉多的造点，C罗无视对方门将格拉德沃斯基的预判，直轰左下角得手。第二球来自第76分钟本坦库尔的身体接触，C罗依旧自信，打出和上次一样的角度完成梅开二度。此后德里赫特头球锦上添花，尤文得以从坎帕尼亚大区德比全身而退。下一轮，C罗依然还在进球，对阵维罗纳的比赛中，换了一个发型的C罗在第64分钟和本坦库尔打出长距离二过一配合。前者得球后疾速前插，如一道闪电般划过维罗纳所在的半场，停球后接单车大幅度晃动后抽左下角得手，超越了此前特雷泽盖保持的纪录，意甲联赛连续十轮取得了进球。但维罗纳并没有放弃，博里尼和帕齐尼两位米兰旧将导演逆转，维罗纳第84分钟由后者打入绝杀球，尤文在积分榜上的领先优势缩小到了3分。

轮休一场后，C罗又一次取得进球了，这次他的“刀下亡魂”成了斯帕尔。第39分钟，达尼洛大脚传到防线身后，夸德拉多高速插上直接低平球传中。C罗前插凶猛其疾如风，射门调整其徐如林，凌空抽射的那一下侵掠如火，打得对手门将不动如山，真乃难知如阴，动如雷霆，整套动作当世难出其右。凭借此球C罗连续11轮意甲取得破门，追平了巴蒂和夸利亚雷拉的连场破门纪录。此后拉姆塞扩大比分，佩塔尼亚点射扳回一球，2比1的比分随之保持到了中场。尤文依旧是笑到最后的球队，但谁也不知道这样缺乏统治力的球队在欧冠能有多少竞争力。

很快，尤文就在欧冠战场遭遇了试金石，里昂成了他们在欧冠八分之一决赛的对手。客场面对法甲球队，尤文遭遇了2015/2016赛季以来最难打的欧冠第一轮淘汰赛。上半场埃卡姆比中框只是死之警示，图萨尔则为主队里昂打破僵局。下半场迪巴拉和伊瓜因失良机，C罗全场4次射门机会均无一射正，最终尤文客场0比1告负。自C罗加盟以来合计三轮欧冠淘汰赛首回合无一胜绩，葡萄牙人身上的压力可想而知。这样的舆论压力多少影响了C罗的状态。意甲第29轮尤文虽然击败了国米，但C罗连续两场没有进球，意甲连续进球纪录遭到终结。

此后，受到新冠肺炎的影响，意甲联赛面临停摆的局面。早在意甲第29轮，不少比赛就被推迟，尤文和国米的国家德比甚至还要在空场条件下才能得以举行。在当地时间2020年3月9日，顶不住压力的意大利总理孔特正式签署法令，意大利全国的体育活动暂停进行。最受关注的意甲联赛也被迫停摆，根据法令内容，意甲直到2020年4月3日之前不会恢复。随着意大利疫情的进一步加剧，停赛时间几度延长，C罗和尤文全队只能在不确定性中等待一个又一个明天。

这场浩劫对所有人的影响显而易见。疫情期间全队实行降薪，包括C罗在内的所有一线队球员同意在3月到6月减薪，这也意味着C罗要放弃约424万美元的收入。此时，因为母亲突发中风被送往医院，在结束了同国米的比赛后不久，C罗和乔治娜就带着4个孩子回到了葡萄牙。同一天，意大利宣布了全国性封城，刚好卡在C罗离开都灵后的时间。消息一出，部分人对C罗利用球员自家的资源离开意大利有些意见，但C罗素来孝顺，平时对母亲就是极尽照顾，而如今尤文队内也不太平，鲁加尼已经在国家德比前确诊了新冠肺炎，都灵城客观上已经成了是非之地，因此对于C罗的离开，大家也确实不好说什么。2020年6月20日，意甲终于宣布回归，各队要在49天内踢至少13场球，尤文卫冕的道路注定不容易，而在意甲和欧冠重启后，C罗的表现又将如何呢？

第九十三回

C罗欧冠壮志未酬，尤文换帅整装待发

上回书说到，意甲联赛迎来重启，C罗的进球也没有让球迷们等太久。意甲第27轮对阵博洛尼亚，C罗在第22分钟打入点球，这球球速实在太快，如同蓄力已久的弹簧。第36分钟迪巴拉打进世界波进球，尤文客场2比0带走胜利，先赛一场领先第二名拉齐奥4分。除了进球，C罗还要在新体系中燃烧着自己的一切。4天后主场迎战莱切，C罗下半场先是回敲找到迪巴拉，后者标志性远射为主队先拔头筹。第60分钟，葡萄牙人禁区内被罗塞蒂尼放倒，随后他亲自操刀连场点球破门，传射建功统治比赛。第83分钟他的脚后跟磕球经折射找到伊瓜因，后者爆射死角得手。科斯塔连线德里赫特头球破门，比分来到了4比0 。尤文难得打出了一场酣畅淋漓的比赛，领先拉齐奥的优势扩大到了7分。

本轮过后，暂时远离争冠压力的尤文终于开了任督二脉，对阵热那亚的比赛中，迪巴拉打出了本赛季最佳个人表演，连续内切后一对三破门，让尤文掌握主动。随后C罗也有出色表现，第56分钟C罗前场拿球突进，先是一个标志性内切，晃出角度后又接一个沉肩假动作，失去身体重心的情况下顺势起脚远射，球直奔球门死角。随后科斯塔圆月弯刀再进一球，皮纳蒙蒂爆射扳回一球，尤文客场3比1战胜热那亚。随后的都灵德比战，迪巴拉开场第2分钟闪击内切破门，随后C罗反击战中单车过人直塞夸德拉多。哥伦比亚人下底后暴力抽射破门，随后补时阶段贝洛蒂点射扳回一球。下半场，又是熟悉的任意球甜点区，又是标志性的战斧式任意球，射门前的C罗气定神闲。那是双足踏地头顶天，乌云遮盖是枉然，射门的C罗龙精虎猛，真乃左手抄起量天尺，右脚推出一泰山，球越过人山人海直奔球门左上死角应声入网，比分随之改写。此后伤停补时阶段吉吉自摆乌龙，尤文4比1带走了比赛的胜利。但在米兰城，尤文遭遇至暗时刻，虽然拉比奥连过两人后打入单挑世界波，C罗接长传后冷静推射破门，但伊布、凯西、莱奥6分钟连进3球导演逆转。雷比奇第79分钟杀死比赛，尤文赛季首次单场丢4球，送AC米兰连续5场联赛不败。

对尤文而言，这场比赛是一个信号，对手开始有了和尤文打对攻的底气。对阵亚特兰大，萨帕塔与马利诺夫斯基的进球让亚特兰大两次取得领先，但C罗没有放弃，第54分钟点球轰左路得手扳平比分，第90分钟点球大心脏复刻上一次进球表演，一个角度两次送亚特兰大回家，尤文2比2死里逃生带走一分。3比3战平萨索洛的大战中结束连续6轮进球的个人表现后，尤文迎来同拉齐奥的天王山对决，此役C罗也拿出了赛季最佳状态。第50分钟，C罗在12码前继续翩翩起舞，箭步推右下角得手先拔头筹。4分钟后死神再临，迪巴拉中场抢断后单刀杀入禁区，面对出击的斯特拉科沙无私分球，C罗又一次在正确的时间出现在正确的地点，大将生来胆气豪，腰横秋水雁翎刀，轻飘飘推了一个空门。虽然此后因莫比莱点球扳回一球，但整个意大利已经没有人能阻止尤文的步伐，“斑马军团”2比1拿下关键战，送对手5轮不胜的同时掌握了争冠主动权。

此后，虽然尤文客场翻船1比2败走乌迪内斯，但夺冠只是时间问题。第36轮大战桑普多利亚，C罗再度成了对手的梦魇。上半场伤停补时阶段，皮亚尼奇魔术师般的横传让C罗在无人防守的情况下起脚。葡萄牙人一把钢刀掌中擎，五湖四海任纵横，一己之力轰开了奥德罗把守的大门，也摧垮了桑普多利亚的意志。下半场贝尔纳代斯基补刀成功，尤文2比0获胜的同时提前两轮夺冠，收获意甲九连冠。

剩余的两轮比赛中，C罗没有上场，葡萄牙人的联赛进球定格在31球，其中12球为点球，连续两年荣膺意甲银靴。但C罗并不在乎这些，他的心思早已飞往欧冠淘汰赛次回合。那是真正决定一个赛季成败的地方，但在次回合第9分钟，尤文再度陷入绝境，德佩勺子点球戏耍什琴斯尼，尤文0比2落后的同时，还让对手拿到了客场进球。到了危急存亡之秋，C罗终于坐不住了。第42分钟皮亚尼奇的定位球造成了对方禁区内手球，C罗点球骗过门将，扫右下角得手扳平比分。易边再战，C罗逼出了最好的自己。第59分钟里昂的防守几乎让C罗没有了带球空间，然而葡萄牙人化身一道白光，一步内切后左脚逆足送出了重炮世界波，2比2扳平大比分。可谓名师大将莫自牢，千军万马避白袍！此时的尤文只差一个客场进球，然而“斑马军团”此后再无建树，C罗自2009/2010赛季后再度无缘欧冠八强。有诗叹之曰：罗公一生展宏图，文韬武略盖世无。壮志未酬身先死，无愧男儿大丈夫！

夏窗将至未至，尤文也开启了新一轮变革。拿下生涯首个联赛冠军的萨里离开球队，取而代之的是意大利传奇，曾经在尤文上演老兵不死的少帅皮尔洛。转会方面同样大动干戈，阿图尔和皮亚尼奇完成互换转会，莫拉塔荣归亚平宁。此外尤文还补充了麦肯尼和库卢塞夫斯基这样的年轻血液，小基耶萨也在关窗前压哨加盟。种种迹象都预示着，新赛季的尤文将开启新一轮的青春风暴。身居暴风眼中心，C罗这样的传奇球员又将何去何从呢？

第九十四回

三年换三帅，尤文中上签

上回书说到，C罗加盟尤文后三年换了三个主帅，第三个主帅就是球员时期声名远扬，主教练时期还没来得及证明自己的皮尔洛。对于皮尔洛，C罗并不陌生，两人在球员时期就没少交过手。葡萄牙人还曾经被皮尔洛所在的球队两度阻挡在欧冠决赛的大门外。依靠尤文搭建的关系，昔日对手化干戈为玉帛，意甲十连冠和队史第三个欧冠似乎就在眼前。意甲首战桑普多利亚，C罗在第13分钟的带球让桑普多利亚颇为忌惮，但他们并没有注意到库卢塞夫斯基。瑞典人笑纳良机，大禁区前破门。此后博努奇打空门得手，C罗自然不甘人后。第89分钟拉姆塞送出全场第7脚直塞，又是C罗右肋里斜刺杀出，游弋如霹雳闪电，一个人硬生生掀翻了桑普多利亚的防守，打入球队第3球。真乃白马银枪飘如诗，所向披靡少年时，尤文也得以3比0解决桑普。

但在亚平宁半岛，他们面对的压力并不小。次战罗马，尤文切实感受到了意甲军备竞赛带来的压力。韦勒图上下半场各入一球，让罗马两度领先，但尤文到底还有C罗。第44分钟，C罗主罚点球轻推右下角，球完美骗过罗马门将米兰特，“斑马军团”扳平比分。下半场第69分钟，达尼洛右路强袭拼出一次传中机会，C罗极限头球致敬了10年前的自己，梅开二度的同时帮助尤文在奥林匹克球场带走1分。

然而，让人意想不到的是，2020年10月3日葡萄牙天王确诊新冠肺炎，归期未定，皮尔洛只得让回归的莫拉塔和名宿之子小基耶萨独挑大梁。所幸，C罗只是确诊为无症状感染。2020年11月2日他宣布复出，第一场面对斯佩齐亚就上演了梅开二度的好戏。此役C罗虽是替补出场，但一上场就成了比赛的胜负手。第58分钟莫拉塔直塞，C罗获得单刀球，他冷静过掉普罗维德尔后推射空门，虽然攻势凌厉，但却是温柔一刀，尤文借势2比1再度领先。第74分钟基耶萨禁区内被放倒，12码线前的C罗稳定一如既往，勺子点球命中，为斯佩齐亚送上了致命一击，尤文用一个4比1结束了4轮不胜。下一轮客场战拉齐奥，C罗开场又有新花样，第14分钟接夸德拉多传球垫射破门。然而，凯塞多替补登场读秒阶段完成绝平，尤文客场饮恨无缘两连胜。

但C罗没有气馁，对阵卡利亚里的比赛中，C罗开启天神下凡模式。第38分钟莫拉塔禁区中路斜塞，C罗左路摆出单挑架势后大繁至简，没有揉搓任何虚招，而是内切两步后强行一脚打门。一粒进球踢出了C罗这么多年的变化，又仿佛命运般难以捉摸，真是巍峨北山震神州，造化弄人生世惆。第42分钟尤文扩大了比分，大放异彩的还是克里斯蒂亚诺·罗纳尔多。尤文右路角球吊入禁区，德米拉尔中路头球摆渡，后点无人盯防的C罗轻松破门，这粒进球不仅让尤文提前杀死比赛，还让C罗的生涯进球总数超越了普斯卡什，一代神射手名不虚传。在欧冠小组赛对阵费伦茨瓦罗斯的比赛中打入本赛季欧冠处子球后，C罗的进球表演还在继续，这球来自夸德拉多的右路分球，C罗并没有强行内切，而是让一步后左脚大力内切破门，此后莫拉塔补时再入一球，尤文2比1绝杀带走胜利。

在熟悉的欧冠战场，C罗已经破了太多纪录，堪称当代纪录粉碎机。欧冠对阵基辅迪纳摩的比赛中，C罗在第56分钟抢点打空门得手，这粒进球是葡萄牙人个人职业生涯的第750球，C罗还超越了梅西，以71球成为欧冠历史上在主场进球最多的球员。一周后的欧冠小组赛末轮，尤文和巴萨狭路相逢，时隔两年多以后，C罗和梅西终于在正式比赛中再度碰面，梅西和C罗“绝代双骄”的时代似乎正在逐渐远去，但只要两个人交手，这场比赛的意义就超过了一切。首回合小组赛交手，C罗因为新冠肺炎缺席了和梅西的碰面，第二回合两边人员基本齐整，C罗也得以和诺坎普的老对手们打个招呼。开场后尤文反客为主，很快在巴萨的球门前组织起了攻势，二马一错蹬之间，巴萨的几个后卫成了决定比赛的角色。第11分钟，C罗禁区内被阿劳霍放倒，主裁判的点球判罚毫不迟疑，这球在判罚上也没有任何问题。葡萄牙人横扫千军推中路得手，在这个曾经很熟悉的场地为尤文先拔头筹。第19分钟夸德拉多和麦肯尼完成连线，后者猛虎下山禁区内凌空卧射得手，尤文开场20分钟不到连敲巴萨两记闷棍，2比0取得领先。下半场，朗格莱不甘人后花式排球送点，C罗再度迎来和特尔施特根的一对一对决。C罗这次加长了助跑距离，高速冲刺让德国门将心生犹疑，他的快速摆腿也没有给特尔施特根反应的机会，最终球再度骗过巴萨门将打入左下角，尤文客场3比0领先，最后时刻完成对巴萨的反超，排名小组第一，C罗也在同梅西的对决中再下一城。联赛逐步复苏，欧冠淘汰赛还抽到了波尔图这一上上签，本赛季的C罗又有怎样的发挥呢？

第九十五回

尤文四线齐发，硬仗迫在眉睫

上回书说到，欧冠小组赛头名出线后，C罗踌躇满志，向着个人第6个欧冠冠军发起冲击，但在此之前，尤文还需要解决掉联赛中觊觎王座的篡位者。意甲第11轮对阵热那亚，C罗用两个点球决定了比赛，两个点球的创造者分别来自夸德拉多和莫拉塔。葡萄牙人没有辜负队友的信任，两次点球均骗过门将，打向了球门中路，尤文在客场3比1攻陷热那亚，各项赛事豪取四连胜。

虽说在对阵亚特兰大的比赛中丢了一个点球，但C罗的比赛状态并没有受到影响。意甲第13轮对阵帕尔马，C罗再度开启得分模式。库卢塞夫斯基首开纪录后，C罗在上半场觅得良机。莫拉塔拉出禁区送出精准传中，C罗行进间如同一架轰炸机，从帕尔马的禁区呼啸而过。可谓大鹏一日同风起，扶摇直上九万里，随后的头球轰炸同样精彩，一记头球力量十足而不失精准，球顺势坠入左上角，完全没有给帕尔马门将反应的机会。易边再战，C罗再度捅了帕尔马一刀，沉寂许久的拉姆塞中路推进后送出致命斜传，C罗先是一个射门假动作骗走了对手重心，随后一个顺势将球卡向自己的左脚，一步调整后左脚小角度低射破门。这球看着朴实无比，但整套动作一气呵成，跑动、球感、射门脚法缺一不可，还要配上日积月累的经验，以及C罗无死角热区带来的威慑力，才能叠加出这一个进球。此后莫拉塔头球破门锦上添花，尤文客场4比0大破帕尔马，联赛开局不败的场次已经延伸到了13轮。

很不幸的是，尤文的不败来得不易，丢得却不难。意甲第14轮惨败佛罗伦萨后，C罗和尤文知耻而后勇，重新调理好了进攻。第15轮对阵乌迪内斯，拉姆塞的反抢让尤文获得良机，只见C罗突破如千里白驹，带球却能溃敌于百步，一路孤身仗剑走天涯，何顾八千里路云和月。随后强扭着身子劲射破网，更像是一个水到渠成的结果，对于这样的伟大时刻，大家也逐渐习惯了。下半场，C罗横拨助基耶萨扩大比分，此后葡萄牙人又耐不住寂寞，接本坦库尔灵犀一传再度突入禁区破门，尤文几乎提前杀死比赛。此后泽格拉尔打进一球，迪巴拉伤停补时锁定胜局，尤文输掉坎帕尼亚大区德比后重整旗鼓，4比1带走比赛。随后“斑马军团”3比1摁住了AC米兰的复兴势头，而在对阵萨索洛的比赛中，上一场没有进球的C罗并没有让自己的枪管冷却太久。郁闷了一整场的葡萄牙人最后时刻接长传一路突入禁区，轰出本场比赛第6脚打门。这记小禁区右侧的打门角度极其考究，贴地擦左侧边网滚入球门，尤文借此3比1锁定胜局。

虽然尤文图斯在国家德比中0比2输给了国际米兰，但夺得冠军的喜悦很快冲淡了一切。2021年1月20日夜，尤文获得意大利超级杯冠军，C罗挺身而出，第65分钟为尤文首开纪录，尤文2比0击败那不勒斯夺冠。值得一提的是，凭借这粒进球，C罗职业生涯的进球来到了760个，超越奥地利传奇比坎，在国际足联历史上官方统计正赛中加冕历史射手王。这之后的尤文一路高歌猛进，以2比0的比分连胜热那亚和桑普多利亚，而在意大利杯半决赛上，C罗终于复仇了国米，让对手感觉到了被历史射手王支配的恐惧。虽然劳塔罗开场8分钟为国米取得梦幻开局，但C罗打破国米对比赛的统治。第26分钟先是点球爆射中路击溃汉达诺维奇，10分钟后葡萄牙人再现杀机，汉达诺维奇和巴斯托尼出现沟通失误，此前如幽灵一般飘荡在国米禁区的葡萄牙人忽然奋起，如闪电一般抢断，随后长距离推射空门得手，10分钟内一个人导演了对蓝黑军团的逆转。即便已经年近不惑，身体状态又远不及巅峰时期，C罗依然还是这个星球上最恐怖的杀手。有诗赞之曰：千金挥手美人轻，自古英雄多落魄。且藉壶中陈香酒，还我男儿真颜色！此后双方再无建树，尤文在梅阿查拿下宝贵的客场进球，两回合比赛中占得先机。

借着难得的好状态，C罗和尤文也没有放过重整河山的机会。意甲第21轮面对罗马，C罗再度成了决定比赛的金箭头。第13分钟，桑德罗左路摆脱防守球员后横传，莫拉塔回敲找到了在弧顶等待很久的C罗，葡萄牙人接球只做了一步调整，左脚轰出了一记世界波，球轨迹笔直不带弧线，球速足以让对手门将绝望，尤文1比0取得领先。下半场，罗马又给自己的伤口上撒了一把盐。库卢塞夫斯基的横传造成伊巴涅斯乌龙，2比0获胜的尤文拿下6分，反超红狼来到积分榜第3位。

在球队找回状态的时候，疲劳正在悄无声息折磨着C罗和球队。上赛季意甲密集的赛程导致球员没有得到很好的休息，本赛季尤文四线齐发，意大利杯也走到了决赛，替补球员无法对首发做到合理补充，C罗长时期的消耗自然在所难免。意大利杯次回合0比0闷平国米只是小小的警告，很快“斑马军团”兵败那不勒斯，断送了近期良好的势头。欧冠淘汰赛对阵波尔图的比赛即将开打，面对内忧外患的球队，C罗还能爆发出之前几个赛季的斗志和得分能力吗?

第九十六回

尤文难敌黑马，C罗饮恨欧冠

上回书说到，欧冠淘汰赛首回合败给波尔图，C罗和尤文跌入谷底。此后他们在联赛依旧浑浑噩噩，球队0比1再负那不勒斯。在球队即将被打散的时候，皮尔洛束手无策，第一次执教豪门的他只能寄希望于C罗找回状态，用进球给球队带来活力。很快，C罗就用进球带着球队走出了困境。对阵克罗托内，尤文难得地统治了比赛，但得势不得分，关键时刻C罗在第38分钟凿开了对手的防线。桑德罗左脚送出精准挑传，C罗如幽灵一般反越位成功。这次葡萄牙人没有浪费机会，禁区内跃起头球顶远角得分，克罗托内低位防守策略宣布破产。仅仅10分钟以后，克罗托内的后防线再度失守，拉姆塞提前预判拿到二点球，随后走左路底线送出传中，只见C罗为克罗托内送上最后的审判，一路刀枪似麦穗，剑戟若麻林，他叫你三更死，哪个敢留你到五更？随后高高跃起头球破门，突出一个蛮不讲理，尤文2比0取得领先。此后麦肯尼献上凌空抽射的表演，尤文主场3比0告捷，尤文图斯在少赛一轮情况下回到了联赛第三的位子上。

下一轮对阵维罗纳，C罗又有进球。基耶萨如一柄利剑刺入对手的胸膛，双重晃动后无私横传，C罗跟上冷静打门将腋下得手，延续着自己的火烫脚感，但维罗纳随后由巴拉克头球破门，遗憾平局的尤文在积分榜上已经被榜首国米拉开了10分。此时此刻，全力的C罗似乎已经无人可挡，第25轮对阵斯佩齐亚，莫拉塔和基耶萨相继建功。C罗在第88分钟单刀破门，接本坦库尔直塞后左脚单刀潇洒破门。在以半轮换阵容3比1射杀“蓝鹰”拉齐奥后，休息一周的C罗在主场迎来了波尔图的挑战。主场作战的尤文几乎拿出了本赛季最顽强的进攻表现，53分钟后的葡萄牙球队还少了一个人，只能十人应战。全场只有3次射门的C罗难挽败局，球队主场历经加时赛才3比2险胜波尔图，大比分4比4，尤文再度死于客场进球规则。C罗则连续两年无缘欧冠八强，自离开皇马后一共只赢了两场欧冠淘汰赛。

虽然惨败的事实让人难以接受，但对C罗和尤文来说，意甲联赛的局势也不容乐观，他们已经没有悲伤的时间了。对阵卡利亚里，稍稍休息了一下的C罗再亮妖刀，开场第9分钟杀气尽出，角球机会迎着防守球员就是一记劈空斩，尤文客场取得一球领先。C罗并不满足于此，第23分钟他禁区内搏得点球，随后冷血主罚左下角得手，完成梅开二度。此后葡萄牙人继续建功，第32分钟右路单车过人后接左脚内切破门，仅用时23分钟头球、左脚、右脚各入一球，完成帽子戏法，这是C罗生涯第57次帽子戏法。凭借这次个人表演，C罗完成了对意甲所有球队的通杀。有诗赞之曰：一马全歼敌顽，五兵大闹王宫。图形妙在有无中，得势寡能胜众。何故知难履险，只缘成竹在胸。桔枰尺蚓可降龙，名局千秋传送！此后小西蒙尼扳回一球，尤文客场3比1带走胜利，继续保持着对身前球队的追赶势头。

此后，尤文的状态起伏如过山车。意甲第28轮他们在主场0比1输给贝内文托。下一轮都灵德比，C罗终于奋起，第78分钟尤文的定位球战术没有打成，贝尔纳代斯基边路再起高球，基耶利尼扫射把球踢呲了。关键时刻还是C罗救场，拍马赶到头球破门，再一次拯救了“斑马军团”。随后意甲第3轮补赛，尤文再战那不勒斯，这次C罗没有给对手机会，开场第12分钟，基耶萨右路连过两人后横传门前，C罗小禁区前沿轻松推射破门，这球也奠定了比赛基调。随后迪巴拉替补再入一球，因西涅点射破门扳回一球，2比1过关的尤文强势依旧。

然而，在3比1战胜热那亚后，“斑马军团”兵败亚特兰大，基本丧失了争四主动权。3比1击败帕尔马的比赛也没能提振士气。随着尤文在坎帕尼亚大区德比1比1战平佛罗伦萨，全队将目光聚焦在蛰伏许久的C罗身上。意甲第34轮，杀神终于宣布归位。乌迪内斯和尤文狭路相逢，开场第9分钟乌迪内斯就取得了梦幻开局，莫里纳小角度爆射破门让乌鸡军团占得先机。第82分钟，C罗开始回应，凭借自己创造的点球，C罗再度顶住了压力，点球低射左下死角得手。7分钟后，C罗的光之痕划破亚平宁上空。第89分钟，葡萄牙人头球攻门顶向近角，这球实在刁钻，乌迪内斯门将只能看着胜利从自己的指尖溜走，“斑马军团”2比1带走比赛。

胜利的喜悦并没有持续太久，0比3惨败AC米兰后，尤文在争四路上依旧只能看别人脸色，C罗引领的胜利似乎已经无济于事。第36轮对阵萨索洛，C罗再度破门，进球来自44分钟，拉比奥头球穿针引线，C罗杀入禁区一步调整后禁区内晃开角度推射左下角得手，收获尤文生涯百球。最终尤文3比1击败萨索洛，距离第四只差1分。顶住压力的尤文继续前进，第37轮面对已经提前夺冠的国米，尤文三军用命，第一个站出来的还是C罗。第22分钟尤文获得点球，C罗主罚的点球虽然被汉达诺维奇拒绝，但葡萄牙人神行百步当世罕匹，很快冷静补射破门，尤文1比0领先，之后夸德拉多成为奇兵梅开二度，尤文3比2死里逃生。

4天后，意大利杯决赛出场的C罗随队战胜亚特兰大，C罗自此拿到英超、西甲和意甲的所有冠军，成为欧洲五大联赛中完成至少三家联赛所有国内赛事奖杯大满贯的球员。夺得意大利杯冠军的C罗在联赛末轮选择轮休，尤文4比1大破博洛尼亚，末轮压哨锁定下赛季欧冠资格！

第九十七回

阿莱格里回归整军经武，葡萄牙人归根曼彻斯特

上回书说到，在随队拿下意大利杯冠军后，C罗随队挤掉那不勒斯，勇夺意甲最后一个欧冠资格，但葡萄牙人并没有太多随队庆祝的时间。2021年夏天，去年延期的欧洲杯重燃战火，这是欧洲杯历史上首次巡回赛制，也很可能是C罗最后一次出征欧洲杯。如今的葡萄牙顶着上届冠军的头衔，还有首届欧国联冠军在手，已经成了欧洲杯热门球队。球队阵容深度直逼黄金时代，即便C罗因为身体状况偶尔缺阵，葡萄牙依然能赢球。C罗终于能卸下担子，开始享受这项赛事的魅力了。首战匈牙利，对手的防线一度让C罗和葡萄牙无所适从，但桑托斯用换人改写了比赛，替补奇兵拉法·席尔瓦一战成名。他撕开了对手的后防线，C罗自此蛟龙入海。第83分钟格雷罗首开纪录后，C罗没有犹疑，第86分钟长助跑后骗过门将，打入索命点球。葡萄牙两球领先，同时C罗超越了法国名宿普拉蒂尼，以10球加冕欧洲杯历史射手王。此后C罗的进球表演还在继续，第91分钟葡萄牙一哥连线拉法·席尔瓦。C罗一路闯关后直面对手门将，假动作后晃过门将打空门得手，再度刷新了自己的进球纪录，葡萄牙3比0锁

定胜局。

然而，次战德国队，一切都成了过眼云烟，葡萄牙遭遇压制，被德国战车以2比4碾过。C罗表现依旧不俗，第16分钟反击战接若塔横传打空门得手，第66分钟底线附近头球极限回做，助若塔欧洲杯开张，但葡萄牙的失利已不可挽回。小组赛末轮对阵法国，C罗与本泽马迎来皇马前队友对决。葡萄牙人点球梅开二度，法国人也有两球入账，但全场最让人动容的瞬间，还是比赛最后时刻，C罗一个抬手指挥，本泽马瞬间回传的名场面，然而和气晋级的葡萄牙并没有延续精彩表现。八分之一决赛面对德布劳内领军的比利时，葡萄牙选择让比赛支离破碎的战术，红黄牌满天飞，C罗也没有在比赛中得到什么机会，葡萄牙0比1败北，C罗只能匆匆结束这个牙缝中挤出来的夏天。

回到熟悉的亚平宁，C罗的日子依旧不太平。早在欧洲杯开打之前，尤文就宣布了新的主教练任命。老熟人阿莱格里重回“斑马军团”，管理层授予了他整军经武的大权。“斑马军团”需要新鲜血液，亟待重建，他和C罗的关系逐渐微妙起来。此外，尤文虚假繁荣的财政问题逐渐浮出水面，尤文连续两个财年的营收均不尽如人意。此前大肆吃进大合同的弊端浮出水面，球队的营收已经支撑不住球员的高工资了。随着意大利税制改革，外籍球星的税率重回50%左右，在所有人都没什么钱的背景下，C罗的大合同就显得格外扎眼了。

因此，虽然欧洲杯还没有开打，门德斯已经在坐着飞机满欧洲飞了。面对诸多谈判对手，门德斯剑走偏锋，主动联系了曼城。曼城经理贝吉里斯坦出师不利，始终无法把凯恩带到曼城，而此时C罗的出现刚好为曼城提供了一个9号位选择。即便凯恩没能如愿加盟，C罗也能为瓜迪奥拉的球队提供两年的即战力。谈判尚未开始，门德斯就很聪明地主动将消息放了出去，随后一场事先张扬的蝴蝶效应开始蔓延。弗格森坐不住了，他先是和曼联董事会进行了决议，随后和C罗通了电话。曼联方面的反应也不慢，没有什么拉扯的情况下就为尤文送上了报价，总转会费为1500万欧元加800万欧元浮动条款。根据迪马济奥爆料，曼联给C罗开出了两年的合同，税后年薪达到了2500万镑。

这笔签约于2021年8月27日正式官宣，C罗迫不及待，飞速登上了回到老特拉福德的私人飞机。对C罗来说，回家就意味着一切。随着转会窗关闭，C罗的首秀逐渐接近。2021年9月11日曼联大战纽卡斯尔，C罗的首秀如约而至，似乎为了褒奖葡萄牙人训练场上的努力，索尔斯克亚将C罗提上了首发，让他在弗格森爵士的目光下踢满大半场。在葡萄牙人的身后，大英帝星、将星纵横，博格巴、马蒂奇和德赫亚这些老将也是枕戈待旦，他们并不是为了C罗的首秀才相聚在一起，但为了老特拉福德的孩子归来，所有人都做好了准备。

比赛的上半场波澜不兴，C罗还在适应比赛，曼联的其他人还在适应C罗，上半场补时阶段，C罗还是抓住了一线机会。格林伍德禁区右侧起左脚直接远射，C罗后发先至，靠直觉等在门将扑救线路上静待门将脱手，随后补射得手，老特拉福德顿时山呼海啸。下半场，C罗凶猛依旧，他并不相信什么剧本的存在，只因笔还在他的手里。虽然圣马克西曼扳平了比分，差点扰了C罗的兴致，但C罗还是那个C罗。第61分钟葡萄牙天王王者再临，卢克·肖如马塞洛一般带球疾走，随后一个直塞打穿纽卡后防线，但见C罗奋起如初生牛犊，射门如星矢夺目，一脚射门穿裆纽卡门将伍德曼。那个曾经性烈如火的少年再度点燃了老特拉福德的氛围，十几年是非成败都在于此了，真乃无物可离虚壳外，有人能悟来生前。山门一笑无拘拟，云在西湖月在天!

一切的一切都不再重要，对于今夜的C罗来说，回家本身就是最好的结局，一切宿命纠缠的终点，梦想的起点，没有哪里比老特拉福德更适合作为故事的归宿。那个在外乡打拼了许久的孩子，终于在今夜回家了。

第九十八回

曼联帅位动荡，C罗枪管滚烫

上回书说到，葡萄牙人回到老特拉福德后迎来梦幻开局，回归后的第一场比赛就完成了梅开二度，曼联在梦剧场4比1大破纽卡，俨然成了本赛季的热门球队。上赛季曼联被索尔斯克亚带到了联赛第二，欧联杯也顺利杀入决赛。本赛季球队引进了历史级得分手，以及桑乔等一干猛将。球队不乏年轻人的天赋，年龄结构合理，阵容深度甚至略胜于上届欧冠冠军切尔西。即便曼城和利物浦都是历史级别的英超球队，曼联的纸面实力也足以让他们在英超杀出一条血路。对于这一点，伯尔尼年轻人并不买账，虽然欧冠小组赛首场第12分钟，C罗就用标志性的弧线跑位接抢点完成破门，还穿了对手门将的裆，但此后瑞士球队开启绝地反击，恩加马勒乌扳平比分，林加德回传失误，希巴切乌单刀完成绝杀，曼联遭遇欧冠开门黑。

虽然球队被泼了冷水，但C罗并没有受到影响。此后C罗继续高光表现，对阵铁锤帮西汉姆联，本赫拉马的射门击中瓦拉内后折射入网，但C罗的回应也很快，第34分钟B费斜吊禁区，C罗从乱军中杀出，那是伏枥老骥戎心在，匣中宝剑紫气凝，一记外脚背捅射直中法比安斯基心窝。还没等阿森纳前门将反应过来，C罗跟上又是一记补射，曼联终于扳平了比分。随后林加德弑杀旧主，德赫亚补时扑出点球，曼联客场2比1继续高奏凯歌。但是9月最后一个星期，曼联开始迷失，先是在联赛杯遭西汉姆联复仇，随后主场一球憾负阿斯顿维拉。这时候还是C罗站了出来，用进球稳定军心。欧冠对阵比利亚雷亚尔，上赛季欧联杯决赛重演，虽然帕科先拔头筹，但特莱斯凌空世界波拒绝失利。伤停补时阶段，林加德送上师徒连线，看那C罗整盔贯甲，罩袍束带，系甲拦裙，周身上下紧陈利落，旋即按崩簧宝剑出鞘，晃双掌跳入圈内，要解心头恨，拔剑斩仇人，手起刀落逆天改命，击沉了“黄色潜水艇”！凭借此球，曼联2比1拿下“黄潜”，取得欧冠赛季首胜，仿佛是命运对C罗的馈赠一般，当月英超3场入3球的C罗当选了英超官方9月最佳球员。

进入10月，曼联的不稳定显露无遗。英超第7轮1比1战平埃弗顿只是一个小小的警告，第8轮，曼联2比4再负莱斯特城。期间欧冠比赛中，C罗不负欧冠之王的美誉，第80分钟接卢克·肖传中决定比赛，头球力抗千钧掀翻亚特兰大，帮助球队完成大逆转。回到英超联赛，曼联依旧难求一胜。第9轮双红会0比5惨败利物浦。

英超的魔鬼赛程向来难熬，但C罗总算为球队开了一个好头，对阵热刺C罗再亮妖刀，斜刺里偷袭后点得手，极限小角度破门让世界杯冠军队长无可奈何。此后C罗双重变向后直塞卡瓦尼，助后者打入赛季首球，拉什福德替补破门锁定胜局。又当爹又当妈的葡萄牙人终于让曼联尝到了胜利的滋味，终结联赛4轮不胜。此后曼联和C罗再接再厉，对阵亚特兰大，C罗再度上演梅开二度，先是接B费脚后跟磕球怒射扳平比分，又在伤停补时凌空抽射结束了比赛，帮助曼联最后时刻捞回一分，但好景不长，0比2脆败曼城后，曼联跌入泥潭。随着1比4惨败沃特福德，上赛季缔造奇迹的索尔斯克亚下课，C罗在其中的作用尚未可知。

而在临时主帅卡里克治下，曼联逐渐恢复了活力。欧冠小组赛再战“黄潜”，C罗终于爆发，弗雷德贴身抢断卡普埃后及时出球，C罗刀刀斩尽，刃刃诛绝，一脚轻巧挑射入网，没有给对手留下反抗的时间，此后桑乔打入加盟后首球，曼联2比0双杀“黄潜”，小组赛提前出线，杀红了眼的C罗已是欧冠小组赛连续5场进球。回归联赛面对切尔西，桑乔锋利依旧，曼联面对强队终于啃下了一分，此后大战阿森纳，“红魔”终于恢复了魔性。上半场两边打得火星四溅，史密斯·罗远射为枪手首开纪录，弗雷德助攻B费扳平比分。易边再战，拉什福德横低平球传中恰到好处，C罗禁区内迎着防守者不讲理推射破门，打入职业生涯第800球。虽然厄德高优雅推射远角破门扳平比分，但C罗还是C罗，第68分钟点球爆射中路击溃拉姆斯代尔，曼联离胜利又近了一步，最终比分保持到了全场。曼联3比2拿下魔鬼赛程最后一场，卡里克功成身退，把球队交到了朗尼克的手上。

因为执教的球队通常名气较小，朗尼克此前和C罗的交集并不多，但在执教后的首场比赛，朗尼克就让英格兰人见识到了不少新花样，德式足球的对抗，全场的高位逼抢。曼联球迷们似乎看到了和曼城、利物浦争雄的可能性。弗雷德的世界波更像是水到渠成的结果，曼联1比0拿下联赛两连胜。欧冠小组赛末轮1比1收官后，C罗点杀诺维奇，骗过门将的点球甚至进得有些过于轻松。但好景不长，新冠肺炎肆虐卡灵顿，“红魔”的比赛面临延期，意外也硬生生打断了曼联的好状态。圣诞节回归后的第一场，曼联在纽卡的追击下勉强带走1分，在即将开始的2022年，C罗又将有什么样的发挥呢？

第九十九回

马竞铁桶阵送别曼联，C罗三赛季无缘八强

上回书说到，C罗和朗尼克展开了磨合，而在2021年的最后一场比赛，曼联终于打出了久违的攻势足球。开场第8分钟，C罗停球无心插柳助攻麦克托米奈远射破门，桑乔的打门造成了本杰明·米的乌龙球。C罗自是不甘寂寞，禁区内高来高去，陆地飞腾，横跳江河竖跳海，万丈高楼脚下踩，机敏补射让对手陷入绝望。曼联上半场气势如虹三球领先，最终3比1拿下比赛，用胜利的喜悦结束了并不如意的2021年。

但在进入2022年后，C罗和曼联再度跌入谷底，开年0比1输给狼队后，“红魔”2比2再平阿斯顿维拉。此后年轻人们知耻而后勇，补赛3比1击败布伦特福德，争四大战拉什福德绝杀铁锤帮，曼联终于杀回了积分榜前四，连胜进入英超冬歇期。其间曼联继续颓唐，足总杯第4轮点球遭米德尔斯堡淘汰，罚丢了点球的C罗站上了风口浪尖。随着“红魔”1比1战平伯恩利后跌出前四，本赛季的曼联已经基本退出了国内所有赛事冠军的争夺。1比1战平南安普顿后，C罗继续奋起，面对布莱顿，葡萄牙人重拳出击。看那C罗，狮子盔张口吞天，朱雀铠虎体遮严，活脱

脱一个虎面悍将，中路带球后晃过一名防守队员后直接拔脚怒射，百步之内取敌首级，曼联1比0取得领先。此后B费继续补刀，曼联2比0三分止血，争四大战上再夺优势。

4比2送走贝尔萨的利兹联之后，曼联欧冠淘汰赛遭遇马竞，C罗在马竞的铁桶阵里动弹不得。菲利克斯闪击破门，伊兰加单骑救主扳平比分，风雨飘摇的曼联勉强带走了一场平局。回到英格兰，曼联继续耻辱征程，0比0闷平沃特福德，随后1比4被曼城横扫，整个队伍面临被打散的风险。危急存亡之秋，还是C罗站出来收拾残局，第29轮大战热刺，曼联终于找回自我。开场第12分钟，C罗开启全能得分手模式，犀牛弓半边月弯，张弓搭箭敌胆寒，面对洛里抬脚就是一记不讲理远射，球不带旋转没有下坠，但球速极快，自有万夫莫当之势，打得洛里毫无办法。此后凯恩点球扳平比分，但C罗很快予以回应，热刺进球后仅仅3分钟，C罗切金断玉，销铁如泥，如一把匕首一般刺穿了热刺球员紧绷的神经，反击战中接桑乔横传轻推空门得手，让热刺球员的抵抗看起来毫无意义。下半场，马奎尔“正常发挥”乌龙球帮助热刺扳平比分，但C罗拒绝平局，角球力压戴尔强袭洛里得手，三戏洛里后完成赛季第一个帽子戏法，曼联3比2统治北伦敦，延续了对下赛季欧冠资格的竞争力。但在本赛季的欧冠比赛中，曼联已经没有未来了，主场0比1憾负马竞后，曼联进入单线作战的赛程，C罗则连续三个赛季无缘欧冠八强。

回到英超，曼联的崩溃还在继续，1比1战平莱斯特城后，“红魔”0比1败北默西塞德，相比比赛的激烈程度，大家还是更关心C罗赛后怒摔自闭症小球迷手机的争议事件。作为对球迷的补偿，C罗邀请这位埃弗顿球迷到老特拉福德看球，感受“红魔”球迷死气沉沉的氛围。在这次争议后，C罗很快做出回应，英超第33轮对阵诺维奇，葡萄牙人又一次主宰比赛，球迷们很快忘记了葡萄牙人的负面印象。开场仅仅7分钟，伊兰加抢断后横传，C罗先声夺人，跟进推射空门得手，终于点燃了一片沉寂的梦剧场。曼联在主场打出了久违的气势，1比0领先金丝雀。第32分钟，诺维奇再度见证了全力以赴的C罗，特莱斯的角球恰到好处，C罗禁区内跟进高高跃起头球攻门得手，真乃黄幡展三军惊惧，豹尾动战将心惊。冲行营犹如大蟒，踏寨帐胜过飙风！此后道威尔为客队扳回一球，神锋普基破门扳平比分，曼联眼看着又要万劫不复，关键时刻伊兰加博得任意球，与2018年世界杯对阵西班牙的距离相同。C罗右脚一记任意球再度洞穿了诺维奇门将克鲁尔把守的大门，曼联3比2夺下3分，和北伦敦双雄继续纠缠一起。

在强敌环伺的英超，曼联并不能完全主宰自己的命运。双红会对阵利物浦，曼联遭老对手4球屠杀，随后他们在客场1比3输给了阿森纳，基本让出了争四主动权。C罗在第34分钟接马蒂奇长传，一度为球队追回一球，但难掩场面上的被动。率先开赛的英超第37轮对阵切尔西，C罗又有进球，这球发生在第62分钟，又是马蒂奇颇具想象力的传球，又是C罗鹰击长空击碎了切尔西的骄傲。曼联在强强对话中1比1战平切尔西，保住了最后的尊严，但两场比赛让他们基本无缘下赛季的欧冠比赛。

虽然球队遭遇败绩，但C罗个人的表现还是不错的。整个4月葡萄牙人打入5球，力压孙兴慜、科林斯、德布劳内、吉马良斯、热苏斯等球员，当选英超4月最佳球员，个人英超月最佳来到6次，超越5次的鲁尼成为曼联队史第一人，6次月最佳也让C罗追平杰拉德，并列历史第二。此后C罗在对阵布伦特福德的比赛中再入一个点球，赛季英超以18球收官，留给C罗继续书写历史的时间还有很久，葡萄牙天王还能书写出什么样的故事呢？

第一百回

丧爱子痛彻心扉，守红魔左支右绌

上回书说到，尽管C罗的个人数据还算出色，但曼联的表现实在对不起“红魔”球迷的期盼，浪子回乡的C罗度过了一个失意的赛季。然而，对于C罗而言，令人心碎的事情并不仅仅这一件：早在这年4月，乔治娜还在医院待产的时候，C罗力战诺维奇，用帽子戏法为即将降生的孩子庆生。

C罗霸气上演帽子戏法之后，带走了比赛用球。为了逗乔治娜开心，他把球塞进了球衣里，扮成孕妇的样子，与球迷分享喜得贵子的喜悦。父亲在场上毫无保留的发挥，并没有眷顾到孩子们。龙凤胎出生了，但男孩却感受了世界的残酷，先一步告别了父母，出生后不久夭折。

消息爆出后，全世界的球迷随着C罗陷入了悲痛的情绪，安慰如雪片一般飞来。来不及流露更多的情绪，C罗擦干眼泪，再度选择为曼联出战，“双红会”迎战死敌利物浦。他没有想到的是，比赛进行到第7分钟，利物浦和曼联的两片红色汇聚成了一片，全场球迷起立为C罗鼓掌，曼联球迷高举7号球衣，利物浦球迷高唱《你永远不会独行》，安慰着失意的C罗。

然而，对于C罗来说，有些事情不会轻易过去。家中的氛围一片灰暗，每逢C罗回到家中，都会看到乔治娜以泪洗面，在至爱面前，C罗不会过多流露情绪，他只能一边轻抚着乔治娜的头发，一边陷入回忆里。

20岁那年，C罗的父亲阿伟罗离开了世界，如今爱子夭折，C罗同样没有缺席第二天的比赛。之后，父亲的模样渐渐模糊，关于父亲的记忆终归还是淡了，弗格森待他如亲生儿子，门德斯开始照顾他的一切，为他的职业生涯铺路。

随着C罗的长大，总有类似父亲的角色代替自己的父亲，但C罗始终记得一切。小“迷你罗”降生以来，葡萄牙天王从“小小罗”变成了C罗，从儿子成了父亲，他不再需要父亲的保护，而是可以保护自己的孩子了。

但是，还有一个孩子离开了他。曼彻斯特总是经常下雨，映衬着C罗红红的眼眶。人总是往前走的，一如20岁的自己，哪怕父亲不在了，他们也总是觉得，前面的路还没走完，未来的欢喜总会填补过去的遗憾。十几年走完，欢喜总是短暂的，痛苦却是永恒的，无论走到哪里，时间都不会逆转，小克里斯蒂亚诺还是那个一直往前奔跑的莽撞少年，C罗也只能做那个回头与爱子告别，然后匆忙上路的过客。

即使回了家，又能怎么样呢？一年四季的曼彻斯特都是多雨的，过去的随着过去的人过去，只剩下过不去的，笼罩着活下来的人。雨逐渐急了些，掠过半开的百叶窗，滴滴答答地砸在C罗脸上，终于盖过了屋内的哭泣，曼彻斯特的雨，总是这么大……

看着面容憔悴的乔治娜，C罗意识到，曼彻斯特不再是个令人开心起来的地方了，至少现在不是。赛季刚刚结束，C罗接受了葡萄牙国家队的征召，对阵瑞士，他的灵性走位骗过了对手，化身鱼肠剑刺客，梅开二度让科贝尔绝望。之后，他马不停蹄，和家人一起前往马略卡岛度假，在伊比利亚居民无法拒绝的风光面前，C罗终于卸下了压力，可以宣泄自己的一切情绪了，有词《青玉案》云："水天一色前无路，玉潋雾，照归人。子栀韶华等闲度，春日带子，游魂子夜，未见知绝处。稚语盈盈芳几许，梦中惊起断肠意，后人笑看前人树，未见平生欢，枝头月上，望断天涯路。"

正是度假的时候，C罗忘却了曼彻斯特的一切，但在他看不见的地方，曼联帅位暗流涌动，滕哈格用一份PPT征服了曼联高层，也终结了朗尼克在曼联的可能性。作为建队派主教练，滕哈格要求令由己出，以强硬的手腕一扫曼联的颓势。

对于C罗而言，滕哈格并不是陌生人。早在尤文图斯时期，C罗就代表尤文图斯与滕哈格的阿贾克斯交过手，正式合作之前，滕哈格敬佩C罗的职业态度和杀手气质，C罗对于主帅也抱有尊重。在他的心里，弗格森时代才是曼联正确的样子，如果曼联真的能好起来，那滕哈格大搞铁血纪律又有何不可呢?

然而，C罗没有想到，在滕哈格和一众变革派眼中，自己正是曼联的问题之一。因为和乔治娜一同散心的缘故，C罗缺席了季前训练，对于这一理由，曼联官方发布声明表示理解，但滕哈格不能。曼联新帅认为，既然C罗有着历史级别的好胜心，那么他为什么不能在季前训练倾其所有？这样的分歧也让C罗和滕哈格的关系产生了裂痕。

此时，转会市场上又传出了C罗意图离队的消息，尽管几个月后，C罗本人亲口辟谣，但不少俱乐部还是公开表示，自己无意在这个夏天签下C罗。我们依旧没法知道，C罗是否亲自下场，用缺席训练的方式寻求离队，但怀疑的种子已经种下，曼联俱乐部内部逐渐有了不和谐的声音。

7月26日，C罗终于回到卡灵顿训练基地，开启了自己的新赛季之旅。此前，接受采访时，滕哈格表示，C罗依旧是曼联不可或缺的一员，曼联需要C罗。虽然滕哈格说了这样的话，但两人之间的隔阂似乎并没有消除，新赛季，C罗又将和滕哈格产生什么故事呢？

第一百零一回

化身成龙暴裂无声，一腔热血负天半子

上回书说到，C罗归队，开启了属于自己的2022/2023赛季。回归训练伊始，C罗和滕哈格的关系成了热门话题，作为曼联资历最深的球员之一，C罗在训练场上展现了良好的态度，身体状态也不输曼联的年轻人。

关于高位逼抢战术，C罗和滕哈格的理念并不相同，滕哈格要求前场每球必争、每个逼抢都要到位。C罗认为逼抢虽有必要，但为了球队的进攻服务，体能还要留在进攻穿插和终结之中。

因为理念不合，外加缺席了季前训练，C罗在季前赛对阵巴列卡诺一战被滕哈格放在了替补席。不过很快，C罗迎来了赛季首战，对手是布莱顿，替补上场的C罗和球队却遭遇了1比2的失利，他知道如今的曼联离不开自己，而他更希望现在的自己永远不离开曼联。

0比4惨败布伦特福德后，C罗坐上了替补席，并开始在训练场上重新找回状态，但他坚信，属于曼联的CR7时刻终将到来。英超第10轮，跌跌撞撞走上正轨的曼联迎来了埃弗顿的挑战，第29分钟马夏尔受伤，C罗临危受命，阻击1比0领先的埃弗顿。

第44分钟，埃弗顿球迷担心的一幕终究上演：一如在皇马的日子，卡塞米罗抢断后不做观察直扫前场，因为他知道那个男人一定会在。顺着他的目光，C罗紫金披风起，扶摇九万里，御风急进，喊杀着杀入了埃弗顿禁区。看着手脚慌乱的皮克福德，C罗微微一笑，小碎步调整是最优雅的假动作，无须重心晃动，大英门神便忘了最致命的近角。看那金刚腿风驰电掣，只瞧红袍下一箭穿心，C罗一步踏出，俱乐部第700球的里程碑诞生。

在滕哈格看来，自己的球队体系已成，虽然C罗依旧重要，但在强调控制和逼抢的体系里，C罗并非不可或缺。面对滕哈格的冷遇，C罗不露声色地训练着，随后在一次采访中震惊了世界——关于采访我们暂且按下不表，无论是在C罗还是在采访者眼中，这一切都只是世界杯前的调剂罢了。

按照后世的描述，2022年世界杯将成为诸神黄昏般的存在。C罗、梅西、莫德里奇等传奇球星的名字将和世界上最具传奇色彩的赛事告别，在冬天的卡塔尔献上最后一舞，这届世界杯也是扩军前的最后一届世界杯，从各项意义来看，卡塔尔世界杯都将载入史册。

关于这一切，C罗自然心知肚明。世界杯前，因为缺少俱乐部比赛，C罗在国家队的状态并不算好，不过到了世界杯首战对阵加纳，葡萄牙主帅桑托斯用首发名单证明：C罗依然是葡萄牙的绝对核心！

主教练把命压在了自己的身上，C罗自然士为知己者死。第64分钟，C罗在禁区争夺中本已落入下风，但他拯救了葡萄牙，一个大步抢到身位博得点球。这一刻，整个葡萄牙的心脏都在随着C罗跳动。C罗站在点球点前，4年前坚毅的眼神再度回归，恐惧浮现在加纳门将阿蒂齐吉的脸上，一切的结局似乎早已写好，但还是需要C罗小碎步助跑，腰身轻弓，一个假动作骗开对方门将，球射左上角，为球队取得领先。

靠着这一粒进球，C罗完成了五届世界杯都有进球的神迹。16年前，葡萄牙黄金时代尚未结束，C罗还是那个追风的小小罗，靠着这一粒进球，C罗遇见了16年前的自己——那时候的自己大概想不到，会有万人敬仰的一天，现在的自己大概也只会说声“谢谢”，在英雄该落幕的时候感慨万千：“这一切，都是你开启的故事！”

第一场比赛，C罗和队友在过山车大战中惊险战胜加纳。第二场面对乌拉圭，4年前的复仇之战，C罗依旧是葡萄牙战意最高的球员，而这一次，他的队友站了出来：B费的无心插柳让C罗的牵制成了进球，最后时刻，即便不是自己站在点球点前，C罗也坚信着，这一次，他们不会输了。

小组赛第三场，C罗终究还是没能站出来。韩国的防守密不透风，替补上场练阵的队友没有默契，C罗也没什么机会。八分之一决赛，老帅桑托斯不堪压力，将C罗放在了替补席，虽说自己没上场，但球队6比1大破瑞士，C罗的脸上多云转晴，那座只能仰望的神杯，似乎真的触手可及了。

四分之一决赛，葡萄牙大战摩洛哥，天胡开局一般的抽签。但随着比赛的进程，C罗感觉到了不对劲：摩洛哥的两个边后卫统治了葡萄牙的边路，身体孱弱的葡萄牙锋线根本无法威胁对手的禁区。第42分钟，一切似乎都结束了：恩内斯里高高跃起，用C罗最熟悉的方式，在C罗面前送走了C罗一生挚爱的球队。

赛后离场时，C罗还会带着风度离开，但进入球员通道，C罗双手撑着墙壁，眼泪终究还是止不住了。有诗云：“黄沙漫天泪如雨，碧水连天空幽碧。将军不问何所来，胸怀临古星追郁。”

人群熙攘，无数人从他身边进场庆祝，又从他身边离开。38岁的C罗就在那里，但也只是在那里，他明明只踢了不到半场，悲伤却抽干了他所有的力气。从出道至今，世界杯就是他一生追逐的目标，如今他老了，再过几年就跑不动了，世界杯也只是在那里，露出它冰冷的面容，映衬着C罗悲伤的影子。世界杯上折戟沉沙，曼联的严酷还在继续，如今回归俱乐部，C罗又将如何走向生涯的新起点呢？

第一百零二回

前尘往事尽西去，东渡沙特开新天

上回书说到，卡塔尔世界杯的最后一舞以遗憾收场，C罗只能离开伤心之地。看着梅西世界杯圆梦，C罗不由得感慨，自己马上就是39岁了，留给自己竞逐荣誉的时间还有多久呢？

在滕哈格治下，曼联青年军兵强马壮，大有在一个赛季内复兴的势头，但C罗和曼联的关系却已经到头了。2022年11月，摩根和C罗进行了那场震惊世界的专访，这一专访回顾了C罗的整个生涯，自然也包括和梅西的关系、在曼联的未来等球迷关注的话题。

对于职业生涯的一切，C罗早已看淡，然而，曼联依旧是他心中的痛：他带着复兴“红魔”的目标回家，但曼联的训练设施和技术水平依旧停留在10年前，球队的管理相当混乱，远没有大卫·吉尔和弗格森时代稳定，这样的曼联还想着逼自己走，既然滕哈格不尊重自己，还希望自己离开，那么自己还有忍耐的必要吗？

因为批评曼联，很多人觉得C罗对自己的母队捅刀子，实在不算厚道，何况自己并没有帮助球队走出困境，反倒让球队站在舆论的风口浪尖，由此给C罗引来了不少批评。

但在曼联的球员里，C罗是唯一连接新旧两个时代的人，由他来说出曼联的问题有些残忍，但有些问题必须由他来说，也只能由他来说。

曼联的第二段职业生涯，C罗对梦剧场的主人还是有怨言的。在采访里，C罗对曼联的认识，多少有点主观。有些事情无关对错，在曼联寻求打法的变革中，C罗作为旧势力的代表，是必然被波及的对象。滕哈格为了让曼联彻底重建，需要成为一个狠心的角色。C罗作为极具号召力的球员，依旧能用自己的方式为球队做贡献。两个人都没有错，两个人只是在不合适的时间节点同处在一个微妙的地方。

至于曼联，C罗对这里的回忆还在，对弗爵爷的知遇之恩还在，但有些东西确实变了：就像伊布吐槽的那样，曼联从不介意炫耀自己的伟大，但因为自己喝了一杯果汁，就要从工资里扣一英镑，有些看不见的东西，终究还是会变的。

于是，38岁的C罗又到了为自己的人生选择的时候了。告别接踵而至，陪伴自己十几年，和自己亲如父子的门德斯，在2022年11月之后不再担任C罗的经纪人。因为门德斯的运作，C罗从马德拉天才少年成长为世界巨星，成为世界上商业价值最高的运动员之一。

但在职业生涯的态度上，C罗和门德斯到底不一样：门德斯希望C罗在曼联成为名宿，发挥传帮带作用，从而保持自己在欧洲足坛的影响力；C罗却希望自己去其他的球队，在保证比赛时间的情况下，靠着双脚证明自己，从头再来。

最终，门德斯和C罗决定分手，C罗委托朋友兼私人经纪人里卡多·雷格夫帮忙打理转会事宜。而在此时，野心勃勃的沙特联赛找上了C罗，一边是急需扩充影响力的中东资本，一边是急需证明自己的失意巨星，两边很快一拍即合，定下了合同事宜。

与我们熟悉的五大联赛不同，沙特联赛的背后是国家资本。为了申办2030年世界杯，沙特方面将目光瞄准了本国联赛，通过巨星政策，沙特将大批球星收入囊中，提升本国联赛竞争力的同时，增加和欧洲足球的联系，给沙特赚一点印象分。

此次联系C罗的球队，是沙特超级联赛的强队利雅得胜利，这支球队也叫阿尔纳斯尔，近几年在沙特联赛和亚冠赛场上表现活跃。在C罗加盟前，利雅得胜利在沙特联赛积分榜上排名榜首，我们熟悉的前恒大球员“广州塔”塔利斯卡便在这支球队效力。

经过短暂的拉扯，C罗、曼联和利雅得胜利三方很快达成了共识。2022年最后一天，利雅得胜利官方宣布，C罗正式加盟沙特球队利雅得胜利，双方将签下一份为期三年的合同，有词《江城子》赞云：“浮云响扼叹别离，渡口寻，离人语。帝别卫霍，所见即所余。驱虎吞狼无所依，两载念，空几许？从容拂面行万里，送前人，不在意。岭外遥知，茫茫无归期。身无所负东归去，明月夜，断桥笛。”

此番加盟沙特，C罗除了获得比赛的机会，还实现了商业价值的最大化。据媒体报道，C罗将作为沙特联赛的头牌球星入驻，他还将作为关键角色，参与沙特联赛的推广和宣传，包括各类代言合同在内，C罗的税前年薪将超过两亿美元，在职业生涯即将结束前，背靠着沙特联赛，C罗还是拿下了当下足坛的最大额合同，一举震惊了世界。

接受沙特媒体的采访时，C罗显得很兴奋。他表示，沙特联赛的规模和野心吸引了他，在职业生涯的最后阶段，利雅得胜利让他有了更进一步的动力，他不仅仅以一个球星的身份驾临沙特联赛，还会和沙特联赛一起见证未来。未来，沙特联赛将成为世界前五级别的顶级赛事。而在加盟沙特联赛后，C罗也将随队开启新赛季征程，在这片全新的土地上，C罗又将给我们带来什么惊喜呢？

第一百零三回

罗飞将进球如猛虎，利雅得梦断卡利杰

上回书说到，C罗威风八面加盟沙特球队，一举震撼了世界，通过这位历史级巨星，沙特联赛给世界留下了不错的印象，作为联赛的门面，大家自然期待C罗能在沙特联赛奉献统治级的表现。

和其他球队相比，利雅得胜利自然是最好的舞台。引进前恒大球星塔利斯卡后，利雅得胜利在这个赛季迎来了爆发，除了塔利斯卡，球队还有前拜仁后腰古斯塔沃、前阿森纳门将奥斯皮纳、前河床球星贡萨洛·马丁内斯等一众好手。C罗加盟前，球队和利雅得新月、吉达联合、吉达国民等强队在积分榜上你追我赶，大有夺冠的声势。

千呼万唤始出来，联赛第14轮，利雅得胜利主场迎战达曼伊蒂法克，C罗终于迎来了沙特首秀，他出任利雅得胜利的单箭头，和塔利斯卡形成呼应。比赛中，C罗的小角度射门直扑球门，可惜遭对手后卫舍身封堵。下半场C罗左路拿球单挑，虚右实左，大巧不工，一个变向晃倒对手，虽说最后的传中没有形成威胁，但C罗还是给沙特联赛的后卫上了强度。

沙特超级杯1比3输给伊蒂哈德，C罗表现平平，对阵哈萨征服，C罗最后时刻拿到了点球，这球本应由塔利斯卡主罚，但在一番略带激烈的交流过后，C罗拿到了点球主罚权。面对对方门将林恩，C罗小碎步起手，随后一个顿地，大有地崩山摧之势，助跑瞬间林木悚然，小儿止啼，似有鹰势，林恩一个眼神恍惚，球便如炮弹般砸入球门右侧死角，2比2！利雅得胜利逃出生天。

进球账户一旦打开，便没有人能阻挡C罗的步伐了。第16轮对阵瓦赫达麦加，C罗用教科书般的大四喜，为队友们展示了世界巨星是怎么踢球的。第21分钟，C罗灵巧做球后鬼魅摸入禁区，队友心领神会送出斜塞，C罗一停一领一抹，技术娴熟，左脚小角度抽射干脆利索，写尽壶中日月长。

第41分钟，利雅得胜利前场打出团队配合，又是C罗的高速前插让对手绝望，和第一球一样，C罗又一次用小角度射门完成终结，只不过这一次是用右脚打进的，整个过程快速简洁，恍惚间让人看到了皇马的影子。第51分钟，点球完成帽子戏法，而C罗并不满足，第61分钟，又是右侧的反越位，C罗孤身一人杀入对手禁区，第一下的射门只是小试牛刀，第二下却是四两拨千斤，补射穿裆完成大四喜，有诗赞云：

脚下千里龙蛇走，胸中自有锦绣成。
一星四射惊四座，时不我待羡群英。

随着C罗在对阵布赖代合作的比赛中送出两次助攻，帮助球队2比1全取三分，葡萄牙人在近三场比赛中打进5球送出两次助攻，直接制造7球，可以说C罗是凭借一已之力帮助球队前进。而在C罗发光发热的时候，联赛的另一个“大魔王”吉达联合悄然崛起，他们在此前的沙特联赛中只输了1场，这两支球队已经成了本赛季沙特联赛冠军的热门球队。

对阵达马克，C罗又一次成了球队的救世主。葡萄牙人上半场就完成了帽子戏法，C罗先是点球破门找到脚感，随后闪击达马克，左脚一步调整后抽射扣关，球在空中如同圆月弯刀，轻柔划过了对方门将泽赫巴的指尖。随后C罗再进一球，门前扫射上半场完成帽子戏法，提前杀死了比赛。

虽说C罗表现神勇，但这段时间，利雅得胜利也暴露出了问题，那就是在终结的时候过于依赖C罗。凭借着历史级无球跑位，C罗总能出现在最正确的得分点上，可一旦对手针对部署，C罗的队友是需要站出来的。随着问题的暴露，利雅得胜利陷入动荡，对阵巴顿，球队只是靠补时阶段连入三球才涉险过关，对阵吉达联合的天王山之战，利雅得胜利0比1败北，球队本赛季的夺冠征程逐渐微妙了起来。

面对球队的困境，C罗也开始像个领袖一样，身体力行地带队前行。对阵艾卜哈，利雅得胜利陷入苦战，拯救他们的又是那个男人。第76分钟，熟悉的任意球，熟悉的节奏，C罗翩若惊鸿，宛若游龙，鹰击长空助球队扳平比分，但真正让人感动的却是比赛最后阶段，原本有机会梅开二度的C罗，却放弃点球，把机会让给了队友塔利斯卡，后者也没有辜负C罗的信任，冷血点杀助球队拿下三分。作为足坛最伟大的球员之一，C罗永远知道球队需要什么，也知道自己需要做什么。

国家队比赛日期间，C罗连续两场比赛上演梅开二度，回归后的C罗也将自己的好状态带回了俱乐部，5比0横扫哈萨正义一战，C罗和塔利斯卡双双梅开二度，被C罗激活状态的利雅得胜利在接下来的比赛里取得2胜1平，保持着对吉达联合的压力。

最后阶段，利雅得胜利在强强对话里无法取分的问题开始凸显，第25轮，他们兵败利雅得新月，第26轮，爆冷1比1战平卡利杰，积分榜上落后吉达联合5分，争冠仅剩理论可能。此时的C罗还不服输，第27轮他打进点球，第28轮轰入弧线球帮助球队拿到两连胜。但靠着一场3比0，吉达联合还是提前一轮夺得了沙特联赛冠军。沙特联赛首个赛季，C罗出战16场轰入14球，C罗做到了除了夺冠的一切，如今在中东遭遇逆境，C罗又将如何逆袭，和职业生涯的其他时间一样？

第一百零四回

欧预赛天神再临，斩群魔壮心不已

上回书说到，C罗带队利雅得胜利和吉达联合战至最后一刻，最终屈居沙特超级联赛亚军，沙特球迷见识到了C罗恐怖的得分能力，在接下来的赛季，利雅得胜利也在不断优化阵容。

在俱乐部赛事之外，C罗也没忘了为国家队奉献自己。世界杯时期的遗憾让人无法忘怀，但那已经过去了，随着比利时前主帅罗伯特·马丁内斯正式上任，正处于黄金时期的葡萄牙迎来了新时代。在此之前，马丁内斯曾带领比利时在2018年世界杯拿下了季军，这也是“欧洲红魔”取得的世界杯历史上最好成绩，此番邀请马丁内斯执教葡萄牙，也能看出葡萄牙足协的野心。

随着新帅上任，欧洲杯预选赛成了马丁内斯带队的第一次大考。如果没有意外，这也是C罗最后一次欧预赛征程。面对C罗，马丁内斯也是表现了足够的尊重，此前比利时和葡萄牙在欧洲赛场碰过几次，2021年欧洲杯，两队更是联袂为球迷奉献了一场血战。对于C罗的得分能力，马丁内斯相当认可，在任上的第一次新闻发布会上，马丁内斯就表示，C罗是葡萄牙毋庸置疑的旗帜，将在这支葡萄牙国家队扮演重要角色。

欧预赛揭幕战，葡萄牙对阵列支敦士登，C罗迎来了代表葡萄牙出战的第197场比赛，这也让他成为男足国家队历史出场数第一人。在里程碑的时刻，马丁内斯也是很给面子，C罗本场首发出战。比赛中，坎塞洛的折射和B席的抢射让葡萄牙取得了2比0的领先，此时的C罗也已蓄势待发。

第50分钟，坎塞洛带球突破下底，对方的防守动作略显业余，带刀后卫旋即被放倒，点球！面对这样的机会，C罗自然不会放过，面对熟悉的对手，在自己最熟悉的位置上，葡萄牙人杀心骤起，看那C罗，是两面旗牌耀日月，简银铁铠似霜凝，眉宇间泛着一股子英雄气，小碎步起手，架炮射门的瞬间，身体弓直极好地压低了重心，球如炮弹出膛，任凭列支敦士登门将本杰明如何反应，也奈何不了C罗的射门。有诗赞云：

水磨凤翅头盔白，锦绣麒麟战袄青。
铁骑踏平关山月，封狼居胥任我行。

点球手起刀落，葡萄牙以3比0的比分领先，此后葡萄牙获得定位球机会，C罗当仁不让站在罚球点前，对手门将本杰明已经预感到了C罗的射门角度，将人墙布置在近角，自己站在远角，但C罗并没有给他任何的机会，甚至没有用自己招牌的电梯球解决问题，而是虎步猛起，一步重炮轰出，球如拨云雾驱鬼邪，不落清风不带旋转，一路喊杀着杀向死角，本杰明哪儿见过这阵仗，举火烧天已是不及，只能看着球入网，葡萄牙4比0豪取开门红。

此前加盟沙特而非留在欧洲，除了商业开发的考虑，C罗内心里记挂着国家队，还是希望通过大量的比赛找回状态，让自己能在2024年欧洲杯再战一年，C罗也是倾其所有，为国家队献出了全部。

对阵卢森堡，C罗继续表现神勇。开场第9分钟，B费右路传中，后点的门德斯头球摆渡中路，C罗暗度陈仓如韩信，抢点斗狠学霸王，门前一个抢射让葡萄牙闪击成功。随后，菲利克斯和B席为葡萄牙补刀成功，看着后辈卖力表现，C罗亦是按捺不住。第31分钟，菲利克斯前场反抢后传球给B费，后者送出直塞球，这一球看起来是传给了空气，但C罗表示："我出现的地方只有两种，一种是最危险的地方，一种是最令人意想不到的地方！"

葡萄牙一哥杀入禁区，轻巧破门完成梅开二度，进球后的C罗也是非常兴奋，底线附近一路狂奔，标志性庆祝动作"Siuuuu……"再现欧预赛赛场，伴随着这场6比0，C罗正式问鼎欧洲：你们的王来了！

即便如此，和几年前的自己相比，C罗还是成熟了很多。过去几年，他遇到了不少挫折，也学会站在队友角度上思考问题了。世界杯6比1大破瑞士，坐在替补席上的C罗目睹了一切，他知道自己队友的实力，也知道他们距离证明自己就差一个冠军了，这滋味他自己也尝过，还不止一次。

因此在这支葡萄牙，C罗是旗帜，是领袖，却也是团队的一分子。他的地位摆在这里，队友还会把点球和任意球主罚权让给他，但他也不介意让队友表现，两场屠杀局，C罗合计射门只有9次，他知道即便自己不用超神发挥，队友也能赢球了。

于是，对阵波黑一战，C罗甘当绿叶，让B席和B费主宰比赛，对阵冰岛一战，全队对摆大巴战术束手无策的时候，又是C罗天神下凡，最后时刻绝杀建功拯救球队。

当然，这支葡萄牙不算稳定，他们还是靠着C罗的梅开二度才能险胜斯洛伐克这种级别的球队，还会在斯洛文尼亚的身上翻车，但在预选赛和友谊赛，球队就是要试错，去暴露问题。当然，一切波折都不能阻止C罗带队杀进欧洲杯正赛，那么回到利雅得胜利，C罗又将如何带领球队步入正轨呢？

第一百零五回

罗总裁收拾山河，利雅得双子共辉

上回书说到，随着马丁内斯的上任，葡萄牙焕发了不一样的色彩，欧预赛七连胜提前晋级，C罗在队中也是扮演了重要角色。回归沙特后，C罗也没有闲着，而是随队投入了严酷的季前训练中。

C罗加盟沙特后，沙特联赛的品牌价值已无法让人忽视，众多欧洲球星纷纷注意到了这一崛起的新兴势力，希望来这分一杯羹，包括内马尔、本泽马、马赫雷斯在内，一群世界级球星加盟沙特联赛，联赛四强吉达联合、吉达国民、利雅得胜利和利雅得新月是其中的主力，背靠沙特国家资本，四支球队垄断了绝大多数优质球员的新合同。

其中，利雅得胜利同样购买了不少好球员，以补强阵容，其中C罗的国家队队友奥塔维奥以6000万欧元的价格盛情来投，葡萄牙国脚也是利雅得胜利在这个转会窗的标王。此外，他们还引进了在拜仁不太如意的马内、曼城重要轮换球员的拉波尔特、朗斯主力中场福法纳、国米节拍器布罗佐维奇，以及曼联边路轮换特莱斯，对于成为C罗的新队友，这些球员自然也是很兴奋。

而在新赛季开始前，作为沙特联赛的前哨战，新赛季的阿拉伯俱乐部冠军杯率先开打，这项赛事由阿拉伯足球协会联会举办，参赛球队合计8支，相当于俱乐部领域的海湾杯，代表了阿拉伯世界俱乐部球队的最高水平。

对于这项赛事，C罗和队友不敢怠慢。赛季首战，面对实力补强的利雅得青年人，尚未磨合完成的利雅得胜利被对手打了个措手不及，0比0遭对手逼平。但是，到了第二战，利雅得胜利和C罗都找回了状态，C罗在第73分钟用标志性头球轰炸帮助球队反超比分，利雅得胜利最终4比1大破蒙纳斯堤取得首胜。

第三场生死战，利雅得胜利又一次面临绝境，直到第85分钟，球队还以0比1落后。此时，C罗再一次站了出来，瞧那C罗，快意恩仇本领强，人群中红缨枪起，似有万夫不当之势，戒刀两把迸寒光，怒吼着冲杀对手，一记头球帮助球队在最后时刻逃出生天。凭借此粒进球，C罗超越了传奇射手盖德·穆勒，以145个头球进球成为国际足坛“头球之王”。

四分之一决赛，利雅得胜利迎来了摩洛哥冠军卡萨布兰卡的挑战，C罗第18分钟左脚抽射为球队首开纪录，帮助球队3比1轻松取胜，晋级四强。半决赛对阵巴格达空军，马内为球队制造点球，C罗点球破门帮助球队杀入了决赛。

此时，利雅得胜利球员之间的磨合已臻于化境，似乎没有人能阻止他们夺冠了，而老对手利雅得新月又给他们平添了些困难。上半场凭借出色的防守，利雅得新月为C罗造了5次越位，让C罗跌入越位陷阱。下半场，马尔科姆助攻迈克尔头球破门先拔头筹，随着利雅得胜利被罚下一人，胜利距离利雅得胜利似乎越来越遥远了。

但C罗就是C罗，他的字典里没有放弃。第74分钟，加奈姆右路横传门前，C罗人群中着银鬐跨白马，早已等候多时，一个箭步，飞石绝技快如星，一个抢点，那是银马白枪武艺精，这个抢射打得非常快，完全没有给对方门将奥韦斯反应时间，利雅得胜利1比1将比赛拖进加时。

利用人数优势，利雅得新月牢牢掌握着比赛主动权，但利雅得胜利有C罗，就有了翻盘的资本。利雅得新月后场解围不远，福法纳远射打在横梁上，门前站着一骁勇汉子，不是C罗又是谁？葡萄牙人笑纳良机，帮助利雅得胜利在最后时刻给了死敌致命一击，有诗赞云：

沧海横流真本色，绝世神射鬼神愁。
心中志气比天高，死生无畏闯九州。

加时赛最后时刻，带伤作战的C罗已经没法坚持比赛了，C罗和拉迪夫拼抢时受伤倒地，随后葡萄牙人痛苦掩面，到场边接受治疗，队友没有辜负C罗的信任，将2比1的比分保持到了最后——抱着这座奖杯，C罗还是开心了很久，加盟沙特以来，C罗终于为球队带来了奖杯，但这绝不是最后一座。

夺得阿拉伯俱乐部冠军杯后，利雅得胜利还是经历了一段时间的调整。赛季首战C罗缺阵，利雅得胜利1比2输给了亨德森和穆萨·登贝莱所在的达曼协作，第二场比赛，C罗复出，但球队状态不改，0比2再败布赖代合作。

但在C罗感召下，利雅得胜利还是开始发力了。亚冠资格赛，他们4比2击败了迪拜国民，C罗的射门打到了对方球员的手臂，但当值主裁傅明并未判罚点球。憋着一股劲的C罗，把火撒在了联赛的对手身上，对阵哈萨征服，C罗上演帽子戏法帮助球队5比0大胜。对阵利雅得青年人，C罗又是两球一助攻的表现，球队4比0全取3分。

拥有更好的队友，身处更激烈的联赛，C罗也学会了不单单相信自己，而是和队友打出配合，帮助球队更好地征战联赛了。对阵哈森姆，C罗先后助攻加里卜和奥塔维奥破门，自己也是在第68分钟接加里卜横敲劲射破门。三场比赛轰入14球，火力全开的利雅得胜利令亚洲颤抖，接下来的C罗又将如何努力，让这个赛季的利雅得胜利更进一步呢?

第一百零六回

生死战C罗力竭，利雅得星落梦碎

上回书说到，随着大牌外援的加盟，利雅得胜利逐渐走上了正轨，他们不仅夺得了阿拉伯俱乐部冠军杯冠军，在联赛初期遇冷后迅速调整了状态，用一波连胜向人们展示了他们的决心。

作为球队的灵魂人物，C罗显得格外从容。“迷你罗”开始在沙特球队打磨技术，C罗越来越多地和乔治娜一起，享受着西亚的风光。很多人预测，沙特国内略显保守，C罗和家人的生活估计不会太方便，但人到中年，C罗把越来越多精力放在了家人身上，再加上不少大牌球星来投，其中不少还与C罗有着不错的关系，在各类社交和出行活动，C罗已经适应了沙特的生活。

但是，到了球场上，C罗还是那个队友仰仗、对手畏惧的地煞孤星。对阵布赖代先锋，队友打进两球杀死悬念，C罗也小秀了一把。第68分钟塔利斯卡穿花绕蝶云游步，一个内切秀翻了对手半条后防线，至于另外半条，塔利斯卡选择相信C罗，葡萄牙人也不客气，一步内切就穿了对手的裆，稍做调整后左脚劲射破门，为球队的大胜画上了句号。

如今，球队兵强马壮，C罗已经不用像上个赛季一样，每场拼命每球必争了。亚冠小组赛开打，利雅得胜利2比0轻取波斯波利斯，C罗表现中规中矩。3天后，面对补充了马赫雷斯、菲尔米诺等一众巨星的吉达国民，C罗的杀手之心终于按捺不住。

赛前，狂热的球迷在现场引燃了烟火，球场内能见度极低，比赛在一片烟雾中进行，但这也阻挡不了C罗的神威。比赛第4分钟，马内内切后斜塞送助攻，看那C罗，翻江倒海水中欢，一个鹞子翻身杀入禁区，面对前切尔西欧冠冠军门将门迪，C罗一个蜻蜓点水，戏耍了来不及下地的门迪，球队1比0领先。此后，拉波尔特头球助攻塔利斯卡再进一球，虽然凯西破门扳回一球，但塔利斯卡上半场临近结束前的破门，还是帮助球队保持着两球的优势。

下半场，比赛风云突变，塔利斯卡犯下大错，送点马赫雷斯破门，但拯救球队的那个男人又回来了。第52分钟，塔利斯卡将功补过送助攻，又是C罗项刺虎头面貌凶，如那阎罗王般，一个标志性脚后跟磕球，不求横财绯名，但求拿人性命，一记远射飞枪出手赛雕弓，再度洞穿门迪的十指关，有诗赞云：

敏如闪电似凌波，上天摘星似鬼火。
神箭临身一身避，轻功盖世立成佛。

虽说吉达国民仍未放弃，阿尔布赖坎助攻马赫雷斯梅开二度，但球队的失利已成败局。对着一己之力带队的C罗，看台上的球迷高唱C罗之歌，表达着对葡萄牙人的支持。此战过后，C罗在第8轮对阵塔伊再度传射建功，连续两个月荣膺沙特联赛月最佳球员。

之后，C罗依旧在球场上倾其所有，国家队比赛日归来后，利雅得胜利3比0阿科多一战，C罗上演梅开二度并打入一粒精彩的超远吊射，这也让他超越了普斯卡什与比坎，独享第一级别联赛历史第一射手王称号。

对其他球队来说，阻挡C罗是一件极其困难的事，可一旦C罗熄火，利雅得胜利就变成没牙的老虎。2023年赛程中，凡是C罗出场且没有进球的比赛，利雅得胜利4胜4平3负，这种成绩不能算差，但考虑到他们的主要竞争对手是各项赛事难求一败的利雅得新月，C罗和队友们显然需要做更多才行。

整个2023年，C罗轰入了54粒进球，但在最关键比赛中，利雅得胜利0比3惨败利雅得新月。比赛中，C罗一次破门、一次助攻队友破门均被吹越位，葡萄牙人和队友失去了心气。

进入2024年，C罗依旧带队前进。亚冠八分之一决赛首回合对阵费哈，职业生涯第1000次代表俱乐部出场，C罗匹马单枪突重围，面对门将轻巧一垫，英风锐气敌胆寒，帮利雅得胜利占得先机。此后3场比赛，C罗场场进球，球队取得三连胜，但在自己缺席的比赛中，利雅得胜利4比4遭哈森姆逼平，在C罗仅缺阵的两场联赛中，利雅得胜利1平1负未尝胜绩。

亚冠四分之一决赛在即，C罗和队友将争冠希望放在了亚洲赛场，但塔利斯卡的缺席让利雅得胜利没有了指挥官，球队首战0比1小负艾因。此后，球队的糟糕状态仍在延续，他们在联赛再败布赖代先锋，亚冠次回合再战艾因，C罗终于复苏，对手前锋拉西米在自家主场梅开二度几乎杀死了悬念，关键时刻C罗带着队友们开始反击，加里卜推射扳回一球，奥塔维奥制造乌龙球，特莱斯神仙球破门扳平大比分。

在利雅得胜利离奇失误造成丢球后，C罗再一次站了出来。第118分钟，葡萄牙人亲自制造了点球，利雅得胜利获得逆天改命的机会！C罗站在点球点前，现场的嘈杂已不再重要，葡萄牙人顶着全世界的压力，助跑后忽然刹车，节奏变化后推中路破门，利雅得胜利把比赛拖进点球大战！

点球大战，C罗依旧稳健，顶着特莱斯和布罗佐维奇失点的压力，葡萄牙人又一次站在了点球点前，看着进入杀神状态的对手门将伊萨，C罗微微一笑，不带任何助跑假动作，将球扫入死角。但在C罗之后，国家队队友奥塔维奥再度罚丢了点球，利雅得胜利流尽了最后一滴血，C罗拼尽了最后一丝力气。

这之后，利雅得胜利知耻而后勇，虽说他们依旧拿新月没办法，沙超杯1比2再输同城死敌，但在C罗4场比赛7球2助攻的带动下，利雅得胜利联赛斩下六连胜。

这个赛季，利雅得新月获得了沙特联赛的冠军 ，利雅得胜利只是屈居亚军，但C罗荣获了沙特联赛最佳射手，他一共出场31次，打进了35球，贡献了12次助攻，打破了由哈姆达拉在2018/2019赛季创造的34个进球纪录。同时，这也使C罗集齐了英超、西甲、意甲和沙特四大联赛的金靴，成为足球历史上首位在四个不同顶级联赛中都获得金靴的球员。

沙特联赛结束后，C罗马不停蹄返回葡萄牙备战即将在6月举行的欧洲杯。C罗也将开始自己的第6次欧洲杯征程。2024年欧洲杯，C罗和葡萄牙国家队又有怎样的发挥？让我们拭目以待！

第一百零七回

身在寰宇外，万象在心间

上回书说到，C罗来到沙特后，尽享足球的欢乐，他完全在享受比赛，早已荣誉满身的他已然超脱，当然，对他来说，2024年欧洲杯依旧是一大挑战，他依旧想冲一冲。最后让我们回望葡萄牙球星的职业生涯，又是怎样的一番光景呢？

大洋孤壁，环泮澎屿，海天一处，唤马德拉。低微陋室，三子侍坐，仲春得麟，以为C罗。性百厌，喜蹴鞠，夙兴夜寐，不知倦怠，赞曰：白马赛娇人，联翩绿茵驰。借问谁家子，岛民立幡儿。及至京师，九衢三市，蹴鞠立命，球队安身，年少德薄不识雄州雾列之诡谲，少年得志始知上出重霄之境界。及至千禧三年，遇盗于街巷之内，然孤身退敌，重铸于尚存一息，成钢筋铁骨。

宵衣旰食，如琢如磨，开拓万里波涛，布威名于四方。未及弱冠，四海名扬，才倾江海，掷果盈车。北至英伦，东抵西意，温格三顾，C罗弗奔。后有弗爵，素惜才名，亿兆称之曰能，时值倾颓，观双雄争乱世，抚膺长叹于心间，战葡体于南国，得见C罗之天颜。当时是，擒奥谢，穿里奥，破巴特兹，一战功成，红衣北渡。

千禧四年，初入曼市，移风易俗，乡音稍改。戎机如火，兵戈不休，初阵却敌，年少兜鍪，冬时斩朴茨茅斯，入夏刺米尔沃尔，季末论功行封，讨取八敌授首，擢足总杯，以功封马特·巴斯比爵士奖最佳球员。富贵还乡，锦衣日行，威加海内，问舍求田。入仲夏，鄙国沙场点兵，战群豪于本土，新败于偏师，过英吉利，挑荷兰，灭西班牙，复败希腊，功败垂成，时人谓之曰：敌手难越，谁悲失路之人，萍水相逢，尽归他乡之客。

辗转英伦，束发之年，乱世依旧。及至孺子弱冠，童颜已改，锐意一存，适逢万事开头难，不改铁血丹心，早岁已知世事艰，不坠青云之志。岁末，三破阿森纳，然父阿韦罗失怙，哀曰：叹矣人若飘蓬，宁知前路，世若逆旅，尽如过客，虽年少而易老，有椿寿而终竟，然起伏衰朽，父阿韦罗以天命魂归故里，命眷孺子，马图尼斯以韶年一命恒存。颐养天年，犹有命数，少年之期，俯仰一世，故知天意无常，而人道有常，事在人为，当自强也。

于是提剑入林，刀锋开路。千禧六年至七年，讨取九敌授首，破维冈，擢联赛杯，仲夏世界杯入上四席。后范尼南奔，C罗拜大将军，领先锋印，千禧七年至八年一统英伦，自此新王当立，开“红魔”王朝，二年擢社区盾杯、英超、欧冠冠军，饮马莫斯科卢日尼基，录金球奖、世界足球先生，三年擢英超冠军，亿兆之资衣冠南渡，入马德里，复无敌舰队，兵锋抵伊比利亚。

当是时，皇马身在西甲也，北畏英超之强，东惮德意之逼，近则惧巴萨之虎势于肘腋之下，当斯之时，进退狼跋。千禧十年至十一年，多事之秋，巫蛊之祸，夏季世界杯战伊涅斯塔，自为千夫所指。后魔力鸟飞临伯纳乌，终成将帅一心，千禧十二年夺国王杯，千禧十三年弑巴萨，破瓜氏，压梅西，开白色王朝，自此金戈铁马数载，四夺欧冠，纵横西班牙，金球奖再下四镇！后南下意大利，定鼎都灵，开府仪同三司，千禧二十一年北归英吉利，入老特拉福德，尔来三十有六矣，然廉颇尚能饭，至今征战往来，未有定数。

性豪放，喜交友，喜施，意豁如也。常有大度，携三五好友恣意纵游，资糜巨而不以为意，然严于律己，出而见之事功，心乎蹴鞠，动必关天之道，所谓求必欲得，禁必欲止，令必欲行。有曼联旧友曰埃弗拉，性甚笃，罗尝呼之食沙拉于寒舍，然埃弗拉曰："嗟乎！沙拉者食之无味也，罗之乐尽于沙拉，余人何以得其乐耶？"

赞曰：求索易，饯别难，雾暗如沙，道阻且长萦岩峦，冰横似岸，雪上蓝关径泮泮。所赖人知天意，天道酬勤，夫娇若初蕊，不避风寒，刚若顽石，穷且弥坚，虽老当益壮，宁移白首之心，然穷且益坚，不坠青云之志，故披少年之星月，心在寰宇外，枕不惑之乾坤，万象在心间。

第一百零八回

白衣拂尘歌壶酒，沧海横流过江龙

临海故地，欧陆新贵，临江跨海，风止心随。复有一屿，罗之根系，一人一海一天，一岛一花一世界。披绣闼，俯雕甍，山海止于目下，川泽纡其骇瞩，哀父母之困苦，叹人生之多艰。

性敏疑，好蹴鞠，大丈夫立于天地之间，皆以双足，夫弱冠存续瞬息之间，习以名利。改命在天，以续高俅故事，谋事在人，皆在阡陌之间。

十三入里斯本竞技，诸侯一方，白露点碧，乡野草庐，自得其间，夙兴夜寐，靡有朝矣，五年之期，三年功成。

十八入曼联，王霸英伦，红旗旌飘，及至曼市，名极一时，自立璧台之上，花花世界之中，玉树以珊瑚为枝，珠帘以玳瑁为匣。队友折堕者不绝，独罗立身持正，纯质如初。

有名爵弗格森者，奇之，以为左右。时罗年少气盛，斗范尼于卡灵顿，战史密斯于原野，弗爵屏左右，待之如初。性刚勇，好蝴蝶穿花，英超后卫以为恶，以力凌人，罗未及也。后习简洁，求一击必杀，遂纵横英伦，夙志一展，报蛟龙知遇之恩也。

二十四入皇马，流苏若白，逸兴遄飞。爽籁发而清风生，乘万里而云不至。九年间，克宿敌，夺金球，斩将夺旗，金球花落。四霸欧洲，共立千秋之业，葡国高立，自成不世之功。

三十三入尤文，年过而立，至亚平宁，锦衣分黑白，光阴化日月。四年如白驹，后归曼联似未归，世界杯神落，五战未功成，心志尚存，力竭身枯，而来三十有八岁，奔欧入亚，投沙特，称王于利雅得胜利。

少年许志向星月，纵横二十有余年。少年扬名，平独镇露，胜如过江之鲫，败亦壮士力摧，胸中沟壑，不下廉颇，命运一叹，如霸王再世："吾起兵至今，身七十余战，所当者破，所击者服，未尝败北遂霸有天下。此天之亡我，非战之罪也。"

路艰道阻，心意不及。少时父殒，未及丁忧之亲，尚有凌云拓土之志，解胸中之忧戚，及至不惑，丧子于前，方知山岳崩颓，危亡之甚，春秋迭代，去故之悲。天意人事，凄怆所及眼前人，复舟楫路，星汉不顾身后事。心之所及，天上繁星，目之所至，人间草木，胜负之间，其萋萋然，半子不悔，其幽幽然。

然雁过留声，人过留名，人言谓讥，谣诼不改湘妃竹间之色，三人成虎，季孙行人留守西河之馆。井陉古道，落凤榫于人前，北邙游魂，杯酒枯枝过客，古今笑谈几多事，是非成败转头空，白衣拂尘歌壶酒，沧海横流过江龙。

附录

《马卡报》专访苗霖摘录

Liga China · Miao Lin y Zhou Mi han unido su pasión por fútbol y música con el tema "Eterno CR7" compuesto para su ídolo

El dúo musical autor del rap homenaje a Cristiano: "Si cantásemos en su cumpleaños, no le haríamos un Kevin Roldán"

El vídeo chino a Cristiano

以说唱歌曲致敬C罗的音乐二人组表示："如果我们有机会在他的生日聚会上演唱，绝对不会像凯文·罗尔丹一样"。

苗霖和周密把对足球与音乐的热爱融汇在他们为偶像创作的歌曲《C罗，永远的CR7》之中。

虽然年纪尚轻，但多才多艺的苗霖在国内多个领域已经小有名气。在体育圈，苗霖担任多个平台的直播评论员，负责在周末解说中超和欧洲主要联赛，这一角色使得苗霖成为C罗（也是苗霖的足球偶像）比赛中最响亮的中国声音。除了在许多不眠之夜向观众讲述C罗的足球成就之外，苗霖还用音乐（自己的另一个爱好）表达对C罗的尊敬。

为了至善至美，苗霖决定与周密强强联手。周密的说唱事业正值巅峰，也曾与苗霖有过音乐合作，本人是皇家马德里的球迷。苗霖向我们解释了二人合作的初衷："C罗的精神一直激励着我，他那种永不言败的钢铁意志，激励着我不懈奋斗，所以我萌生了为C罗创作庆生歌曲的想法。这是我献给他的生日礼物，以感谢他一直以来对我的激励。"苗霖表示，葡萄牙巨星的人格魅力征服了无数中国球迷，已经成为一种信仰，自己也只是众多球迷中的一员。

二人创作并录制的说唱歌曲名为《C罗，永远的CR7》，在C罗2020年生日之际发布，一发即爆。刘一霖为本曲制作的MV中还包含了C罗的职业生涯经典进球，目前播放量已达数千万。此外，这首致敬C罗的歌曲还登上央视，苗霖现场演唱。

苗霖和周密二人毫不犹豫地表示："C罗在我们心中就是当之无愧的第一。"他们的信念如此笃定，以至于写下了"绝代风华，万人仰慕，凡人皆称我为战神"的歌词。对球迷而言，这句话的含义不言自明，这也就意味着在C罗与梅西的"球王"争夺战中，二人旗帜鲜明地选择了立场。当被问及是否也会为梅西创作类似的致敬歌曲时，苗霖委婉回应："梅西也是无可争议的伟大球员，历史最佳之一，但我毕竟是C罗球迷。”

二人在葡萄牙巨星 35 岁生日之际推出这支单曲时，虽然也清楚C罗的能力之强，但没想到C罗的进球纪录会如此卓著，以至于能与莱万多夫斯基角逐年度最佳射手的头衔。苗霖说：“2月初的时候我真的没想到。但这就是C罗的伟大之处，他总是能给我们带来惊喜。打个比方，他即将创造历史最佳射手的纪录，与其说是他在追逐纪录，倒不如说是纪录在追逐他。” C罗进球不断，苗霖觉得必须以诗相贺。当他解说尤文图斯比赛时，每当C罗进球，他就会作诗一首，“有诗赞之曰”已经成为苗霖的解说标签。

在C罗的世界里，当“音乐”与“生日”相遇，就不免让人想起2015年他在皇马效力期间那场著名的生日聚会。虽然当时刚刚在卡尔德隆球场以0比4 的比分惨败马德里竞技，但C罗还是决定继续举办早已安排好的生日聚会。聚会现场，哥伦比亚歌手凯文·罗尔丹（Kevin Roldán）却做了扫兴的事，他发出的照片让皇马球迷愤怒不已，因为在惨败后庆祝实在不合时宜。几个月后，皮克喜提“三冠王”，在诺坎普说出了 “全都拜你所赐”这句话，其灵感就是罗尔丹事件。

苗霖和周密二人明确表示：“我们绝对不会像罗尔丹一样给C罗惹麻烦。如果他邀请我们在他下次生日聚会上为他演唱这首歌，那我们荣幸之至。”苗霖说，“如果真能如此，我一定会激动得热泪盈眶。能在C罗生日聚会上为他演唱《C罗，永远的CR7》，那才是梦想成真。”

他们相信C罗未来几年不会挂靴，即使到了 2030 年，C罗依然能够活跃在足坛，他们也仍然有机会实现这个梦想：“他会打破一个又一个纪录。我认为他到 2030 年还能参加世界杯，成为参加世界杯最年长的球员。我不希望他退役，没有任何C罗球迷希望他退役。他能踢到2030年，然后与儿子同场竞技。C罗和‘迷你罗’一起比赛，肯定非常精彩。”不过，待到C罗退役之时，苗霖和周密也不会停止追随他的脚步。C罗曾暗示，挂靴后打算涉足影坛。两人表示，“知道C罗说过在退役后想尝试演戏。如果他真的拍了电影，我们第一个去电影院排队买票。”

苗霖和周密对他们为C罗创作的歌曲非常满意，这首歌也让他们在2020 年名声大噪，但他们对新赛季还抱有更大希望。这一赛季，二人的偶像C罗不仅有机会第6次摘得欧冠冠军，还有可能助力葡萄牙国家队再次拿到2022 年卡塔尔世界杯入场券。这肯定值得二人为之再写一首歌。

马努埃尔·桑斯·德·毕古尼亚

2020年12月17日